Gleichstellung und Institutionalisierung

Recht der Arbeit und der sozialen Sicherheit

Herausgegeben von Wolfgang Däubler, Katja Nebe,
Konstanze Plett, Ursula Rust, Klaus Sieveking, Sebastian Kolbe

(bigas - Bremer Institut für
Gender-, Arbeits- und Sozialrecht,
Fachbereich Rechtswissenschaft
der Universität Bremen)

Band 39

PETER LANG

Eliane Caroline Hütter

Gleichstellung und Institutionalisierung

eine Untersuchung der rechtlichen Rahmenbedingungen

PETER LANG

Bibliografische Information der Deutschen Nationalbibliothek
Die Deutsche Nationalbibliothek verzeichnet diese Publikation in der Deutschen Nationalbibliografie; detaillierte bibliografische Daten sind im Internet über http://dnb.d-nb.de abrufbar.

Zugl.: Bremen, Univ., Diss., 2019.

Abdruck der Logos auf dem Umschlag
mit freundlicher Genehmigung der Universität Bremen

D 46
ISBN 978-3-631-81639-4 (Print)
E-ISBN 978-3-631-82169-5 (E-PDF)
E-ISBN 978-3-631-82170-1 (EPUB)
E-ISBN 978-3-631-82171-8 (MOBI)
DOI 10.3726/b17642

Peter Lang – Berlin · Bern · Bruxelles · New York · Oxford · Warszawa · Wien

Diese Publikation wurde begutachtet.

www.peterlang.com

Vorwort:

Der Fachbereich Rechtswissenschaften der Universität Bremen nahm die vorliegende Arbeit im Wintersemester 2018/2019 als Dissertation an. Das Manuskript wurde für die Veröffentlichung überarbeitet. Rechtsprechung und Literatur konnten bis Januar 2019 berücksichtigt werden.

Mein erster Dank gebührt meiner Doktormutter Prof. Dr. Ursula Rust, an deren Lehrstuhl für Gender-, Arbeits- und Sozialrecht ich als wissenschaftliche Mitarbeiterin tätig war und deren Betreuung und Unterstützung entscheidend zum Gelingen der Arbeit beigetragen haben. Darüber hinaus war sie oftmals Vorbild und Mentorin für mich.

Herrn Prof. Dr. Sebastian Kolbe danke ich für die zügige Erstellung des Zweitgutachtens und seine motivierenden Worte.

Frau Dr. Annika Brandt danke ich für den konstruktiven fachlichen Austausch und für die moralische Unterstützung gerade in den letzten Zügen der Arbeit.

Ein besonderer Dank gebührt Herrn Alexander Kissel für seine Geduld und seinen Beistand sowie für sein Vertrauen in das Gelingen der Arbeit. Seine Unterstützung hat das Erstellen dieser Arbeit stets begleitet.

Akademische Kurzvita:

Eliane Hütter studierte Rechtswissenschaften an der Philipps-Universität Marburg und an der Universität Bremen. Während sie die vorliegende Arbeit verfasste, arbeitete sie als wissenschaftliche Mitarbeiterin am Bremer Institut für „Gender-, Arbeits- und Sozialrecht“ (bigas) des Fachbereichs Rechtswissenschaften der Universität Bremen.

Rückentext:

Die Gleichstellung von Männern und Frauen ist umfangreich normiert. Rechtliche Gleichstellung geht jedoch nicht ohne weiteres mit Gleichstellung in der sozialen Wirklichkeit einher. Eine erfolgreiche Gleichstellungspolitik stützt sich daher auf die Gewähr gleicher Rechte, Diskriminierungsverbote und Gleichbehandlungsgebote sowie die Verankerung von Gendermainstreaming und fördert das Erreichen materieller Gleichheit durch positive Maßnahmen, flankiert durch Gleichstellungsinstitutionen.

Die Arbeit zeichnet die rechtlichen Rahmenbedingungen auf völker-, europa- und verfassungsrechtlicher Ebene nach und untersucht die Frage, ob und in welchem Umfang der Staat aus höherrangigem Recht verpflichtet ist, Institutionen zu schaffen, die dem Fortschritt der Gleichstellung der Geschlechter dienen. Als Beispiel einer Umsetzung einer solchen Institution wird die rechtliche Ausgestaltung der Antidiskriminierungsstelle des Bundes untersucht.

Inhaltsübersicht

Inhaltsverzeichnis

Teil 1: Einleitung

1949 verkündete der Parlamentarische Rat das Grundgesetz für die Bundesrepublik Deutschland mit dem Gleichberechtigungssatz des Art. 3 Abs. 2 GG (a.F.). Er lautete: „*Männer und Frauen sind gleichberechtigt*". Trotzdem hatte ein Ehe- und Familienrecht Bestand, das die sog. Hausfrauenehe zum Inhalt hatte. In § 1356 BGB hieß es von 1958 bis 1977: „*Die Frau führt den Haushalt in eigener Verantwortung*" (Abs. 1). „*Sie ist berechtigt, erwerbstätig zu sein, soweit dies mit ihren Pflichten in Ehe und Familie vereinbar ist*" (Abs. 2). Erst 1977 änderte sich diese Rechtslage mit dem ersten Gesetz zur Reform des Ehe- und Familienrechts, mit dem ein paritätisches Ehemodell eingeführt wurde. § 1356 BGB lautet nunmehr in Abs. 1 S. 1: „*Die Ehegatten regeln die Haushaltsführung in gegenseitigem Einvernehmen*" und in Abs. 2 S. 1: „*Beide Ehegatten sind berechtigt, erwerbstätig zu sein*". Ab diesem Zeitpunkt erst konnten Frauen ohne Einflusssmöglichkeit ihres Ehemannes Erwerbsarbeit nachgehen. Schon dieses Beispiel zeigt, dass die Kodifizierung der Gleichberechtigung im Grundgesetz und die rechtliche Umsetzung der Gleichberechtigung auseinandergehen können. 1994 einigte sich die Gemeinsame Verfassungskommission darauf, Art. 3 Abs. 2 S. 2 GG („*Der Staat fördert die tatsächliche Durchsetzung der Gleichberechtigung von Frauen und Männern und wirkt auf die Beseitigung bestehender Nachteile hin*") einzufügen. Die Vergewaltigung in der Ehe blieb dennoch bis 1997 straffrei (vgl. § 177 Abs. 1 StGB in der Fassung bis zum 05.07.1997). Es ist ein widersprüchliches Bild zwischen höherrangigem Recht und einfachem Gesetzesrecht zu konstatieren. Es zeigt sich an diesen wenigen Beispielen zudem, wie jung die tatsächliche Durchsetzung der Gleichberechtigung noch ist und wieviel sich in den letzten rund 70 Jahren auf diesem Gebiet gewandelt hat. Die Gesetze, die der Idee der Gleichberechtigung zuwiderlaufen, sind in der jüngeren Vergangenheit weniger geworden.[1]

I. Ausgangslage

Die Gleichbehandlung der Geschlechter und das Recht auf gleiche Teilhabe in allen gesellschaftlichen Bereichen können inzwischen als grundlegende

---

1 Als Beispiel sei hier die Rechtsprechung des BVerfG zum Nachtarbeitsverbot herangezogen Urt. v. 28.01.1992 – 1 BvR 1025/82, 1 BvL 16/83, 1 BvL 10/91 = BVerfGE 85, 191.

Menschenrechte bezeichnet werden. Gleichstellungspolitische Handlungsanforderungen finden sich auf allen rechtlichen[2] Ebenen:

Neben dem Übereinkommen zur Beseitigung jeder Form von Diskriminierung der Frau bzw. Convention on the Elimination of all forms of Discrimination against Women vom 18.12.1979 (CEDAW) finden sich in der Präambel und in Art. 1, 12, 55 UN-Charter, in der Präambel und in Art. 2 Allgemeine Erklärung der Menschenrechte, Art. 2 Abs. 3, Art. 3, Art. 7 lit. a sublit. i, Art. 10 Internationaler Pakt über wirtschaftliche und soziale Rechte, Art. 2 Abs. 1, Art. 3, Art. 23 Internationaler Pakt über bürgerliche und politische Rechte sowie in Art. 14 EMRK, 12. Zusatzprotokoll zur EMRK entsprechende Regelungen.

Die Gleichstellung von Frauen und Männern ist in Art. 3 Abs. 2 GG verankert und stellt somit ein Grundrecht dar.

Unionsrechtlich[3] ist die Gleichberechtigung von Männern und Frauen seit dem Vertrag von Lissabon in Art 23 GRC, Art. 2, 3 EUV, Art. 8 AEUV, Art. 10 AEUV, Art. 19 AEUV, Art. 153 Abs. 1 lit. I AEUV und in Art. 157 AEUV verankert. Die Richtlinie 2006/54/EG, mit der die Richtlinien 75/117/EWG, 76/207/EWG idF der Richtlinie 2002/72/EG, die Richtlinien 86/378 und 97/80/EG neugefasst wurden, die Richtlinie 2004/113/EG und die Richtlinie 2010/41/EU definieren Standards zum Grundsatz der Gleichbehandlung von Männern und Frau und erlauben positive Maßnahmen. Sie verpflichten die Mitgliedstaaten auch, mit der Förderung der Gleichbehandlung befasste Stellen zu bezeichen.

Einfachgesetzlich wurde 2006 u.a. zur Umsetzung von Richtlinien zur Verwirklichung der Gleichbehandlung von Männern und Frauen das Allgemeine Gleichbehandlungsgesetz verabschiedet. Eingeführt wurde die Antidiskriminierungsstelle des Bundes.

Rechtliche Gleichstellung geht jedoch nicht ohne weiteres mit einer Gleichstellung in der sozialen Wirklichkeit einher.[4]

Als Indikatoren für Ungleichheit benennt das Gutachten der Sachverständigenkommission als Indikatoren zum Stand der Gleichstellung[5] den

---

2 Die Nachweise zum Völkerrecht und zum Unionsrecht mit deutschen Umsetzungsgesetzen in den Teilen I bzw. II der Bundesgesetzblätter sind im Teil 2 zu finden.

3 Zum Unionsrecht wird die mit dem Vertrag von Lissabon eingeführte Terminologie verwendet.

4 So auch *Hübner*, in *Schorlemer*, Die Vereinten Nationen und neuere Entwicklungen der Frauenrechte 2007, 203, 208 m.w.N.

5 Gutachten für den Zweiten Gleichstellungsbericht der Bundesregierung, BT Drs. 18/12840, S. 93 – 95, dem auch die weiteren Daten dieses Abschnitts entnommen sind.

Gender-Equality-Index vom Europäischen Gleichstellungsinstitut (EIGE), das Gender-Pay-Gap, das Gender-Life-Time-Earnings-Gap und das Gender-Pension-Gap. Außerdem wendet es sich der Frage der Verteilung der Care-/Sorgearbeit zu.

Der Gender-Equality-Index ermittelt auf einer Skala von 1 (keine Gleichstellung) bis 100 (völlige Gleichstellung), wie es um die Gleichstellung in den europäischen Mitgliedstaaten bestellt ist. Hierbei werden, anders als bei den verschiedenen Darstellungen der Lohn- und Einkommenslücken, „softe" Faktoren der Bereiche Arbeit, Geld, Wissen, Zeit, Macht und Gesundheit mit einbezogen. Deutschland liegt hier (aktuell zum Zeitpunkt der Erstellung des Gutachtens) mit einem Wert von 55,3 etwas über dem europäischen Durchschnitt von 52,9. Das Gender-Pay-Gap ist wohl der bekannteste gleichstellungspolitische Indikator. Er gibt die Lohnlücke zwischen dem Bruttostundenverdienst von Männern und Frauen an und liegt in Deutschland bereinigt bei 21 %. Frauen verdienen also pro Arbeitsstunde etwa ein Fünftel weniger als Männer. Da allerdings Frauen häufiger als Männer in Teilzeit arbeiten oder Erwerbsunterbrechungen haben, ist ein Blick auf das Gender-Life-Time-Earnings-Gap unerlässlich. Nur dieser Wert bildet auch die Erwerbsunterschiede, die durch Teilzeit und Erwerbsunterbrechungen entstehen, ab. Die Gesamterwerbseinkommenslücke von Frauen im Lebenslauf im Vergleich zu Männern liegt in Deutschland bei 48,8 % (europäischer Durchschnitt: 41,4 %). Frauen verdienen in Deutschland also knapp halb so viel wie Männer. Diese Einkommenslücke zieht sich durch ins Gender-Pension-Gap, der Differenz der Alterssicherungsleistungen, die Männer und Frauen beziehen. Sie liegt in Deutschland bei 45 %. Damit schneidet Deutschland EU-weit am schlechtesten ab. Dies allerdings nicht vor dem Hintergrund, dass Frauen generell weniger arbeiten als Männer, sondern vor dem Hintergrund, dass Frauen sogar mehr arbeiten als Männer und trotzdem nur knapp halb so viel verdienen. Anhand des Gender-Time-Gap lässt sich ablesen, wieviel Zeit Frauen und Männer jeweils für Care-/Sorge-Arbeit beispielsweise für Kinder oder etwa pflegebedürftige Angehörige aufbringen. Das Gender-Time-Gap zeigt, dass Frauen wöchentlich durchschnittlich 45,5 Stunden arbeiten, davon 16 Stunden Erwerbsarbeit und Männer durchschnittlich 44,5 Stunden arbeiten, davon 25 Stunden Erwerbsarbeit. Die unbezahlte Sorgearbeit ist am Gender-Care-Gap abzulegen. Danach wenden Frauen anderthalb Mal soviel Zeit für unbezahlte Sorgearbeit auf wie Männer.

Es drängt sich auf: Rechtliche und soziale Realität fallen auseinander. Die Gleichstellung von Männern und Frauen ist umfangreich normiert. Anhand der Unterschiede zwischen einem formellen und einem materiellen Gleichheitsverständnis kann gezeigt werden, warum Differenzierungsverbote und

Gleichstellungsgebote allein nicht ausreichen, um die soziale Realität vollständig zu ändern. Nach dem formellen Gleichheitsverständnis ist Gleiches gleich und Ungleiches ungleich zu behandeln. Übertragen auf das Gleichstellungsrecht bedeutet das, dass Frauen und Männer aufgrund ihres Geschlechts nicht unterschiedlich behandelt werden dürfen.[6] Hiernach dürfen bestimmte Kriterien von Gesetz und Handlung nicht mehr herangezogen werden, um eine unterschiedliche Behandlung zu rechtfertigen. Es gelangt hierdurch zugleich ins Bewusstsein, dass es illegitim ist, bestimmte Kategorien (mit Ausnahme sachlicher Begründung der Differenzierung) für Unterscheidungen zu nutzen.[7] Mit formellen Differenzierungsverboten ist zwar ein erster Schritt getan, allerdings gibt es vermeintlich neutrale Kriterien in Normen und Handlungen, die sich auf verschiedene gesellschaftliche Gruppen unterschiedlich auswirken. Hier hilft ein formelles Gleichheitsverständnis nicht weiter. Änderungen esellschaftlicher Strukturen sind mit diesem Konzept nur sehr eingeschränkt – wenn überhaupt –[8] erreichbar.

Um formelle Gleichheit auf rechtlicher und gesellschaftlicher Ebene zu erreichen, sind Gleichbehandlungsgebote und Diskriminierungsverbote zu installieren sowie die Gewährleistung gleicher Rechte sicherzustellen. Diese stehen nicht in Widerspruch zu einem materiellen Gleichheitsverständnis, sondern können vielmehr als dessen notwendige Grundlage verstanden werden. Wie oben gezeigt, führt ein formelles Gleichheitsverständnis nicht bzw. nur bedingt zu einer Veränderung der gesellschaftlichen Realität. Will man eine Gleichstellung in der sozialen Realität erreichen, ist ein materielles Gleichheitsverständnis zugrunde zu legen.[9] Materielle Gleichheit fordert für alle gesellschaftlichen Gruppen eine Gleichverteilung der Erfolgschancen. Zugangsbarrieren sind zu beseitigen, damit die gleichen Erfolgschancen bestehen. Ferner sind neue unterstützende Maßnahmen zu entwickeln, um Benachteiligungen bestimmter

---

6 *Lewalter*, Geschlechtergleichstellung bei Privatisierungen, 2015, S. 192 f. m.w.N.

7 *Mangold*, RphZ 2016, 152, 161.

8 *Mangold*, RphZ 2016, 152, 161.

9 So auch die Allgemeine Empfehlung Nr 25 des CEDAW-Ausschuss unter Rn. 8 („[…] a purely formal legal or programmativ approach is not sufficient to achieve women´s de facto eqaulity with men […] It is not enough to guarantee women treatment that is idetical to that of men.“); dazu: König/Schadendorf, DÖV 2014, 853, 854 („Der CEDAW-Ausschuss hat […] deutlich gemacht, dass ein rein formales Verständnis von Gleichheit nicht ausreicht, um die tatsächliche Gleichheit von Männern und Frauen zu erreichen.“).

Gruppen aktiv entgegenzuwirken.[10] Hierzu bedarf es folglich eines ganzen Katalogs an Maßnahmen.[11]

Dieser „*Katalog an Maßnahmen*" lässt sich im Wesentlichen untergliedern in

- sog. Top-Down-Instrumente der Gleichstellungspolitik, wie zum Beispiel das Gendermainstreaming,
- sog. Bottom-Up-Instrumente der Gleichstellungspolitik, also eine aktive Gleichstellungspolitik durch positive Maßnahmen (Empowerment),

begleitet durch Institutionalisierung in Form von Gleichstellungsbeauftragten, also eine verbindliche Verankerung von Antidiskriminierungskonzepten in Organisationen.

Eine erfolgreiche Gleichstellungspolitik stützt sich also auf die Gewähr gleicher Rechte, Diskriminierungsverbote und Gleichbehandlungsgebote (formelle Gleichheit) sowie die Verankerung von Gendermainstreaming und fördert das Erreichen materieller Gleichheit durch positive Maßnahmen, flankiert durch Gleichstellungsinstitutionen.

Das Ziel vom Gender Mainstreaming ist es, geschlechtsspezifische Belange in die Konzeption von Politiken und Programmen von Anfang an mit einzubeziehen, um so unbeabsichtigte benachteiligende Folgen zu verhindern. Es ist also eine ausführliche Analyse der unterschiedlichen Auswirkungen einer Entscheidung auf Männer und Frauen durchzuführen.[12]

Eine Definition für positive Maßnahmen ist normativ nicht geregelt.[13] Der Begriff der positiven Maßnahmen leitet sich von den amerikanischen „*affirmative actions*" ab, aus denen im europäischen Kontext die „*positive actions*" wurden.[14] Die positiven Maßnahmen stellen ein aktives Tun dar, um Strukturen in der Gesellschaft, in einzelnen Organisationen oder im Denken einzelner Menschen bewusst umzugestalten.[15]

---

10 Ähnlich *Hübner* in *Schorlemer*, Die Vereinten Nationen und neuere Entwicklungen der Frauenrechte 2007, 203, 211 m.w.N. („*mehrere Säulen*") sowie *Scherr*, APuZ 2016, 3, 10.

11 *Hübner* in *Schorlemer*, Die Vereinten Nationen und neuere Entwicklungen der Frauenrechte 2007, 203, 211 m.w.N. („*mehrere Säulen*"); ebenso: *Scherr*, APuZ 2016, 3, 10.

12 *Dieball*, EuR 2000, 274; 275; *Ellis*, Europäische Zeitschrift für Geschlechtergleichstellungsrecht, Nr. 1, 9; *Fredman*, Europäische Zeitschrift für Geschlechtergleichstellungsrecht Nr. 2, 11-12; vgl. ausführlich zum Gender Mainstreaming: *Kocher* in *Pechstein/Nowak/Häde*, Art. 8 AEUV Rn. 10-18.

13 *Raasch*, Dossier Positive Maßnahmen 2011, 3, 4.

14 *Raasch*, Dossier Positive Maßnahmen 2011, 3, 4.

15 *Raasch*, Dossier Positive Maßnahmen 2011, 3, 4.

Diese positiven Maßnahmen sollten von einer sinnvoll installierten Institutionalisierung flankiert werden. Die Institutionen können mit ihrer Tätigkeit einen Beitrag zu dem gesellschaftlichen Bewusstseinswandel leisten. Ein gesellschaftlicher Bewusstseinswandel, hin zum einem gesellschaftlichen Problembewusstsein ist unverzichtbares Element, da es Voraussetzung der faktischen Durchsetzbarkeit von rechtlichen Vorgaben ist, dass diese von der Gesellschaft als legitim und sinnvoll anerkannt werden.[16] Die Begleitung durch Institutionalisierung in Form von Gleichstellungsbeauftragten spielt hierfür eine tragende Rolle.[17] Gemeint sind damit gleichstellungspolitische Institutionen, wie ein eigenes Frauenministerium und Gleichstellungsstellen. Diese Organisationen können etwa Trainings- und Qualifizierungsmaßnahmen anbieten, Beschwerdestelle sein, Monitoring betreiben oder Diversity-Konzepte implementieren.[18]

Die Akzeptanz positiver Maßnahmen kann durch Informationen verbessert werden.[19] Positive Maßnahmen können die Gleichstellung katalysieren.[20] Die Institutionen können Prävention betreiben, indem sie etwa Informationen für die Öffentlichkeit aufbereiten oder Programme zur Förderung der Gleichtstellung (positive Maßnahmen) aufbereiten und anbieten. Hierdurch können Diskriminierungen von vorneherein verhindert werden. Die Umsetzung des normativen Diskriminierungsschutzes durch gerichtlichen Rechtsschutz erfolgt immer erst, wenn die Diskriminierung schon erfolgt ist. Der gerichtliche Rechtsschutz kann jedoch nur bedingt, durch seine abschreckende Wirkung, das gesellschaftliche Vorhandensein von Diskriminierungen verhindern. Prävention kann es schaffen, Diskriminierungen von vorneherein zu verhindern und damit das eigentliche Ziel, die vollständige Elimination von Diskriminierung aus unserer Gesellschaft, vorantreiben.

Ob die Implementierung solcher institutionellen Gleichstellungskonzepte mehr ist als ein Wunsch oder soziales Bedürfnis, sondern auch eine Pflicht des Gesetzgebers; soll in dieser Arbeit untersucht werden.

Die zentrale Frage dieser Arbeit ist, ob und in welchem Umfang der Staat aus höherrangigem Recht, namentlich dem Völker-, Unions- und Verfassungsrecht, verpflichtet ist, Institutionen zu schaffen, die dem Fortschritt der Gleichstellung der Geschlechter dienen.

---

16 *Scherr*, APuZ 2016, 3, 10.

17 So auch *Sauer/Wöhl*, Demokratie und Geschlecht, 2011, 341, 352 mwN:

18 *Scherr*, APuZ 2016, 3, 10.

19 Siehe dazu ausführlich, *Beigang/Fetz/Kalkum/Otto*, Diskriminierungserfahrungen in Deutschland, 2017, inbes. S. 69 ff.

20 *Beigang/Fetz/Kalkum/Otto*, Diskriminierungserfahrungen in Deutschland, 2017, inbes. S. 69 ff.

II. Ausblick auf die Arbeit

Um der Frage nachzugehen, ob und in welchem Umfang der Staat aus höherrangigem Recht, namentlich dem Völker-, Unions- und Verfassungsrecht verpflichtet ist, Institutionen zu schaffen, die dem Fortschritt der Gleichstellung der Geschlechter dienen, ist zunächst der normative Diskriminierungsschutz in den Blick zu nehmen.

In Teil 2 dieser Arbeit wird zunächst kurz die Diskriminierung als solche näher beleuchtet. Es wird analysiert, welche Formen von Diskriminierung es gibt. Dies ist erforderlich, um ein Verständnis dafür zu entwickeln, was genau die Verhaltensweisen ausmacht, die verboten sein sollen. Der normative Diskriminierungsschutz stellt den Schwerpunkt des Teils 2 dar. In Teil 2 der Arbeit werden also jene Normen dargestellt, deren Umsetzung durch die entsprechenden Institutionen flankiert werden sollen. Sie können als Inhalt der Arbeit der Gleichstellungsinstitutionen betrachtet werden.

Normative Diskriminierungsverbote bringen die ablehnende Wertung des Gesetzgebers in Hinblick auf Diskriminierungen zum Ausdruck. Durch die normative Einordnung von Diskriminierungen als rechtswidrig bringt der Gesetzgeber klar zum Ausdruck, dass Diskriminierungen im Rahmen unserer Rechtsordnung keinen Platz haben. Für gesetzestreue Bürger oder sonstige Akteure kann schon von dem normativen Verbot eine Verhaltensänderung ausgelöst werden, sofern sich die Akteure ihres diskriminierenden Verhaltens bewusst sind.

Die völkerrechtlichen Vorgaben, die sich in das internationale und das regionale Völkerrecht unterteilen, sind zu untersuchen. Hinsichtlich des überregionalen Völkerrechts istdas Recht der Vereinten Nationen daraufhin zu untersuchen, welche Diskriminierungen es verbietet. Im Recht der Vereinten Nationen sind die Charta der Vereinten Nationen, die Allgemeine Erklärung der Menschenrechte, der Zivilpakt und der Sozialpakt in den Blick zu nehmen. Auch die speziellen Menschenrechtsverträge, wie die Konvention zur Beseitigung der Rassendiskriminierung, das Übereinkommen gegen Folter und andere grausame, unmenschliche oder erniedrigende Behandlungen oder Strafen, das Kinderrechtsübereinkommen und das Übereinkommen über die Rechte von Menschen mit Behinderung enthalten Diskriminierungsverbote hinsichtlich des Geschlechts. Besonders in den Fokus zu nehmen ist die Frauenrechtskonvention CEDAW. Hierbei müssen auch die allgemeinen Empfehlungen des CEDAW-Ausschusses mit einbezogen werden. Der CEDAW-Ausschuss gibt allgemeine Empfehlungen heraus. Diese sind Vertragsauslegungen des Ausschusses. Sie haben Soft Law-Qualität, so dass die Wirkungsweise von Soft Law näher zu untersuchen ist. CEDAW und die entsprechenden allgemeinen Empfehlungen sollen den Schwerpunkt der Untersuchung des Teils 2 darstellen. Die Umsetzung der völkerrechtlichen Verträge durch die Vertragsstaaten und deren Durchsetzbarkeit werden ebenfalls in Teil 2 thematisiert.

Nach dem internationalen Völkerrecht ist das regionale Völkerrecht, namentlich das Recht des Europarats, zu untersuchen. Hier ist die EMRK nebst Zusatzprotokollen auf ihren Diskriminierungsschutz und ihre Verbindlichkeit hin zu prüfen, wie auch die Sozialcharta nebst Zusatzprotokollen.

Als zweites sind die unionsrechtlichen Vorgaben hinsichtlich ihres materiellen Diskriminierungsschutzes zu überprüfen. Dies betrifft zum einen die Normen aus AEUV und EUV, aber auch jene aus der Grundrechtecharta. Neben dem genannten Primärrecht enthält auch das Sekundärrecht – vornehmlich in Form von Richtlinien – Konkretisierungen des Diskriminierungsschutzes.

Art. 3 Abs. 2 GG enthält sowohl einen Gleichheitssatz als auch ein Diskriminierungsverbot. Mit diesen verfassungsrechtlichen Vorgaben befasst sich der dritte Abschnitt von Teil 2.

Als Zwischenergebnis des dritten Abschnitte von Teils 2 soll das Schutzniveau hinsichtlich materieller Diskriminierung und Gleichbehandlung im CEDAW und Art. 3 GG zusammengefasst werden.

Teil 2 endet mit der Einführung in das AGG.

In Teil 3 der Arbeit werden die Handlungsanforderungen an den Staat hinsichtlich der Institutionalisierung erörtert.

Im Völkerrecht sind die Anforderungen, die CEDAW (inbesondere in Art. 2 CEDAW in Verbindung mit der Auslegung des CEDAW-Ausschuss in den Allgemeinen Empfehlungen) an die Vertragsstaaten hinsichtlich der Institutionalisierung stellt, herauszuarbeiten.

Bei den unionsrechtlichen Vorgaben ist zwischen den Querschnittsklauseln und Zielvorgaben, die nur wirken können, soweit die EU auch über Kompetenzen verfügt, zu differenzieren. Diese sind somit in die Untersuchung mit einzubeziehen.

Die unionsrechtlichen Vorgaben lassen sich in drei Abschnitte untergliedern: Zunächst ist zu klären, was die Zielvorgaben von EUV und AEUV sind. Die Ziele sind in den Querschnittsklauseln und Zielvorgaben in EUV und AEUV geregelt (vergleichbar etwa mit Staatszielbestimmungen). Sie werden unter 1. behandelt. Damit die Union überhaupt zur Erfüllung dieser Ziele tätig werden darf, benötigt sie die entsprechende Kompetenz. Diese wird ihr in den entsprechenden Kompetenznormen zuteil, die unter 2. dargestellt werden. Sobald die Union im Rahmen ihrer Kompetenz tätig geworden ist und etwa entsprechende Richtlinien oder Verordnungen erlassen hat, sind die Mitgliedstaaten in der Pflicht, diese umzusetzen. Das entsprechende Sekundärrecht und die daraus resultierenden Pflichten der Mitgliedstaaten werden unter 3. untersucht. Das in Art. 23 GRC geregelte Sicherstellungsgebot ist auf seine Reichweite hin zu umreißen und auf Vorgaben in Hinblick auf die Institutionalisierung zu durchleuchten.

In diesem Teil wird also das Unionsrecht in Hinblick auf die Handlungsanforderungen hinsichtlich einer Institutionalisierung von Gleichstellungspolitik, die sich die Union einerseits in Verträgen selbst auferlegt, und auf die Handlungsanforderungen, die sie andererseits den Mitgliedstaaten auferlegt, untersucht.

Aus dem Sekundärrecht in Form von Richtlinien sollen die konkreten Vorgaben zu den Stellen zur Förderung der Gleichbehandlung der Frau dargestellt werden. In Hinblick auf die Handlungsanforderungen an die Mitgliedstaaten ist hier die Vorgabe von Art. 20 der Richtlinie 2006/54/EG besonders in den Blick zu nehmen, da hier den Mitgliedstaaten eine ganz konkrete Pflicht zur Schaffung einer Institution auferlegt wird.

Eine Prüfung, ob und wieweit die innerstaatliche Umsetzung der Anforderungen den Richtlinienvorgaben genügen, erfolgt in Teil 4.

Inwieweit der Gleichstellungsauftrag aus der Verfassung konkretisierbar ist, wird in Teil 3 der Arbeit untersucht. Hier ist insbesondere eine systematische völkerrechtsfreundliche Auslegung vorzunehmen.

Abschließend wird zusammengefasst, welche Anforderungen an Deutschland als Vertragsstaat der CEDAW und Mitgliedstaat der Europäischen Union hinsichtlich der Institutionalisierung zu stellen sind. Es soll auch geklärt werden, welches Mindestniveau hier von Verfassungs wegen einzuhalten ist.

Im Teil 4 der Arbeit soll als ein Anwendungsbeispiel der hier thematisierten Institutionalisierung die Antidiskriminierungsstelle des Bundes näher beleuchtet werden. Anhand der Antidiskriminierungsstelle des Bundes (ADS) kann nunmehr beispielhaft und kritisch dargestellt werden, wie eine solche Institution rechtlich ausgestaltet sein kann (Abschnitt I.: Einrichtung und Abschnitt II: Aufgaben). Ferner soll überprüft werden, inwiefern die ADS den Anforderungen höherrangigen Rechts entspricht (Abschnitt III.: Die Unabhängigkeit).

Der Schwerpunkt soll auf dem Kriterium der Unabhängigkeit der Institution liegen. Dies ist eine europarechtliche Vorgabe, die es in ähnlicher Weise auch bei dem Bundesdatenschutzbeauftragten gibt. Ein Vergleich der beiden Institutionen hinsichtlich der Umsetzung der Unabhängigkeit ist vorzunehmen. Die zu der Bundesdatenschutzbeauftragten bestehende Rechtsprechung des EuGH ist daraufhin zu durchdenken, ob sie auf die Antidiskriminierungsstelle des Bundes übertragen werden kann. Außerdem soll überprüft werden, inwieweit den völkerrechtlichen Anforderungen Rechnung getragen wird.

Teil 2: Normativer Diskriminierungsschutz

„Diskriminierung geschieht durch Unterscheidungen, die Unterschiede behaupten und in Ungleichheiten verwandeln.“[21]

I. Allgemeines zum Diskriminierungsbegriff

Im allgemeinen Sprachgebrauch wird unter Diskriminierung häufig ein benachteiligendes Handeln oder abwertendes Sprechen verstanden.[22]

Der lateinische Wortursprung *„discriminare“* meint zunächst einmal nur trennen oder unterscheiden.[23] Das wäre für sich genommen noch keine Benachteiligung oder Abwertung einer Gruppe von Menschen oder einer Person. Hierfür ist ergänzend eine Hierarchisierung erforderlich:

> *„Durch Diskriminierung wird die Grenze zwischen dominanten und untergeordneten Gruppen, zwischen Mehrheitsgesellschaften und Minderheiten, zwischen Normalität und unerwünschter Abweichung markiert.“*[24]

Dies betrifft erstmal die Diskriminierung aufgrund eines bestimmten Merkmals. Es gibt aber auch Diskriminierungen aufgrund mehrerer Merkmale.

Die mehrdimensionale Diskriminierung unterteilt sich in die additive und in die intersektionelle Diskriminierung. Bei der additiven Diskriminierung handelt es sich um eine Benachteiligung, die durch separate einzelne Gründe hervorgerufen wird, indem sich die Diskriminierungsgründe bzw. Benachteiligungen addieren. Ein Beispiel hierfür kann der Fall *„Kücükdeveci“* (Akzent und U 25-Zeiten)[25] sein. Bei der intersektionalen Diskriminierung stehen die Diskriminierungsgründe in einer Wechselwirkung zueinander und diese führen zu der Benachteiligung der Betroffenen am Schnittpunkt verschiedener Diskriminierungsmerkmale. Als Beispiel hierfür kann man die Einlasskontrollen von Diskotheken nehmen, bei denen häufig junge Männer nicht-deutscher Staatsangehörigkeit diskriminiert werden. Schon das Wegfallen nur eines Merkmals

---

21 *Scherr*, Diskriminierung. Wie Unterschiede und Benachteiligungen gesellschaftlich hergestellt werden, 2016, Vorwort, S. VII.

22 *Scherr*, APuZ 2016, 3, 4.

23 *Beigang/Fetz/Kalkum/Otto*, Diskriminierungserfahrungen in Deutschland, S. 12.

24 *Scherr*, Diskriminierung, 2016, Vorwort S. VII.

25 EuGH Urt. v. 19.01.2010 Az. C-555/07, Slg. 2010 I-00365.

führt zum Wegfall der Benachteiligung. Nur wenn diese drei Voraussetzungen kumulativ in einer Person vorliegen, findet die Diskriminierung häufig statt. Statistische Erhebungen ergeben immer wieder, dass Personen, die mehrere Diskriminierungsmerkmale erfüllen, nicht nur proportional häufiger diskriminiert werden, sondern sogar überproportional häufig von Diskriminierung betroffen sind.[26]

Mithin setzt jede Diskriminierung eine oder mehrere Kategorisierungen, ob bewusst oder unbewusst, voraus. Im Fall von sexuellen Diskriminierungen oder Geschlechtergleichstellung[27] stellt sich gleich zu Beginn die Frage, wie das Merkmal Geschlecht zu verstehen ist. Das Gesetz verwendet zwar den Begriff Geschlecht (zB in Art. 3 Abs. 3 S. 1, Var. 1 GG), ohne ihn zu definieren. Möglicherweise, weil vermeintlich klar ist, dass damit die vermeintlich naturgegebene Unterscheidung („discriminare") zwischen Männern und Frauen gemeint sein soll.[28]

Die feministische-geschlechterkritische Rechtstheorie oder -philosophie hinterfragt, wie Recht an der Etablierung einer gesellschaftlichen Ordnung beteiligt ist und wie Recht eine Ordnung der Geschlechterrollen regeln soll.[29]

In § 21 Abs. 1 Nr. 3 PStG ist geregelt, dass das Geschlecht einer neu geborenen Person als männlich oder weiblich zu beurkunden ist. Seit Einführung des § 22 Abs. 3 PStG durch das Personenstandsänderungsgesetz vom 01.11.2013[30] ist der Geschlechtseintrag wegzulassen, wenn das Kind weder einem männlichen noch einem weiblichen Namen zugeordnet werden kann. Das Recht knüpft quasi als naturgegebene Tatsache an die Unterscheidung von Mann und Frau an und lässt als Ausnahme dazu lediglich eine Nichtzuordnung zu.[31] Es stellt aber zugleich die Kategorie Geschlecht – sowohl biologisch als auch sozial – im Sinne eines binären Verständnisses mit her. Das Recht konstruiert also mit, indem es nicht nur auf vorgegebenes Bezug nimmt, sondern die angenommene biologische Zweigeschlechtlichkeit affirmativ bestätigt.[32] Eine kritische Betrachtung des Begriffs Geschlecht zeigt, dass der herrschende rechtliche Diskurs von einem naturgemäßen binären Geschlechterverständnis ausgeht, das sich zumindest

26 *Beigang/Fetz/Kalkum/Otto*, Diskriminierungserfahrungen in Deutschland, S. 111 ff.
27 Auf die bzw. deren Abbau sich die folgende Arbeit konzentriert.
28 *Schmidt*, RphZ 2016, 169, 171, 172.
29 *Schmidt*, RphZ 2016 169, 169.
30 BGBl. 2013 I, 1122.
31 *Schmidt*, RphZ 2016, 169, 173.
32 *Schmidt*, RphZ 2016, 169, 182.

primär naturwissenschaftlich-medizinisch bestimmen lässt.[33] Das Empfinden der Geschlechteridentität oder Geschlechterzugehörigkeit hat erst seit dem Beschluss des BVerfG zum TSG vom 11.01.2011[34] vordringliche Berücksichtigung in der Geschlechtsfeststellung gefunden. Allerdings verblieb es auch nach jenem BVerfG-Beschluss bei einem binären Geschlechterverständnis. Ferner wurde die Relevanz der Geschlechtsidentität wird nur insoweit anerkannt, als auch medizinisch-sexualwissenschaftliche Diskurse und die Beurteilung von Sachverständigen auf deren Basis die Relevanz der Geschlechtsidentität bestätigen. Der Umstand der sozialen Herstellung von Geschlecht und die komplexe Verwobenheit identitärer, naturbezogener, interaktiver, ideeller und verdinglichender Dimensionen des Geschlechts wurden auch hiernach nicht reflektiert.[35]

Mit Beschluss vom 10.10.2017 entschied das BVerfG[36], dass die oben genannte Regelung nach dem Personenstandsgesetz mit Art. 2 Abs. 1 iVm Art. 1 Abs. 1 und Art. 3 Abs. 3 GG nicht vereinbar ist und gab dem Gesetzgeber zur Herstellung einer verfassungsgemäßen Regelung eine Frist bis zum 31.12.2018 auf. Das BVerfG konstatierte, dass das allgemeine Persönlichkeitsrecht (Art. 2 Abs. 1 i.V.m. Art. 1 Abs. 1 GG) die geschlechtliche Identität schützt und damit auch die geschlechtliche Identität jener, die sich nicht dauerhaft dem männlichen oder weiblichen Geschlecht zuordnen lassen. Ferner schütze Art. 3 Abs. 3 S. 1 GG auch jene Menschen vor Diskriminierungen wegen des Geschlechts.[37]

Die jetzige Regelung führe dazu, dass die Personen, die sich nicht dauerhaft dem männlichen oder weiblichen Geschlecht zuordnen lassen wollen, dadurch, dass sie keinen Geschlechtseintrag erhalten, einen *„erheblichen Eingriff in ihr Selbstbild und die Lebbarkeit ihres Selbstbildes“*[38] erleiden. Der Nichteintrag gleicht eher einem *„nullum“*, als einem *„aliud“*, das eigentlich erforderlich wäre.[39]

---

33 *Schmidt*, RphZ 2016, 169, 179; als „unwissenschaftliche Fiktion“ bezeichnet *Adamitz*, Geschlecht als Erwartung, 2011, 249 diese Vorgehensweise.

34 BVerfG Beschl. v. 11.01.2011 – 1 BvR 3295/07 = BVerfGE 128, 109.

35 *Schmidt*, RphZ 2016 169, 179.

36 BVerfG Beschl. v. 10.10.2017 – 1 BvR 2019/16 = BVerfGE 147, 1.

37 Auch einen Verstoß gegen das subsidiäre allgemeine Gleichbehandlungsgebot aus Art. 3 Abs. 2 GG nahm das BVerfG an.

38 Stellungnahme des Studienzentrums der EKD für Genderfragen in Kirche und Theologie, zit. nach BVerfG Beschl. v. 10.10.2017, Az. 1 BvR 2019/16 Rn. 31.

39 Das Bundeskabinett hat am 15.8.2018 einen neuen Entwurf zum Personenstandsgesetz verabscheidet. Der Entwurf ist einsehbar auf der Website des BMI: https://www.bmi.bund.de/SharedDocs/kurzmeldungen/DE/2018/08/geburtenregister.html; zuletzt abegrufen am 28.10.2018.

Der TransInterQueer[40] spricht sich in seiner Stellungnahme zu der Frage gegen eine „dritte Option“ aus und hebt als eigentliches Ziel die Abschaffung der personenstandsrechtlichen Registrierung des Geschlechts hervor. Es stellt sich die Frage, wie das Verhältnis vom Recht zum Geschlecht angemessen gelebt werden kann. Dies vor dem Hintergrund, dass das Recht mitunter an der Herstellung dieses Konstrukts beteiligt ist, dessen Stellung es rechtlich regelt.

Naheliegend könnte aus dem oben Gesagten zunächst hergeleitet werden, dass das Recht keine geschlechtlichen Kategorien vorgeben sollte und auch nicht vorschreiben sollte, welcher Kategorie jemand zuzuordnen ist.[41] Dies widerspräche aber den derzeit immer noch geltenden Regelungen in §§ 21 Abs. 1 Nr.3, 22 Abs. 3 PStG iVm 21.4.3. PStG VwV. Auch für gesellschaftliche und rechtliche Positionen ist die Unterscheidung nach dem Geschlecht weiterhin relevant.[42] Es stellt sich daher die Frage, wie das Recht damit sinnvoll umgehen kann, da es aufgrund der gesellschaftlichen Relevanz damit umgehen muss.[43]

Eine vollständige Auflösung der biologischen Kriterien „*männlich*“ und „*weiblich*“ – die zunächst nach einer kritischen Betrachtung der Kategorisierung erstrebenswert erscheint – macht die Feststellung der mittelbaren Diskriminierung praktisch unmöglich.[44] Eine mittelbare Diskriminierung[45] liegt nach § 3 Abs. 2 AGG vor, wenn dem Anschein nach neutrale Vorschriften, Kriterien oder Verfahren Personen wegen eines in § 1 AGG genannten Grundes gegenüber anderen Personen in besonderer Weise benachteiligen können, es sei denn, die betreffenden Vorschriften, Kriterien oder Verfahren sind durch ein rechtmäßiges Ziel sachlich gerechtfertigt und die Mittel sind zur Erreichung dieses Ziels angemessen und erforderlich.

Auch wenn das Recht durch die ausdrücklichen Bezugnahmen auf geschlechtliche Kategorien selbst einen Beitrag zur Herstellung des sozialen Konstrukts Geschlecht leistet, kann nur mit der Kategorisierung ein Abbau

---

40 Stellungnahme von TransInterQueer, zit. nach BVerfG Beschl. 10.10.2017, Az. 1 BvR 2019/16 Rn. 33.

41 *Schmidt*, RphZ 2016, 169, 185.

42 *Schmidt*, RphZ 2016, 169, 182.

43 *Schmidt*, RphZ 2016, 169, 182.

44 *Zinsmeister*, Mehrdimensionale Diskriminierung, 2007, S.69 f.

45 Vgl. ausführlich zur mittelbaren Diskriminerung: Mittelbare Diskriminierung und das allgemeine Gleichbehandlungsgesetz, Sacksofsky, Expertise für die Antidiskriminierungsstelle des Bundes, abrufbar unter http://www.antidiskriminierungsstelle.de/SharedDocs/Downloads/DE/publikationen/Expertisen/Expertise_Mittelbare_Diskriminierung.pdf?__blob=publicationFile; zuletzt abgerufen am 17.08.2018.

von Diskriminierung geleistet werden. Das ist das sogenannte feministische Dilemma.[46] Andernfalls aber – ohne Bezugnahme auf geschlechtliche Kategorien – würde man die emanzipatorische Wirkung des Rechts verschenken.[47] Es ist also erforderlich, um den Spagat zwischen den beiden Seiten des Dilemmas zu überwinden, eine angemessene Bezugnahme des Rechts auf das Geschlecht zu etablieren, um damit gleichheitswidrige Hierarchien abbauen zu können.[48] Das bedeutet weiter, dass – wenn möglich – nicht mehr die Kategorie, wegen der diskriminiert wird, verwendet werden sollte, weil die Verwendung die Kategorie selbst und auch die Kategorie als Anknüpfungspunkt für die Diskriminierung die Kategorisierung bei der diskriminierten Person fortschreibt. Vielmehr sollte die Diskriminierung als solche gekennzeichnet sein. Es sollte also nicht mehr von einer Diskriminierung wegen des Geschlechts gesprochen werden, sondern von einer sexistischen Diskriminierung. So bezieht sich die Kategorisierung auf die Diskriminierung und nicht auf die diskriminierte Person. Würde man die Kategorisierung weiterhin auf die Person beziehen, würde man nur die Kategorisierung, die gerade vermieden werden soll, fortschreiben. Unter diesen Voraussetzungen kann also die Kategorisierung hinzunehmen sein. Die Vorschläge zu einem post-kategorialen Antidiskriminierungsrecht[49] wollen *„antikategoral"* sein. Es soll aber lediglich der Schwerpunkt der Kategorisierung, weg von der von Diskriminierung betroffenen Person, hin zu der Diskriminierung selbst, verschoben werden (sexistische Diskriminierung, statt Diskriminierung wegen des Geschlechts).[50] So wird die Festschreibung der Kategorie Geschlecht umgangen und vielmehr *„der Prozess, in dem Geschlecht durch eine konkrete diskriminierende Maßnahme herstellt wird"* gekennzeichnet.[51] Hierbei kann also offen bleiben, wie sich die Person selbst geschlechtlich verortet und es werden keine geschlechtsbezogenen Erwartungen an sie gestellt.[52] Das ist begrüßenswert.

---

46 *Schmidt*, RphZ 2016, 169, 182; *Baer*, KrimJ 1996, 242, 243, 244, 250; *Holzleithner*, KJ 2008, 250, 252 f..

47 *Schmidt*, RphZ 2016, 169, 184.

48 *Schmidt*, RphZ 2016, 169, 182; vgl zum Hierachisierungsverbot, *Baer*, Würde oder Gleichheit, 1995, S. 231 ff.; Sowie *dies.* KrimJ 1996, 254 f.

49 Kritisch hierzu *Mangold*, RphZ 2016, 152-168.

50 *Mangold*, RphZ 2016, 152, 165.

51 *Schmidt*, RphZ 2016, 169, 184; *Liebscher/Naguib/Plümecke/Remus*, KJ 2012, 204, 212 ff., 217 f.; *Baer* in *Rudolf*, Geschlecht im Recht, 2009, S.15-36; *Kocher*, KJ 2009, 386, 400 f.; *Markard*, KJ 2009, 352, 355 ff..

52 *Schmidt*, RphZ 2016, 169, 184.

Ferner ist es, um eine Veränderung der gesellschaftlichen Hierarchien unter Zuhilfenahme des Rechts zu erreichen, in bestimmten Fällen erforderlich, eine kategoriale Bezugnahme vorzunehmen. Dies hat im Wege einer angemessenen Bezugnahme auf die gesellschaftlichen Verhältnisse zu geschehen.

II. Diskriminierungsschutz auf den verschiedenen Ebenen des Rechts

Die Institutionen sind eine Umsetzung des Förderauftrags, der sich durch alle rechtlichen Ebenen zieht. Sie sollen zum Diskriminierungschutz und Diskriminierungssabbau beitragen und damit die tatsächliche Umsetzung der Gleichheits- und Gleichbehandlungssätze sowie Diskriminierungsverbote befördern. Das Schutzniveau der verschiedenen Ebenen divergiert hier[53] und bedarf daher einer differenzierten Betrachtung.

1. Völkerrechtliche Vorgaben

Nach *Geiger*[54] lässt sich Völkerrecht als Rechtsordnung definieren, *„die die Beziehungen der Staaten und der von ihnen auf gleicher Ebene zum Rechtsverkehr zugelassenen Wirkungseinheiten einschließlich der von ihnen begründeten Rechtsverhältnisse regelt.“* Im Umkehrschluss lässt sich also festhalten, dass Völkerrecht die Summe an Rechtsnormen umfasst, die nicht dem innerstaatlichen Recht der Staaten zuzuordnen sind.[55] Vollständig umfasst das Völkerrecht allerdings nur die negative Definition.[56] Hiervon sind auch solche Regelungen erfasst, die nicht nur die Beziehungen der Staaten untereinander regeln, sondern auch solche Regelungen, die *„für ein geordnetes Zusammenleben der Menschen dieser Erde notwendig“* sind.

a. Wirkungsweise des Völkerrechts im nationalen Recht

aa. Völkerrechtsfreundliche Auslegung des (Grund)gesetzes

Der Inhalt von ratifizierten völkerrechtlichen Verträgen, wie zB die UN-Abkommen oder die EMRK, ist in Deutschlang unmittelbar geltendes Gesetz im Range eines einfachen Bundesgesetzes.[57] Durch die Zustimmung des Parlaments

---

53 Vgl. auch *Schadendorf*, DÖV 2014, 853, 853.
54 *Geiger*, Grundgesetz und Völkerrecht mit Europarecht, 2013, S. 5.
55 *Geiger*, Grundgesetz und Völkerrecht mit Europarecht, 2013, S. 5.
56 *Geiger*, Grundgesetz und Völkerrecht mit Europarecht, 2013, S. 5.
57 *König/Schadendorf*, DÖV 2014, 853, 856.

nach Art. 59 Abs. 2 S. 1 GG wird dem normativen Inhalt völkerrechtlicher Verträge in Deutschland diese Geltung verschafft (Transformationsakt). Die völkerrechtlichen Normen finden dann direkte Anwendung und verpflichten direkt alle staatlichen Organe (Gesetzgebung, Rechtsprechung und Verwaltung). Nach Rechtsprechung des BVerfG[58] sind sowohl die Verfassung als auch einfache Gesetze völkerrechtskonform oder -freundlich auszulegen, um eine Diskrepanz zwischen nationalem Recht und Völkerrecht zu verhindern. Dies hat das BVerfG aus einer Gesamtschau mehrerer Bestimmungen des Grundgesetzes (u. a. der Präambel, dem Bekenntnis zu den unverletzlichen Menschenrechten in Art. 1 Abs. 2 GG sowie aus Art. 23–26, 59 Abs. 2 und 79 Abs. 1 GG) hergeleitet.[59] Es gilt das Gebot zur völkerrechtsfreundlichen Auslegung.[60]

Exemplarisch seien hier zunächst das Urteil zur Unschuldsvermutung[61], der Fall Görgülü[62] und das Urteil zur Sicherungsverwahrung[63] herausgegriffen, in denen das BVerfG statuiert, dass bei der Auslegung des Grundgesetzes auch der Inhalt und der Entwicklungsstand der Europäischen Menschenrechtskonvention in Betracht zu ziehen sind.[64]

Hiernach sind bei der Auslegung des Grundgesetzes Inhalt und Entwicklungsstand der Europäischen Menschenrechtskonvention zu berücksichtigen, allerdings nur insoweit, als es nicht zu einer Einschränkung des Grundrechtsschutzes nach dem Grundgesetz führt (vgl. schon Art. 60 EMRK).

Die Rechtsprechung des EGMR diene insoweit auch als Auslegungshilfe für die Bestimmung von Inhalt und Reichweite von Grundrechten und rechtsstaatlichen Grundsätzen des Grundgesetzes.[65]

---

58 BVerfG Beschl. v. 26.03.1987 Az. 2 BvR 589/79; BVerfGE 74, 358 („Unschuldsvermutung I").

59 BVerfG Beschl. v. 26.03.1987 Az. 2 BvR 589/79 = BVerfGE 74,358 („Unschuldsvermutung I").

60 *König/Schadendorf*, DÖV 2014, 856 m.w.N.

61 BVerfG Beschl. v. 26.03.1987 Az. 2 BvR 589/79 = BVerfGE 74,358 („Unschuldsvermutung I").

62 BVerfG Beschl. v. 14.10.2004, Az. 2 BvR 1481/04 Rn. 90 = BVerfGE 111, 307, 332, 317f („Görgülü").

63 BVerfG Urt. v. 04.05.2011 Az. 2 BvR 2365/09 = BVerfGE 128, 326-409 („Sicherungsverwahrung").

64 BVerfG Beschl. v. 26.03.1987 Az. 2 BvR 589/79 R. 39 = BVerfGE 74,358 („Unschuldsvermutung I").

65 BVerfG Beschl. v. 26.03.1987 Az. 2 BvR 589/79 = BVerfGE 74,358 („Unschuldsvermutung I").

Mit Beschluss vom 14.10.2004 hat das BVerfG entschieden, dass Entscheidungen des EGMR zwar nicht die Rechtskraft von Urteilen deutscher Gerichte aufheben können, aber deutsche Gerichte neue EGMR-Entscheidungen berücksichtigen müssen, wenn sie erneut über den Verfahrensgegenstand zu entscheiden haben *(„Görgülü“[66])*.

In der Entscheidung zur Sicherungsverwahrung[67] vom 04.05.2011 stellt das BVerfG – unter Bezugnahme auf die genannte Entscheidung zur Unschuldsvermutung – klar, dass die Entscheidungen des EGMR, die neue Aspekte der Auslegung des Grundgesetzes enthalten, einer rechtserheblichen Änderung gleichstehen, die sogar zu einer Überwindung der Rechtskraft einer Entscheidung des BVerfG führen können.[68]

Das BVerfG erkannte in einer Entscheidung zur BRK an, dass das UN-Abkommen „als Auslegungshilfe für die Bestimmung von Inhalt und Reichweite der Grundrechte herangezogen werden kann“.[69]

Zum Kinderrechtsübereinkommen und der dazugehörigen allgemeinen Empfehlung Nr. 10 des Kinderrechtsausschusses hat das BVerfG am 05.07.2013[70] beschlossen:

> *„Der Kinderrechtskonvention kommt aufgrund der Entscheidung des Bundesgesetzgebers vom 17. Februar 1992 (BGBl II S. 121) Gesetzesrang zu. Sie* ***kann***[71] *_als Auslegungshilfe für die Bestimmung von Inhalt und Reichweite der Grundrechte und rechtsstaatlichen Grundsätze des Grundgesetzes herangezogen werden (vgl. BVerfGE 111, 307 <317>; 128, 282 <306>; 326 <368>m.w.N.). Dies verlangt allerdings keine schematische Parallelisierung der Aussagen des Grundgesetzes mit denen der Kinderrechtskonvention, sondern ein Aufnehmen ihrer Wertungen, soweit dies methodisch vertretbar und mit den Vorgaben des Grundgesetzes vereinbar ist (vgl. BVerfGE 111, 307 <317>; 128, 326 <371 f.>).“*

---

66 BVerfG Beschl. v. 14.10.2004, Az. 2 BvR 1481/04 Rn. 90 = BVerfGE 111, 307, 332, 317f („Görgülü“).

67 BVerfG Urt. v. 04.05.2011 –Az. 2 BvR 2365/09 = BVerfGE 128, 326-409 („Sicherungsverwahrung“).

68 BVerfG Urt. v. 04.05.2011 –Az. 2 BvR 2365/09 Rn. 89 ff. = BVerfGE 128, 326, 409 („Sicherungsverwahrung“).

69 BVerfG Beschl. 23.03.2011 – 2 BvR 882/05 = BVerfGE 128, 282, 306 („Zwangsbehandlung im Maßregelvollzug“).

70 B VerfG Beschl. v. 05.07.2013 Az. 2 BvR 708/12 Rn. 21-24; abrufbar unter https://www.bundesverfassungsgericht.de/SharedDocs/Entscheidungen/DE/2017/03/rk20170308_2bvr048317.html, zuletzt abgerufen am 25.08.2018.

71 Hervorhebung durch die Verfasserin.

Dies deckt sich mit der Rechtsauffassung, die das BVerfG 2016 zu allgemeinen Empfehlungen des entsprechenden Ausschusses zur BRK vertrat:

Mit Beschluss vom 26.06.2016[72] entschied das BVerfG, zur BRK, die in Deutschland Gesetzeskraft hat und hinsichtlich Inhalt und Reichweite zur Auslegung von Grundrechten hinzugezogen werden kann,[73] dass den zwischenzeitlichen Berichten (Art. 39 BRK) und Leitlinien (Art. 35 Abs. 3 BRK) des Ausschusses für die Rechte von Menschen mit Behinderungen nach Art. 34 BRK zur Auslegung herangezogen werden können. Das BVerfG stellte fest, dass den Stellungnahmen zuständiger Ausschüsse von Menschenrechten erhebliches Gewicht zukommt, sie aber nicht völkerrechtlich verbindlich sind.[74] Dennoch – so das BVerfG – sollte sich ein nationales Gericht mit diesen in gutem Glauben argumentativ auseinandersetzen. Eine Pflicht, die Vertragsauslegung, die von dem entsprechenden Vertragsausschuss angenommen wird, zu übernehmen, besteht gerade nicht. Das BVerfG begründet damit, dass mit Art. 34 BRK dem Ausschuss kein Mandat zur verbindlichen Vertragsauslegung übertragen worden ist.

Das BVerfG formuliert im Urteil zur BRK und zur KRK unter Verweis auf das Urteil zu Sicherungsverwahrung, dass die entsprechenden Verträge als Auslegungshilfe herangezogen werden können. Im Urteil zur Sicherungsverwahrung hinsichtlich der EMRK aber statuiert das BVerfG: „*Sie ist jedoch als Auslegungshilfe bei der Auslegung der Grundrechte und der rechtsstaatlichen Grundsätze des Grundgesetzes heranzuziehen*".

Gleichermaßen wie Art. 34 BRK regelt Art. 17 CEDAW den entsprechenden Ausschuss. Ebenso wie in Art. 34 BRK dem Ausschuss kein Mandat zur verbindlichen Vertragsauslegung zu Teil wird, erfolgt dies auch nicht in Art. 21 CEDAW. Anders zu betrachten ist dies in Hinblick auf den EGMR. Diesem ist

---

72 BVerfG Beschl. v. 26.06.2016 Az. 1 BvL 8/15 = BVerfGE 142, 313 – 353.

73 Vgl. auch BVerfG Beschl. v. 14.10.2004, Az. 2 BvR 1481/04 Rn. 90 = BVerfGE 111, 307, 332, 317f („Görgülü") und BVerfG Beschl v. 23.03.2011 – 2 BvR 882/09 = BVerfGE 128, 282, 306 ff.. („Zwangsbehandlung im Maßregelvollzug") legt kein anderes Ergebnis nahe.

74 Differenzierend zur Verbindlichkeit vgl. *Proelß*, Der Grundsatz der völkerrechtsfreundlichen Auslegung im Lichte der Rechtsprechung des BVerfG, S. 572, in *Rensen/Brink*, Linien der Rechtsprechung des BVerfG 2009. S. 556 ff., der allersdings den BVerfG Beschl v. 23.03.2011 – 2 BvR 882/09 = BVerfGE 128, 282, 306 ff. noch nicht berücksichtigen konnte.

ein entsprechendes Mandat übertragen worden (vgl. schon *„Unschuldsvermutung I“*[75] und *„Görgülü“*[76]).

Für die Auslegung von völkerrechtlichen Abkommen widerum greift Art. 31 WVR.

Es gibt zwar eine BVerfG-Entscheidung[77] zu Arbeitgeberzuschüssen an Frauen, die CEDAW aufgreift, aber nur zur Bestätigung des Auslegungsergebnisses von Art. 3 Abs. 2 GG. Es entspräche auch CEDAW, die Beseitigung mittelbarer und faktischer Diskriminierung zu fordern.[78]

Der Beschluss des BVerfG[79] zum Doppelbesteuerungsabkommen mit der Türkei soll hier aus zweierlei Gründen nicht näher beleuchtet werden:

Zum einen, weil es inhaltlich nicht überzeugt. Dass der deutsche Gesetzgeber das Doppelbesteuerungsabkommen mit der Türkei von 1985, das mit Zustimmungsgesetz nach Art. 59 Abs. 2 S. 1 GG Teil der deutschen Rechtsordnung geworden war, mit abweichender Gesetzgebung abändern kann, ist hinsichtlich der Völkerrechtsfreundlichkeit der Rechtsordnung nur schwer vertretbar.[80]

Zum anderen handelt es sich bei dem Doppelbesteuerungsabkommen nicht um einen menschenrechtlichen völkerrechtlichen Vertrag.

Zusammenfassend kann also festgehalten werden, dass das (Grund-)gesetz vom Bundesverfassungsgericht im Lichte der UN-Abkommen und im Lichte der Berichte und Leitlinien ausgelegt werden kann. Es ist im Lichte der EMRK und der Rechtsprechung des EGMR auszulegen. Die Rechtsprechung des EGMR kann die Rechtskraft von Bundesverfassungsgerichtsentscheidungen überwinden. Hier zeigt sich die deutlich starkere „Durchschlagskraft“, die die EMRK und die Rechtsprechung des EGMR auf die deutsche Rechsordnung haben. Dennoch bleiben die UN-Abkommen bei der Auslegung vom nationalen Recht nicht vollständig unberücksichtigt, sondern sie können von den Gerichten zur Auslegung vom (Grund-) gesetz herangezogen werden.

---

75 BVerfG Beschl. v. 14.10.2004, Az. 2 BvR 1481/04 Rn. 90 = BVerfGE 111, 307, 332, 317f („Görgülü“.

76 BVerfG Beschl. v. 14.10.2004, Az. 2 BvR 1481/04 Rn. 90 = BVerfGE 111, 307, 332, 317f („Görgülü“).

77 BVerfG Beschl. v. 18.11.2003 Az. I BvR 302/ 96 = BVerfGE 109, 64-96.

78 *König/Schadendorf* DÖV 2014, 853, 857.

79 BVerfG Beschl. v. 15.12.2015 Az. 2 BvL 1/12 = BVerfGE 41, 1.

80 Vgl. hierzu eingehend: Giegerich, Völkerrechtsfreundlichkeit „light“ – Viel Schatten und wenig Licht im BVerfG-Beschluss zum Treaty Override, Saar Expert Papers, 2/ 2016, online abrufbar unter: http://jean-monnet-saar.eu/?page_id=70; zuletzt abgerufen am 22.07.2018.

bb. Umsetzung völkerrechtlicher Verträge

Internationale Normen sind entweder justitiabel (self-executing) oder nicht justitiabel (non-self-executing), letzteres bedeutet aber nicht Unverbindlichkeit, sondern nur, dass der Gesetzgeber Ausführungsbestimmungen erlassen muss, um internationale Vorschriften praktikabel zu machen.[81] Eine völkerrechtliche Norm ist dann unmittelbar anwendbar (self-executing), *„wenn offensichtlich keine weitere nationale Regelung erforderlich ist, um den Inhalt der Norm zu konkretisieren und damit für die Anwendung geeignet zu machen. Eine unbestimmte Norm zeigt selbst, dass offenbar eine weitere Konkretisierung durch den nationalen Gesetzgeber erwartet wird*"[82], sie also hinreichend bestimmt ist.[83] Darüber hinaus muss eine völkerrechtliche Norm, um anwendbar zu sein, mit der Verfassung (vgl. Formulierung aus „Görgülü"[84]) in Einklang stehen.[85] Dies ergibt sich schon aus der Vorrangstellung des Verfassungsrechts.[86]

Es lassen sich aus den völkerrechtlichen Verträgen drei Arten von Verpflichtungen herleiten:[87]

Erstens eine Respektierungspflicht (duty to respect), die auf das Unterlassen von Rechtsverletzungen durch den Staat selbst und seine Einrichtungen gerichtet ist. Die duty to respect kennzeichnet die Funktion der Frauen bzw. Menschenrechte als Abwehrrechte.

Zweitens eine Schutzpflicht (duty to protect), die die Verpflichtung der Vertragsstaaten betrifft, Rechtsverletzungen bzw. Diskriminierungen durch Dritte,

---

81 *Kägi-Diener* in *Rust/Lange*, CEDAW vor dem Zwischenbericht 2011, 2012, 103, 109.

82 *Hübner* in *Schorlemer*, Die Vereinten Nationen und neuere Entwicklungen der Frauenrechte 2007, 163, 196.

83 *Hübner* in *Schorlemer*, Die Vereinten Nationen und neuere Entwicklungen der Frauenrechte 2007, 163, 167; Aus der CEDAW-Perspektive dazu auch *Schöpp-Schilling* in *Klein*, 20 Jahre Übereinkommen zur Beseitigung jeder Diskriminierung der Frau (CEDAW), 2000, 13, 20; online abrufbar unter: https://publishup.uni-potsdam.de/opus4-ubp/frontdoor/deliver/index/docid/5783/file/sgm05.pdf; zuletzt abgerufen am 14.08.2018.

84 BVerfG, Beschl. v. 14.10.2004 Az. 2 BvR 1481/04 = BVerfGE 111, 307–332.

85 *Hübner* in *Schorlemer*, Die Vereinten Nationen und neuere Entwicklungen der Frauenrechte 2007, 163, 167.

86 *Hübner* in *Schorlemer*, Die Vereinten Nationen und neuere Entwicklungen der Frauenrechte 2007, 163, 167; vgl. auch zu den Grenzen BVerfG Beschl. v. 14.10.2004 Az. 2 BvR 1481/04 = BVerfGE 111, 307–332 („Görgülü").

87 *Kägi-Diener* in *Rust/Lange*, CEDAW vor dem Zwischenbericht 2011, 2012, 103, 115-116.

also Privatpersonen wie Familienangehörige oder Arbeitgeber, zu verhindern, und damit die Funktion als Schutzgewährrechte erfüllt.

Drittens eine Gewährleistungspflicht (duty to fulfill), die die Vertragsstaaten verpflichtet, Infrastruktur und Ressourcen bereitzustellen, damit die einzelnen Frauen ihre Rechte auch wirksam ausüben können. Hierbei geht es um positive Handlungspflichten des Staates im Bereich der Daseinsvorsorge, die die Funktion der Frauen bzw. Menschenrechte als Leistungs- bzw. Teilhaberechte sicherstellen.[88]

b. Internationales Völkerrecht

aa. Entstehung der Frauenrechte innerhalb der Menschenrechte

Erste Ansätze des modernen Menschenrechtschutzes finden sich im Kriegsrecht, also dem humanitären Völkerrecht.[89] Auch heute noch gibt es auf universeller Ebene diese: *„zwei Pole des Menschenrechtsschutzes“*[90]: das humanitäre Völkerrecht einerseits und die Menschenrechte andererseits.

Die Menschenrechte umfassen sowohl Abwehrrechte des Bürgers gegen den Staat zum Schutz seiner Freiheitsphäre (sog. 1. Generation), als auch soziale Anspruchsrechte auf einen menschenwürdigen Standard (sog. 2. Generation) sowie typische kollektive Menschenrechte (sog. 3. Generation).[91]

Zu denken ist hier vornehmlich an die menschenrechtlichen Regelungen der ILO, der UN-Menschenrechtsverträge und des Europarats, wie etwa die menschenrechtlichen Regelungen der EMRK nebst Zusatzprotokollen und der europäischen Sozialcharta. Diese menschenrechtlichen Regelungen sind auch Gegenstand der folgenden Untersuchungen, in deren Mittelpunkt das Übereinkommen vom 18.12.1979 zur Beseitigung von jeder Form von Diskriminierung der Frau[92] (Convention on the Elimination of All Forms of Discrimination Against Women, im folgenden „CEDAW“) steht. Dieses trat in Deutschland am 09.08.1985 in Kraft.[93] 1999 wurde hierzu das ergänzende Zusatz- oder Fakultativprotokoll (Optional Protocol)[94]

---

88 *König* in *Rudolf*, Frauen und Völkerrecht 2006, S. 89.
89 *Buergenthal/Thürer*, Menschenrechte, 2009, S. 21.
90 *Buergenthal/Thürer*, Menschenrechte, 2009, S. 21.
91 *Ipsen*, Völkerrecht, 2014, S. 834 Rn. 39.
92 UN Doc A/Res/34/180.
93 Gesetz zu dem Übereinkommen vom 18.12.1979 zur Beseitigung jeder Form der Diskriminierung der Frau vom 25.04.1985; BGBl. 1985 Nr. 17 S. 647 f.
94 UN Doc A/Res/54/4.

verabschiedet.[95] Dieses trat am 22.12.2000 in Kraft und wurde am 15.01.2002 in Deutschland ratifiziert.

bb. Frauen-Menschenrechte der ILO

Die Internationale Arbeitsorganisation (ILO) ist zuständig für das Formulieren und Durchsetzen internationaler Arbeits- und Sozialstandards.[96] Ihre Konventionen schaffen einen weltweit geltenden Mindeststandard in Hinblick auf die Rechte bei der Erwerbsarbeit. Hierin zeigt sich auch in diesen Konventionen der menschenrechtliche Ansatz, da es darum geht, menschenwürdige Arbeit für alle Menschen auf der Welt sicherzustellen.[97]

Die älteste „*ILO-Frauenrechts-Konvention*“[98] ist die ILO-Convention Concerning-Maternity-Protection 1919 (Revised 1952), 28. Juni 1952, 214, U.N.T.S., 321.[99] Weitere Felder, in denen die ILO spezielle Schutzvorschriften für Frauen erließ, waren die Nachtarbeit, und zwar mit der Konvention (No. 89), Concerning Night Work of Women Employed in Industry[100] (Revised 1948)[101], und die Arbeit in Bergwerken mit der ILO-Konvention bezüglich der Arbeit von Frauen in Bergwerken.[102] Zunächst stand, wie sich auch am Inhalt der Konventionen ablesen lässt „*weniger die Sicherung von Rechten als der Schutz von Frauen, spezifisch in ihrer Mutterrolle*“[103] im Blickwinkel der ILO. Später nahmen die Abkommen sich auch der Themen Entgeltgleichheit und Antidiskriminierung an und zwar in Form der ILO-Konvention über die Gleichheit des Entgelts männlicher und weiblicher Arbeitskräfte für gleichwertige Arbeit vom 29.06.1951[104], der ILO-Konvention über Diskriminierung in Beschäftigung und Beruf vom

95 BGBl 2001 II. 1237; Gesetz zu dem Fakultativprotokoll vom 06.10.1999 zum Übereinkommen vom 18.12.1979 zur Beseitigung jeder Form der Diskriminierung der Frau.
96 http://www.ilo.org/berlin/lang--es/index.htm; zuletzt abgerufen am 22.07.2018.
97 http://www.ilo.org/berlin/lang--es/index.htm; zuletzt abgerufen am 22.07.2018.
98 *Mlinar*, Frauenrechte als Menschenrechte, 1997, S. 100.
99 Maternity Protection Convention/ILO-Übereinkommen Nr. 3 zur Anstellung von Frauen vor und nach der Niederkunft BGBl 2013 II 988.
100 ILO Übereinkommen Nr. 4 zur Nachtarbeit von Frauen, 9. Juli 1948, 81 U.N.T.S. 148.
101 *Mlinar*, Frauenrechte als Menschenrechte, 1997, S. 103.
102 Convention Concerning the Employment of Women on Underground Work in Mines of all kinds, 21.Juni 1935 (modifiziert 1946); 40 U.N.T.S. 63; Mlinar, Frauenrechte als Menschenrechte, 1997, S. 104.
103 *Schläppi/Wyttenbach/Ulrich* in *Schläppi/Ulrich/Wyttenbach*, CEDAW, Teil 1, 1.2.1 Die Entwicklung internationaler Normen.
104 Convention Concerning Equal Remuneration for Men and Women Workers for Work of Equal Value (Equal Remunaration Convention); 165, U.N.T.S. 303; BGBl 1956 II 24.

25.06.1958[105] und der Convention Concerning Equal Opportunities and Equal Treatment for Men and Women Workers (Workers with Family Responsibilities) vom 23. Juni 1981.[106] Die genannten Konventionen sind vorrangig auf die Herstellung formaler Rechtsgleichheit ausgerichtet. Sie regeln zwar frauenspezifische Schutzbestimmungen, allerdings ohne den privaten Lebensbereich mit einzubeziehen. Allgemeine Gleichbehandlungsgebote und Diskriminierungsverbote lassen sich hieraus nicht entnehmen. Ihre frauenfördernde Wirkung kann daher eher als punktuell bezeichnet werden, obgleich es sich um wichtige und unerlässliche Mindeststandards handelt, die die ILO mit ihren Abkommen geschaffen hat.

cc. Recht der Vereinten Nationen

Die Vereinten Nationen haben der Kodifizierung von Frauenrechten von Anfang an besondere Bedeutung zugeschrieben. So fanden sich schon im Völkerbund Ansätze, an die die Vereinten Nationen anknüpfen konnten.[107] Einen wichtigen Wendepunkt für die Rechte der Frauen stellt dennoch die Gründung der Vereinten Nationen dar.[108] Die Gleichbehandlung von Mann und Frau ist seither als neuer Grundsatz vorherrschend, seinerzeit noch ausgehend von männlichem Ansatz, dem sich das Leben der Frau anpassen sollte. Tatsächliche Unterschiede zwischen den Geschlechtern wurden (noch) ignoriert. Neuere völkerrechtliche Bestimmungen nehmen allerdings die besonderen Interessen von Frauen stärker in den Fokus.[109]

(1.) Charta der Vereinten Nationen

In der Charta der Vereinten Nationen ist bereits in der Präambel der Gedanke der Gleichberechtigung von Mann und Frau angesprochen.

Die Präambel bekräftigt den

> *„[…] Glauben an die Grundrechte des Menschen, an Würde und Wert der menschlichen Persönlichkeit, an die Gleichberechtigung von Mann und Frau, sowie von allen Nationen…“.*

---

105 BGBl 1961 II 98.

106 1331 U.N.T.S. 295.

107 *Neuhold* in *dies./Pristner/Ulrich*, InternationaleDimensionen, in Menschenrechte – Frauenrechte, 2003, S. 33; zur Entwicklung internationaler Frauenrechte: *Charlesworth/Chinkin*, The boundaries of international law, 2000, S. 14 ff.

108 *Mlinar*, Frauenrechte als Menschenrechte, 1997, S. 99.

109 *Mlinar*, Frauenrechte als Menschenrechte, 1997, S. 99.

Weiter werden in den Art. 1, 13 und 55 der Charta der Vereinten Nationen die Ziele der UN, die Aufgaben und Befugnisse der Generalversammlung und die Zusammenarbeit auf wirtschaftlichen und sozialen Gebieten geregelt. Diese sollen allen Menschen ohne Unterschied der Rasse, des Geschlechts, der Sprache und der Religion zugutekommen.[110]

Die Charta der Vereinten Nationen (von 1945) hebt *„Würde und Wert der menschlichen Persönlichkeit"* hervor und verbietet in Art. 1 Abs. 3 der Charta der Vereinten Nationen Diskriminierungen aufgrund des Geschlechts:

> *„Die Achtung vor den Menschenrechten und Grundfreiheiten für alle ohne Unterschied […] des Geschlechts […]"*

Als erster internationaler Vertrag weist die Satzung der Vereinten Nationen[111] damit explizit auf die Menschenrechte und die gleichen Rechte von Mann und Frau hin.[112]

Allerdings sind die Menschenrechte als solche hier noch nicht formuliert. Es ist zwar die Rede von den Menschenrechten und Grundfreiheiten. Eine Definition dieser erfolgte jedoch nicht.[113]

(2.) Die allgemeine Erklärung der Menschenrechte

Erst in der allgemeinen Erklärung der Menschenrechte werden diese Menschenrechte und Grundfreiheiten sodann definiert.[114] In Art. 2 AEMR ist ein Gleichbehandlungsgebot geregelt:

> *„Jeder Mensch hat Anspruch auf die in der Erklärung verkündeten Rechte und Freiheiten, ohne irgendeine Unterscheidung, wie etwa nach […] Geschlecht […]."*

Auch in ihrer Präambel

> *„wird der Glaube an Würde und Wert der menschlichen Person und an die Gleichberechtigung von Mann und Frau"*

hervorgehoben.[115]

---

110 *Neuhold* in *dies./Pristner/Ulrich*, Internationale Dimensionen, in: Menschenrechte – Frauenrechte, 2003, S. 47.

111 BGBl 1973 II 43.

112 *Mlinar*, Frauenrechte als Menschenrechte, 1997, S. 108.

113 *Mlinar*, Frauenrechte als Menschenrechte, 1997, S. 109.

114 *Mlinar*, Frauenrechte als Menschenrechte, 1997, S. 110.

115 *Neuhold* in *dies./Pirstner/Ulrich*, Internationale Dimensionen, in: Menschenrechte – Frauenrechte, 2003, S. 47.

Die Generalversammlung der UN nahm am 10.12.1948 die AEMR an und verkündete sie feierlich.[116] Die AEMR umfasst sowohl politische und bürgerliche Rechte, als auch wirtschaftliche, soziale und kulturelle Rechte.[117] Sie wird auch als *„Grundlage des Menschenrechtsdenkens“*[118] bezeichnet und zunehmend als Gewohnheitsrecht betrachtet.[119]

(3.) Zivilpakt und Sozialpakt

1966 wurden sodann zwei getrennte Abkommen verabschiedet, die 1976 in Kraft traten: Der Internationale Pakt über wirtschaftliche, soziale und kulturelle Rechte (ICESCR)[120] und der Internationale Pakt über bürgerliche und politische Rechte (ICPPR).[121]

Zusammen mit der AEMR werden diese beiden Verträge auch als die sog. *„International Bill of Human Rights“*[122] bezeichnet und enthalten Gleichbehandlungsgebote und entsprechende Diskriminierungsverbote.[123]

Beide Verträge enthalten akzessorische Diskriminierungsverbote und Gleichberechtigungssätze (Art. 2 Abs. 3 und Art. 3 des Internationalen Paktes über wirtschaftliche und kulturelle Rechte und Art. 2 Abs. 1 und Art. 3 des Paktes über bürgerliche und politische Rechte). Art. 7 Lit. a Sublit. i des Internationalen Paktes über wirtschaftliche, soziale und kulturelle Rechte regelt die Entgeltgleichheit und Art. 10 jenes Paktes trifft Regelungen zum Mutterschutz. Art. 23 des Paktes über bürgerliche und politische Rechte trifft Regelungen zur Familie und Ehe. Außerdem regelt Art. 26 des Paktes über bürgerliche und politische Rechte ein selbstständiges Diskriminierungsverbot. Er garantiert gleiche Rechte vor dem Gesetz und einen Anspruch auf gleichen Schutz.

---

116 *Neuhold* in *dies/Pirstner/Ulrich*, Internationale Dimensionen, in: Menschenrechte – Frauenrechte, 2003, S. 31.

117 *Neuhold* in *dies./Pirstner/Ulrich*, Internationale Dimensionen, in: Menschenrechte – Frauenrechte, 2003, S. 31.

118 *Neuhold* in *dies./Pirstner/Ulrich*, Internationale Dimensionen, in: Menschenrechte – Frauenrechte, 2003, S. 31.

119 *Neuhold* in *dies./Pirstner/Ulrich*, Internationale Dimensionen, in: Menschenrechte – Frauenrechte, 2003, S. 31 m.w.N.

120 International Covenent on Econimic, Social and Cultural Rights, 16.Dezember 1966, 993 U.N.T.S. 3, (Pakt I).

121 International Covenant on Civiland Political Rights, 16.Dezember 1966, 999 U.N.T.S. 171 (Pakt II).

122 *Neuhold* in *dies./Pirstner/Ulrich*, Internationale Dimensionen, in: Menschenrechte – Frauenrechte 2003, S. 31.

123 *König*, in *Rudolf*, Frauen und Völkerrecht, 2006, S. 83.

Auch wenn die Durchsetzungsmechanismen des Internationalen Paktes über wirtschaftliche, soziale und kulturelle Rechte bemängelt werden – erst seit 1985 gibt es einen Ausschuss für wirtschaftliche, soziale und kulturelle Rechte –[124], so wird er als *„äußerst wichtiges Instrument, das für die Sicherung der Rechte der Frauen im wirtschaftlichen, sozialen und kulturellen Raum große Bedeutung hat"* bezeichnet.[125]

Etwas besser bestellt ist es um die Durchsetzungsmechanismen des Internationalen Paktes über bürgerliche und politische Rechte: Der Menschenrechtsausschuss (Committee on Human Rights) gewährleistet die Umsetzung des Paktes durch ein Staatenberichtsverfahren.[126] Es können mithin auch Parallelberichte von NGO eingebracht werden.[127] Ferner gibt es die Möglichkeit einer Individualbeschwerde. Die Individualbeschwerde ist im ersten Fakultativprotokoll zum Internationalen Pakt über bürgerliche und politische Rechte normiert.[128] Sie steht auch Frauen- und Gleichberechtigungsthemen offen, was aber selten in Anspruch genommen wird.[129] Immerhin gelegentlich befassen sich Allgemeine Empfehlungen/General Comments mit Fragen, die für Frauen von spezifischem Interesse sind:

Hinsichtlich des Ausschusses über wirtschaftliche, soziale und kulturelle Rechte sind dies die allgemeinen Empfehlungen Nr. 16 über die Gleichberechtigung von Mann und Frau bei der Ausübung aller wirtschaftlichen, sozialen und kulturellen Rechte (Art. 3), CESCR (2005) und Nr. 20 über die Nichtdiskriminierung bei den wirtschaftlichen, sozialen und kulturellen Rechten (Art. 2 Abs.2) CESCR 2009.

Zu dem Internationalen Pakt über bürgerliche und politische Rechte gibt es die Allgemeinen Empfehlungen Nr. 4 über Gleichheit von Mann und Frau (Art. 3), Nr. 18 über das Gleichheitsprinzip (HRC 1989) und Nr. 28 über die Gleichberechtigung von Mann und Frau (Art. 3).

---

124 *Neuhold* in *dies./Pirstner/Ulrich*, Internationale Dimensionen, in: Menschenrechte – Frauenrechte, 2003, S. 48.

125 *Neuhold* in *dies./Pirstner/Ulrich*, Internationale Dimensionen, in: Menschenrechte – Frauenrechte, 2003, S. 48.

126 *Neuhold* in *dies./Pirstner/Ulrich*, Internationale Dimensionen, in: Menschenrechte – Frauenrechte, 2003, S. 49.

127 *Neuhold* in *dies./Pirstner/Ulrich*, Internationale Dimensionen, in: Menschenrechte – Frauenrechte, 2003, S. 49.

128 Art. 2-7 des Fakultativprotokolls zu CEDAW.

129 *Neuhold* in *dies./Pirstner/Ulrich*, Internationale Dimensionen, in: Menschenrechte – Frauenrechte, 2003, S. 49.

(4.) Die „speziellen“ Menschenrechtsverträge

Die AEMR, der Internationale Pakt über bürgerliche und politische Rechte und der Internationale Pakt für wirtschaftliche, soziale und kulturelle Rechte garantieren die Menschenrechte in ihrer Substanz allgemein.[130]

Die weiteren sieben „*Spezialverträge*“ sollen „*von Menschenrechtsverletzungen besonders häufig betroffene[n] Gruppen einen auf ihre spezielle Situation zugeschnittenen Schutz [...] gewährleisten.*“[131]

Dies sind die Konvention über die Verhütung und Bestrafung des Völkermordes (1948), die Konvention über die Rechtsstellung der Flüchtlinge (1951) und die Konvention über die Beseitigung jeder Form der Rassendiskriminierung/ICERD (1965).[132] Wie sich teilweise aus dem Namen schon ergibt, ist das Übereinkommen als Instrument zur Bekämpfung von Diskriminierungen aufgrund der „Rasse“[133], Hautfarbe, Abstammung, nationaler oder ethischer Herkunft gedacht.[134] Hierzu existiert eine allgemeine Bemerkung/Empfehlung, die sich mit mehrdimensionaler oder intersektionaler Diskriminierung auseinandersetzt, namentlich „*Die diskriminierungsfreie Umsetzung der Rechte und Freiheiten*“ (Allgemeine Empfehlung Nr. 20 in Art. 5). Ferner setzt sich die allgemeine Empfehlung Nr. 25 konkret mit der geschlechtsbezogenen Dimension der Rassendiskriminierung auseinander. Sie stammt aus dem Jahr 2000. Besonders hervorzuheben ist aber die allgemeine Empfehlung Nr. 17, die explizit die Schaffung nationaler Institutionen zur Umsetzung des Übereinkommens fordert.

Das Übereinkommen gegen Folter und andere grausame, unmenschliche oder erniedrigende Behandlung oder Strafe/CAT (1984) enthält ein akzessorisches Diskriminierungsverbot hinsichtlich des Geschlechts in Art. 1 des Übereinkommens. Danach müssen die Rechte des Übereinkommens ohne Unterschied aufgrund des Geschlechts der betroffenen Person geachtet, geschützt und gewährleistet werden.

---

130 *König* in *Rudolf*, Frauen und Völkerrecht, 2006, S. 82.

131 *König* in *Rudolf*, Frauen und Völkerrecht, 2006, S. 82.

132 BGBl 1969 II 961.

133 Der Begriff der „Rasse“ wird hier in Wiederholung des Gesetzeswortlauts verwendet und impliziert nicht die Toleranz des Versuches Menschen in verschiedene Rassen einzuteilen. Die Autorin lehnt sämtliche Theorien, die versuchen, Menschen in verschieden „Rassen“ zu unterteilen strikt ab. Es gibt keine unterschiedlichen menschlichen Rassen. Daher sollte zukünftig auf diesen Begriff auch in der Gesetzgebung verzichtet werden.

134 Vgl. Art. 1 und 2 des Übereinkommens.

Die UN-Kinderrechtskonvention (Convention on the Rights of the Child, CRC) ist am 02.09.1990 in Kraft getreten. Mit Gesetz vom 17.02.1992 hat der Deutsche Bundestag zugestimmt[135], woraufhin die Konvention am 05.04.1992 in Kraft getreten ist.[136]

Das Übereinkommen über die Rechte von Menschen mit Behinderungen (BRK) (Convention on the Rights of Persons with Disabilities – CRPD) ist ein Menschenrechtsübereinkommen der Vereinten Nationen, das am 13. Dezember 2006 von der Generalversammlung der Vereinten Nationen beschlossen wurde und am 3. Mai 2008 in Kraft getreten ist.[137] Die BRK hat zur Besonderheit, dass sie, als einziges der hier genannten Menschenrechtsinstrumente, auch von der EU ratifiziert wurde. Außerdem benennt sie in Art. 3 als allgemeinen Grundsatz des Übereinkommens die Gleichberechtigung von Mann und Frau und widmet mit Art. 6 Frauen und Mädchen mit Behinderung einen eigenen Artikel.

(5.) Spezielle Frauenrechts-Menschenrechtsinstrumente

Die CEDAW gehört zu den „Kernverträgen“ des völkerrechtlichen Menschenrechtsschutzes. Die Präambel definiert als Ziel des Übereinkommens die Verwirklichung der vollen Gleichberechtigung von Mann und Frau sowie die Teilnahme von Frauen unter den gleichen Voraussetzungen wie Männer am politischen, wirtschaftlichen und kulturellen Leben, am Wachstum und am Wohlstand in Gesellschaft und Familie sowie die Ermöglichung der vollen Entfaltung ihrer Fähigkeiten.

CEDAW ist zwar der zentrale, aber nicht der einzige UN-Menschenrechtsvertrag, in dem sich Regelungen zum Verbot der Diskriminierung auf der Grundlage von Geschlecht und die Gleichberechtigung und Gleichstellung von Männern und Frauen in der Wahrnehmung und Ausübung ihrer Menschenrechte finden.[138]

Weitere ausschließlich auf Frauen- und Genderfragen bezogene Menschenrechtsinstrumente sind die Konvention zur Unterdrückung des Menschenhandels und der Ausbeutung der Prostituierten aus 1950[139], das Übereinkommen über die politischen Rechte der Frau vom 20.12.1952[140], das Übereinkommen

135 BGBl. 1992 II 121.

136 BGBl. 2011 II 600.

137 https://www.behindertenrechtskonvention.info/; zuletzt abgerufen am 22.07.2018.

138 *Schöpp Schilling* in *Zimmermann/Giegerich*, Gender und Internationales Recht, 2007, 137, 141.

139 GV-Res. 8 [XXXIII].

140 BGBl 1969 II 1930; BGBl 1970 II 46.

über die Staatsbürgerschaft der verheirateten Frau vom 29.01.1957[141] und das Übereinkommen über die Erklärung des Ehewillens, das Heiratsmindestalter und die Registrierung von Eheschließungen aus 1962[142] sowie das Abkommen gegen Diskriminierung im Unterrichtswesen vom 15.12.1960.[143] Diese Konventionen widmen sich – wie sich teilweise schon aus der Bezeichnung ergibt – jeweils Spezialfragen innerhalb der *„Frauenrechte"*.

dd. CEDAW

Der wichtigste und bedeutendste[144] völkerrechtliche Vertrag und das zentrale Instrument zur Durchsetzung von Frauenrechten ist CEDAW.[145] Die Entstehung der CEDAW[146] ist maßgeblich auf die Kommission zum Status der Frau (Commission on the Status of Women) zurückzuführen. Das ist eine globale zwischenstaatliche Körperschaft des Wirtschafts- und Sozialrats (ECOSOC), die durch die Entschließung 11 (II) des Rates vom 21. Juni 1946 gegründet wurde. Sie beschäftigt sich ausschließlich mit der Förderung der Gleichstellung der Geschlechter und dem *„Empowerment"*(siehe Einleitung, S.5) von Frauen und ist damit maßgeblich an der Förderung von Frauenrechten beteiligt.[147] Die CWS ist verantwortlich für die Organisation von Weltfrauenkonferenzen, wie das *„Weltfrauenjahrzehnts der Vereinten Nationen"* und der großen Weltfrauenkonferenzen in Mexico City (1975), Kopenhagen (1980), Nairobi (1985) und Beijing (1995) und der Menschenrechtskonferenz in Wien (1993). Diese werden als *„von zentraler Bedeutung"* für die Förderung der Frauenrechte bezeichnet.[148] Die CSW besteht aus 45 Mitgliedern und veranstaltet jährlich im März Tagungen in New York.[149] Auch die Konventionen zu den Themen Menschenhandel und zur

---

141 BGBl 1973 II 1250 (Convention on the Nationality of Married Women, 20.Februar 1957, 309, U.N.T.S. 65.); *Mlinar*, Frauenrechte als Menschenrechte, 1997, S. 106.

142 BGBl 1969 II 161.

143 UNESCO against discrimination in education vom 15.12.1960; BGBl II 1968 385.

144 *Schöpp-Schilling* in Klein, 20 Jahre Übereinkommen zur Beseititung jeder Diskriminierung der Frau (CEDAW), 2000, 13, 14.

145 *Mlinar*, Frauenrechte als Menschenrechte, 1997, S. 120; *Hübner* in *Schorlemer*, Die Vereinten Nationen und die neueren Entwicklungen der Frauenrechte, 2007, 163, 164.

146 Dazu auch Rust, in Völkerrecht und Frauen, 2014, S. 67, insbes. 73-76.

147 Übersetzt nach: http://www.unwomen.org/en/csw; zuletzt abgeufen am 22.07.2018.

148 *Schläppi/Wyttenbach/Ulrich* in Schläppi/Ulrich/Wyttenbach, CEDAW, Teil 1, 1.2.1 Die Entwicklung internationaler Normen.

149 *Neuhold* in *ders./Pirstner/Ulrich*, Internationale Dimensionen, in Menschenrechte – Frauenrechte 2003, S. 34; Schläppi/Wyttenbach/Ulrich in Schläppi/Ulrich/Wyttenbach, CEDAW, Teil 1, 1.2.1 Die Entwicklung internationaler Normen.

Ausbeutung von Prostitution, zu den politischen Rechten von Frauen und zu den Rechten verheirateter Frauen arbeitete die CSW in den fünfziger und sechziger Jahren aus.[150] Daraus resultierte das Anliegen, eine umfassende Konvention, in der alle Rechte von Frauen kodifiziert wären – bürgerliche und politische einerseits, wirtschaftliche, soziale und kulturelle andererseits – zu erarbeiten.[151] 1967 erreichte die CSW die Annahme der Erklärung zur Beseitigung jeder Form der Diskriminierung der Frau (DEDAW). Diese kann als Vorläufer der CEDAW bezeichnet werden[152], welche zwischen 1974 und 1979 von der CWS in den Grundzügen entworfen wurde.[153] Die CSW arbeitete die CEDAW aus und am 18.12.1979 verabschiedete die Generalversammlung das Abkommen.[154] CEDAW ist 1985 für die Bundesrepublik in Kraft getreten.[155]

(1.) Umsetzung von CEDAW durch die Vertragsstaaten

Der CEDAW-Ausschuss ist für die Überwachung der Einhaltung der Vertragsbestimmungen zuständig.[156] In den Art. 17 und 19 bis 22 CEDAW werden seine Einrichtung, Zusammensetzung und Aufgaben geregelt.[157] Er ist mit 23 Sachverständigen besetzt. Diese wechseln in einem vierjährigen Turnus.[158] Art. 18 CEDAW verpflichtet die Vertragsstaaten zur Einhaltung einer regelmäßigen Berichterstattung über die Umsetzung an den Vertragsausschuss.[159]

Der CEDAW-Ausschuss übernimmt die Überwachung und Überprüfung der CEDAW. Ursprünglich war seine Aufgabe auf die Prüfung von Berichten, die ihm alle Vertragsstaaten verpflichtend innerhalb eines Jahres nach Inkrafttreten der Konvention und danach mindestens alle vier Jahre übermitteln müssen,

---

150 *Neuhold* in *ders./Pirstner/Ulrich*, Internationale Dimensionen, in Menschenrechte – Frauenrechte, 2003, S. 50.

151 *Neuhold* in *ders./Pirstner/Ulrich*, Internationale Dimensionen, in Menschenrechte – Frauenrechte, 2003, S. 50.

152 A/RES/2263 (XXII).

153 *Schöpp-Schilling* in *Zimmermann/Giegerich*, Gender und Internationales Recht, Berlin 2007, 137, 139.

154 *König* in *Rudolf*, Frauen und Völkerrecht, 2006, 81, 84.

155 BGBl 1985 II 647.

156 Zu den internationalen Durchsetzungsverfahren am Beispiel von CEDAW: *Rust* in *Rust/Lange*, CEDAW vor dem Zwischenbericht 2011, 2012, S. 15, 25 ff.

157 *König* in *Rudolf*, Frauen und Völkerrecht, 2006, 81, 86.

158 *Schöpp-Schilling* in *Zimmermann/Giegerich*, Gender und Internationales Recht, Berlin 2007, 137, 144.

159 *Schöpp-Schilling* in *Zimmermann/Giegerich*, Gender und Internationales Recht, Berlin 2007, 137, 144.

beschränkt. Seit Inkrafttreten des Fakultativprotokolls ist der CEDAW-Ausschuss zusätzlich auch für die Behandlung von Individualbeschwerden und Untersuchungsverfahren zuständig.[160] Eine häufigere Prüfung und eine strengere Überprüfungspraxis habe jedoch das Prestige der CEDAW gestärkt, meint *Neuhold*[161]. Schon bei der Erarbeitung der CEDAW bestand die Idee, in der Konvention selbst die Möglichkeit einer Individualbeschwerde zu verankern. Dies war aber seinerzeit nicht politisch durchsetzbar.[162] Das Fakultativprotokoll wurde am 06.10.1999 von der Generalversammlung angenommen, trat am 22.12.2000 nach 10 Ratifikationen in Kraft[163] und wurde am 15.01.2002 in Deutschland ratifiziert.[164] Damit fanden das Individualbeschwerdeverfahren (Art. 2 bis 7 Fakultativprotokoll) und das Untersuchungsverfahren (Art. 8 bis 10 Fakultativprotokoll) Einzug in das Repertoire der vertraglichen Kontrollmechanismen der CEDAW.

Im Rahmen der CEDAW und des Fakultativprotokolls sind nunmehr das Staatenberichtsverfahren Art. 17 bis 22 CEDAW (siehe Lit. a.), die Staatenbeschwerde Art. 29. CEDAW (siehe Lit. b.), das Individualbeschwerdeverfahren, Art. 2 bis 7 Fakutativprotokoll (siehe Lit. c.) und das Untersuchungsverfahren, Art. 8 bis 10 Fakultativprotokoll (siehe Lit. d.) als Überwachungs- und Kontrollverfahren statuiert. Dazu im Einzelnen:

(a.) Das Staatenberichtsverfahren

Das Staatenberichtsverfahren wird als der gängigste, älteste, erprobteste und akzeptierteste Mechanismus überhaupt bezeichnet.[165] Sinn und Zweck ist es, einen Dialog zwischen Ausschuss und Vertragsstaat zu etablieren. Dieser soll der Prüfung der Fortschritte bei der Durchführung des Abkommens und der Überprüfung der Erfüllung vertraglicher Pflichten dienen. Falls erforderlich, soll hierdurch eine Änderung der Menschenrechtslage bewirkt werden.[166] Die Berichtspflicht der Vertragsstaaten ergibt sich aus Art. 18 Abs. 1 CEDAW. Die

---

160 Art. 1 des Fakultativprotokolls zu CEDAW.

161 *Neuhold* in *dies./Pirstner/Ulrich*, Internationale Dimensionen, in Menschenrechte – Frauenrechte, 2003, S. 58.

162 *Neuhold* in *dies./Pristner/Ulrich*, Internationale Dimensionen, in Menschenrechte – Frauenrechte, 2003, S. 59.

163 GA/R/RES/54/4.

164 BGBl 2001 II1237.

165 *Hübner* in *Schorlemer*, Die Vereinten Nationen und neuere Entwicklungen der Frauenrechte, 2007, 163, 168.

166 *Hübner* in *Schorlemer*, Die Vereinten Nationen und neuere Entwicklungen der Frauenrechte, 2007, 163, 168.

Prüf- und abschließende Berichtspflicht des Ausschusses ist in Art. 20 Abs. 1 und 21 CEDAW Abs. 1 S. 1 CEDAW geregelt. Es gibt drei verschiedene Berichtstypen in der CEDAW: Erstberichte nach Art. 18 Abs. 1a CEDAW, periodische Berichte (Art. 18 Abs. 1b) und außerordentliche Berichte (Art. 18 Abs. 1b, 2. Alt. CEDAW). In der Regel schildern die Berichte den rechtlichen Rahmen und die tatsächliche menschenrechtliche Situation im Berichtsstaat. Erst aus dieser Gegenüberstellung von Recht und Realität kann sich ein vollständiges Bild über die menschenrechtliche Lage im Vertragsstaat ergeben.[167] Art. 20 CEDAW regelt die Prüfung der vorgelegten Berichte durch den Ausschuss. Nach Annahme der Berichte und noch vor der Ausschusssitzung erstellt der Ausschuss einen Fragenkatalog zu dem Bericht an den Vertragsstaat. Der Vertragsstaat soll diesen auch vor der Ausschusssitzung durch seine Regierung beantworten. In der Ausschusssitzung wird sodann der Bericht diskutiert und die Ausschussmitglieder stellten weitere Fragen hierzu.[168]

Zwischen dem Ausschuss und dem jeweils Bericht erstattenden Vertragsstaat kommt es im Rahmen des Berichtsprüfungsverfahrens zu einem - wenn auch nicht ausdrücklich kodifizierten, aber dennoch institutionalisierten -[169] kritischen, bzw. schöner ausgedrückt, konstruktiven Dialog[170] („*circle of empowerment*"). In Art. 21 Abs. 1 S. 2 CEDAW ist dieser Dialog zwar nicht ausdrücklich kodifiziert, die Vorschrift unterstellt aber implizit, dass vor Erstellung des Abschlussberichts durch den Ausschuss der Mitgliedstaat noch einmal zur Stellungnahme aufgefordert wird.[171] Das Verfahren findet seinen Abschluss mit den concluding observations (bis 2009 concluding comments); auch genannt

167 *Hübner* in *Schorlemer*, Die Vereinten Nationen und neuere Entwicklungen der Frauenrechte, 2007, 163, 171.

168 *Hübner* in *Schorlemer*, Die Vereinten Nationen und neuere Entwicklungen der Frauenrechte, 2007, 163, 175.

169 *Hübner* in *Schorlemer*, Die Vereinten Nationen und neuere Entwicklungen der Frauenrechte, 2007, 163, 175; *Schöpp-Schilling* in *Klein*, 20 Jahre Übereinkommen zur Beseitigung jeder Form der Diskriminierung der Frau (CEDAW), 2000, 13, 24; online abrufbar unter: https://publishup.uni-potsdam.de/opus4-ubp/frontdoor/deliver/index/docId/5783/file/sgm05.pdf; zuletzt abgerufen am 14.08.2018.

170 *Schöpp-Schilling* in *dies./Konig/Lange/Rust*, Gleiches Recht - gleiche Realität?, 2004, 37, 50; *Hübner* in *Schorlemer*, Die Vereinten Nationen und neuere Entwicklungen der Frauenrechte, 2007, 163, 175.

171 *Hübner* in *Schorlemer*, Die Vereinten Nationen und neuere Entwicklungen der Frauenrechte, 2007, 163, 175.

abschließende Bemerkungen[172] oder Abschlussbericht.[173] Die abschließenden Bemerkungen spiegeln das Bild der Menschenrechtslage im berichtenden Vertragsstaat wieder und enthalten Empfehlungen zur Verbesserung der Verwirklichung der Menschenrechte.[174] Ferner ist zu hoffen, dass auch die Öffentlichkeitswirkung des Berichtsverfahrens Druck auf die Vertragsstaaten ausübt.[175] NGO ist in dem Verfahren kein fester Platz eingeräumt.[176] Dennoch haben die NGO in der Realität eine Rolle im Staatenberichtsverfahren eingenommen. Ihre Beteiligung soll der Effizienz und Glaubwürdigkeit des Berichtsverfahrens dienen.[177] Teilnahmemöglichkeiten für NGO sind die bloße Information und Sensibilisierung der Öffentlichkeit hinsichtlich der Staatenberichte,[178] die Mitarbeit an der Erstellung der Staatenberichte, die Erstellung von Parallelberichten[179] und damit die Information der prüfenden Experten über die Lage im Mitgliedstaat[180], die Veröffentlichung der Prüfungsergebnisse und die Überwachung der Umsetzung von Empfehlungen des Ausschusses im Mitgliedstaat.[181]

---

172 *Hübner* in *Schorlemer*, Die Vereinten Nationen und neuere Entwicklungen der Frauenrechte, 2007, 163, 175.

173 *Körner* ZRP 2005,223, 224 und Wortlaut Art. 21 CEDAW.

174 *Hübner* in *Schorlemer*, Die Vereinten Nationen und neuere Entwicklungen der Frauenrechte, 2007, 163, 176.

175 *Hübner* in *Schorlemer*, Die Vereinten Nationen und neuere Entwicklungen der Frauenrechte, 2007, 163, 176; *Neuhold* in *dies./Pirstner/Ulrich*, Internationale Dimensionen, in: Menschenrechte-Frauenrechte, 2003, S. 38; *König* in *Rudolf*, Frauen und Völkerrecht, 2006, 81, 95.

176 *Hübner* in *Schorlemer*, Die Vereinten Nationen und neure Entwicklungen der Frauenrechte, 2007, 163, 179; *Oberleitner*, bezeichnet dies als problematisch (Menschenrechtsschutz durch Staatenberichte, 1998 S. 208).

177 *Hübner* in *Schorlemer*, Die Vereinten Nationen und neure Entwicklungen der Frauenrechte, 2007, 163, 173; *Oberleitner*, Menschenrechtsschutz durch Staatenberichte, 1998, S. 135; siehe auch: *Heinz*, in *Schorlemer*, Die Vereinten Nationen und neure Entwicklungen der Frauenrechte, 2007, 27-44.

178 *Hübner* in *Schorlemer*, Die Vereinten Nationen und neure Entwicklungen der Frauenrechte 2007, 163, 173.

179 *Hübner* in *Schorlemer*, Die Vereinten Nationen und neure Entwicklungen der Frauenrechte, 2007, 163, 173.

180 *Hübner* in *Schorlemer*, Die Vereinten Nationen und neure Entwicklungen der Frauenrechte, 2007, 163, 173; m.w.N.

181 *Hübner* in *Schorlemer*, Die Vereinten Nationen und neure Entwicklungen der Frauenrechte, 2007, 163, 173; *Oberleitner*, Menschenrechtsschutz durch Staatenberichte, 1998, S. 236 f.

Hübner benennt als Effekte ihrer Mitarbeit: Förderung der Transparenz, besserer Zugang der Allgemeinheit durch Aufbereitung des Verfahrens für eine breite Diskussion in der Öffentlichkeit, Aufdeckung verborgener bzw. verschwiegener Defizite in den Vertragsstaaten, Einbringung – übersehender oder bewusst ausgeblendeter – Aspekte in das Berichtsverfahren.

Empfehlungen, die für den Ausschuss von herausragender Bedeutung sind, werden durch ein sog. Follow-up-Verfahren weiter begleitet. Hierbei wird innerhalb von ein bis zwei Jahren ein schriftlicher Bericht von dem entsprechenden Vertragsstaat über die von ihm eingeleiteten Maßnahmen angefordert.[182]

(b.) Die Staatenbeschwerde

Durch die Staatenbeschwerde werden neben dem Ausschuss die Vertragsstaaten als weitere Kontrollinstitutionen etabliert. Ein Vertragsstaat, der einen anderen Vertragsstaat verdächtigt, eine Vertragsverletzung zu begehen, kann unter Umgehung des Ausschusses eine Angelegenheit vor einer internationalen Kontrollinstanz klären lassen. Art. 29 Abs. 1 S. 1 und 2 Fakultativprotokoll regeln hierzu das Prozedere.[183]

Das Staatenbeschwerdeverfahren wird als sinnvolle Ergänzung zu den anderen Kontrollmechanismen angesehen. Die Bedeutung ist allerdings beschränkt, da die anderen Vertragsstaaten vorrangig mit der Umsetzung im eigenen Land beschäftigt sind.[184]

(c.) Das Individualbeschwerdeverfahren

Seit Inkrafttreten des Fakultativprotokolls besteht die Möglichkeit der Geltendmachung konkreter individueller Rechtsverletzungen. Neu gegenüber anderen Individualbeschwerdeverfahren[185] ist die Möglichkeit, dass Vertreter des Opfers, also beispielsweise Frauen- oder Menschenrechtsverbände (Art. 2 S. 1 Fakultativprotokoll), für das Opfer die Individualbeschwerde einreichen können. Hierbei ist entweder die Zustimmung des Opfers erforderlich oder eine plausible

182 Vgl. http://www.institut-fuer-menschenrechte.de/menschenrechtsinstrumente/vereinte-nationen/menschenrechtsabkommen/frauenrechtskonvention-cedaw/staatenberichtsverfahren/; zuletzt abgerufen am 22.07.2018.

183 *Hübner* in *Schorlemer*, Die Vereinten Nationen und neure Entwicklungen der Frauenrechte, 2007, 163, 179.

184 *Hübner* in *Schorlemer*, Die Vereinten Nationen und neure Entwicklungen der Frauenrechte, 2007, 163,. 179.

185 vgl. Fakultativprotokoll zum Internationalen Pakt für Bürgerliche und Politische Rechte, BGBl. 1992 II 1247.

Begründung/Rechtfertigung für die Rechtswahrnehmung (Art. 2 S. 1 Fakultativprotokoll).[186]

Art. 4 Abs. 1 Hs. 1 Fakultativprotokoll regelt, dass vor Erhebung der Individualbeschwerde sämtliche innerstaatlichen Rechtsbehelfe erschöpft sein müssen.[187] Weitere Zulässigkeitsvoraussetzungen sind: Beschwerdebefugnis, Art. 2 S. 1, keine Präklusion (Art. 4 Abs. 2 e Fakultativprotokoll: die Maßnahme, gegen die vorgegangen wird, muss nach Inkrafttreten des Fakultativprotokoll erfolgt sein), kein Verstoß gegen das Kumulationsverbot (Art. 4 Abs. 1 a Fakultativprotokoll: die Maßnahme darf nicht bereits vom Ausschuss untersucht worden sein oder in einem anderen internationalen Verfahren der Streitbeilegung Gegenstand gewesen sein).

Ferner ist die schriftliche (Art. 3 Fakultativprotokoll) Beschwerde unzulässig, wenn sie unvereinbar mit den Bestimmungen der CEDAW ist (Art. 4 Abs. 2b Fakultativprotokoll), offensichtlich unbegründet (Art. 4 Abs. 2 c, 1. Alt.) oder nicht hinreichend begründet ist (Art. 4 Abs. 2 c, 2. Alt. Fakultativprotokoll) oder wenn sie rechtsmissbräuchlich (Art. 4 Abs. 2 d Fakultativprotokoll) oder anonym (Art. 3 S. 1 Fakultativprotokoll) ist.[188] Die Beschwerde ist begründet, wenn eine individuelle Verletzung eines oder mehrerer der in dem Übereinkommen niedergelegten Rechte des in der Beschwerdeschrift genannten Opfers festgestellt werden kann (Art. 2 S. 1 2. HS Fakultativprotokoll).[189]

Das Verfahren endet mit einem „view“ (Art. 7 Abs. 3 Fakultativprotokoll), also der Auffassung des Ausschusses, der ähnlich wie ein Urteil (Tatbestand, Gründe) aufgebaut und verfasst ist.[190]

(d.) Das Untersuchungsverfahren

Das Untersuchungsverfahren ist in den Art. 8, 9 und 10 Fakultativprotokoll geregelt. Es kann auf eigene Initiative des Ausschusses bei zuverlässigen Hinweisen auf schwerwiegende oder systematische Verletzungen durch Vertragsstaaten

---

186 *Hübner* in *Schorlemer*, Die Vereinten Nationen und neure Entwicklungen der Frauenrechte, 2007, 163, 182.

187 *Hübner* in *Schorlemer*, Die Vereinten Nationen und neure Entwicklungen der Frauenrechte, 2007, 163, 186; vgl Ms. B.-J. vs. Germany aus 2002 UN Doc. A/59/38, Annex VIII, CommuncationNr. 1/2003 auch zur Frage der überlangen Verfahrensdauer.

188 *Hübner* in *Schorlemer*, Die Vereinten Nationen und neure Entwicklungen der Frauenrechte, 2007, 163, 191.

189 *Hübner* in *Schorlemer*, Die Vereinten Nationen und neure Entwicklungen der Frauenrechte, 2007,163, 192.

190 *Hübner* in *Schorlemer*, Die Vereinten Nationen und neure Entwicklungen der Frauenrechte, 2007, 163, 193.

eingeleitet werden. Nach Art. 8 Abs. 1 Fakultativprotokoll kann der Ausschuss eigene Untersuchungen auf eigene Initiative[191] durchführen, wenn er zuverlässige Hinweise über schwere oder systematische Rechtsverletzungen durch Vertragsstaaten erlangt. Der Ablauf des Verfahrens ist in Art. 8 Abs. 1 bis 4 Fakultativprotokoll geregelt und stellt eine sinnvolle Ergänzung *„im Mosaik der verschiedenen Kontrollinstrumente"* dar, da der Ausschuss hiernach selbst gegen konkrete Rechtsverletzungen zeitnah vorgehen kann, ohne die Identität etwaiger verletzter Frauen preisgeben zu müssen.[192] Es ist allerdings erst einmalig im Falle von Frauenmorden in Mexico (Chihuahua) 2005 durchgeführt worden.[193]

(e.) Zusammenfassung

Bei den von diesen Gremien eingesetzten Verfahren ist zwischen **Berichtsprüfungsverfahren, Beschwerdeverfahren** und **Untersuchungsverfahren** zu unterscheiden.[194] Als wirksamere Kontrollmöglichkeit als das Berichtsprüfungsverfahren wird das Individualbeschwerdeverfahren angesehen.[195] Die Kontrolle und Umsetzung der EMRK hingegen ist weitaus verbindlicher als die der UN-Konventionen. Dies ist auf die *„justiz-ähnlichen, die Souveränität der Vertragsstaaten beschneidenden internationalen Durchsetzungsinstrumentarien"* zurückzuführen.[196]

Aus diesen Verfahren ergeben sich letztlich vier Kommunikationsinstrumente des Ausschusses[197]:

1. abschließende Bemerkungen/concluding observations als Antwort auf den Staatenbericht,
2. allgemeine Empfehlungen/general recommendations,
3. Untersuchungsverfahren/inquiring procedure und
4. Individualbeschwerde-/Mitteilungsverfahren/communication procedures.

---

191 So auch *Körner*, ZRP 2005, 223, 224.

192 *Hübner* in *Schorlemer*, Die Vereinten Nationen und neure Entwicklungen der Frauenrechte, 2007, 163, 194-195.

193 *Rodi* in *Rust/Lange*, CEDAW vor dem Zwischenbericht 2011, 2012, 35, 43.

194 *Neuhold* in *dies./Pristner/Ulrich*, Internationale Dimensionen, in: Menschenrechte – Frauenrechte, Innsbruck 2003, S. 37 m.w.N.

195 Vgl. statt vieler: *Neuhold* in ders./Pristner/Ulrich, Internationale Dimensionen, in: Menschenrechte – Frauenrechte, 2003, S. 38.

196 *Neuhold* in *ders./Pristner/Ulrich*, Internationale Dimensionen, in: Menschenrechte – Frauenrechte, 2003, S. 39 m.w.N.

197 *Kägi-Diener* in *Rust/Lange*, CEDAW vor dem Zwischenbericht 2011, 2012, 103, 108.

Schöpp-Schilling[198] bezeichnet den Diskurs mit dem Vertragsstaat als *„konstruktiven Dialog“*. Damit ist gemeint, dass keine Verurteilungen stattfinden; auch nicht bei den Beschwerde- und Untersuchungsverfahren.

Auch wenn die allgemeinen Empfehlungen ein zentrales Instrument bei der Auslegung der Bestimmungen der Konvention sind, ist zu beachten, dass auch die abschließenden Bemerkungen, die Auffassungen zu den individuellen Mitteilungen und die Berichte zu Untersuchungen sowie auch andere Stellungnahmen („statements“) und Entscheide des Ausschusses Auslegungsaspekte zu einzelnen Fragen aufgreifen.[199]

(2.) Soft Law-Qualität der allgemeinen Empfehlungen und abschließenden Bemerkungen

Nach Art. 21 des Übereinkommens ist der CEDAW-Ausschuss ermächtigt, allgemeine Empfehlungen/general recommendations oder comments abzugeben.[200] Die allgemeinen Empfehlungen werden in drei Arbeitsschritten erarbeitet: Nach einer Diskussionsphase, auch unter Beteiligung von NGO, wird ein erster Entwurf durch ein Ausschussmitglied erarbeitet. Sodann erfolgen eine weitere Diskussion und die Verabschiedung.[201] Das Staatenberichtsverfahren erfolgt in einem Dialog zwischen dem berichtenden Staat und dem Ausschuss, begleitet von Parallelberichten. Welche völkerrechtliche Bedeutung diesen allgemeinen Empfehlungen und abschließenden Bemerkungen zuzuschreiben ist, ist streitig.[202] Sie sind nicht verbindlich und gehören auch nicht zu den Rechtsquellen des Völkerrechts. Dennoch gelten die Auffassungen der verschiedenen Ausschüsse als sog. *„subsequence practice“* im Sinne von Art. 31. Abs. 3 Lit. b VRK.

---

198 *Schöpp-Schilling* in *dies./Konig/Lange/Rust*, Gleiches Recht – gleiche Realität?, 2004, 37, 50.

199 *Schläppi/Wyttenbach/Ulrich* in *Schläppi/Ulrich/Wyttenbach*, CEDAW, Teil 1, 9.1. Die Allgemeinen Empfehlungen. Ein Istrument zur Auslegung des Übereinkommens, S. 47.

200 Deutsches Institut für Menschenrechte, Die „General Comments“ zu den VN-Menschenrechtsverträgen. Deutsche Übersetzung und Kurzeinführung, 2005, S 413; Rust in Callies, Transnationales Recht, 2014, 515-526, inbes. 522 ff. zur Wirkung der General Comments am Beispiel der Alterssicherung.

201 *Schläppi/Wyttenbach/Ulrich* in *Schläppi/Ulrich/Wyttenbach*, CEDAW, Teil 1, 9.2. Die Allgemeinen Empfehlungen.Inhalte und Bedeutung, S. 48.

202 *Schläppi/Wyttenbach/Ulrich* in *Schläppi/Ulrich/Wyttenbach*, CEDAW, Teil 1, 9.2. Die Allgemeinen Empfehlungen. Inhalte und Bedeutung, S. 48; *Keller/Grover* in *Keller/Ulfstein* UN human rights treaty bodies, 2012, 116, 118 mwN.

Sie haben mithin den Charakter einer autoritativen, aber eben nicht allein verbindlichen Auslegung.[203]

Der CEDAW-Ausschuss nutzt das Instrument der allgemeinen Empfehlungen, um die Bedeutung und die Tragweite der einzelnen Vertragsbestimmungen zu klären.[204] Die besondere Aufgabe des Ausschusses ist es hierbei, allgemeine Defizite aufzuzeigen und allgemeine Empfehlungen an die Vertragsstaaten zu formulieren. Nach Art. 24 CEDAW bleibt es aber Aufgabe der Vertragsstaaten, die Empfehlungen umzusetzen und über konkrete Maßnahmen zu entscheiden. Daher können die allgemeinen Empfehlungen nur bis zu einem gewissen Grad konkrete Anforderungen aufstellen oder präzise Verpflichtungen festlegen.[205]

Fraglich ist, welche Rechtsnatur und welche Rechtsbindungswirkung dieses „Soft Law“ hat.

> *„It's more a catchword to symbolize a specific form of social rule which are close to international law.“*[206]

Eine feste Definition von Soft Law hat sich bisher tatsächlich noch nicht durchsetzen können.[207] *Ipsen*[208] versucht Soft Law dahingehend zu definieren, dass es

---

203 *Schläppi/Wyttenbach/Ulrich* in *Schläppi/Ulrich/Wyttenbach*, CEDAW, Teil 1, 9.2. Die Allgemeinen Empfehlungen. Inhalte und Bedeutung, S. 48; *Keller/Grover* in *Keller/Ulfstein*, UN Human rights treaty bodies, 2012, 116, 130 (“not legally binding”); *Chinkin/Freeman*, in *Freeman/Chinkin/Rudolf*, CEDAW, Introduction S. 20 ff; für die Unverbindlichkeit von Softlaw spricht sich *Vitzhum*, in *ders.* aus, Völkerrecht, 2016, S. 58, Rn. 152; so auch *Heusel*, Weiches Völkerrecht, 1991, S. 287 ff.

204 *Schläppi/Wyttenbach/Ulrich* in *Schläppi/Ulrich/Wyttenbach*, CEDAW, Teil 1, 9.2. Inhalte und Bedeutung allgemeiner Empfehlungen, Teil 1, 9.2. Die Allgemeinen Empfehlungen. Inhalte und Bedeutung, S. 48: In den ersten Jahren seiner Existenz wurde allerdings die Zuständigkeit des Ausschusses zur Auslegung des Kommentars kontrovers diskutiert; vgl. *Boerefijn* FS *Baehr*, The Role of the Nation-State in the 21st Century, 1998, S. 522 ff.; *Chinkin/Freeman*, in *Freeman/Chinkin/Rudolf* CEDAW, Introduction S. 20 ff.

205 *Schläppi/Wyttenbach/Ulrich* in *Schläppi/Ulrich/Wyttenbach*, CEDAW, Teil 1, 9.2. Inhalte und Bedeutung allgemeiner Empfehlungen, S.49.

206 *Thürer*, Soft Law, MPEPIL, 2009 Rn. 8, abrufbar unter: http://opil.ouplaw.com/abstract/10.1093/law:epil/9780199231690/law-9780199231690-e1469?prd=EPIL; zuletzt abgerufen am 22.07.2018.

207 dazu ausführlich *Thürer*, Soft Law, MPEPIL, 2009, Rn. 8, abrufbar unter: http://opil.ouplaw.com/abstract/10.1093/law:epil/9780199231690/law-9780199231690-e1469?prd=EPIL; zuletzt abgerufen am 22.07.2018.

208 *Ipsen*, Völkerrecht, 2014, § 20 Rn. 20, S. 506,

„[...] im Entstehen begriffene Verhaltensmuster bezeichnet, die keiner Rechtsquelle zuzuordnen sind und denen daher [...] keine völkerrechtliche Bindungswirkung zukommt".

Neben den verbindlichen völkerrechtlichen Verträgen kommt dem Soft Law in Form von beispielsweise allgemeinen Empfehlungen von Themenkonferenzen, aber auch denen des CEDAW-Ausschusses ein hoher Stellenwert zu[209]. Als Soft Law (übersetzt: weiches Recht) können eine Vielzahl von rechtlichen Beschlüssen, Richtlinien oder auch Empfehlungen bezeichnet werden. Diese sind zwar ein wesentlicher Bestandteil des völkerrechtlichen Normgepräges, sie sind aber weder rechtsverbindlich, noch unmittelbar rechtlich durchsetzbar.[210] Soft Law kann aber eine Vorbereitungsarbeit auf dem Weg zur völkervertraglichen Vereinbarung oder zum Völkergewohnheitsrecht sein.[211] *Thürer*[212] und *Ipsen*[213] versuchen sich an einer Definition des Soft Law. Beide nennen als wesentliche Voraussetzung, dass trotz mangelnder Verbindlichkeit ein *„normgeprägtes Verhalten"*[214] vorliegen muss, bzw. dass eine gewisse Nähe zum Recht gegeben sein muss, und die Fähigkeit, bestimmte rechtliche Effekte auszulösen, vorliegen muss.[215] Vor diesem Hintergrund lässt sich meines Erachtens auch gegenüber den Kritikern[216] an dem Begriff des Soft Law als Law, also als Recht, begründen. Dies bringt zumindest die Nähe zum Recht zum Ausdruck, wenn es nicht ohnehin schon als eigene Kategorie des Rechts mit begrenzter Bindungswirkung angesehen werden kann. Ferner nimmt Thürer in seine Definition mit auf, dass

---

209 *Neuhold* in *dies./Pirstner/Ulrich*, Internationale Dimensionen, in: Menschenrechte-Frauenrechte, 2003, S. 33.

210 *Thürer*, Soft Law, MPEPIL, 2009, Rn. 9 abrufbar unter: http://opil.ouplaw.com/abstract/10.1093/law:epil/9780199231690/law-9780199231690-e1469?prd=EPIL; zuletzt abgerufen am 22.07.2018.

211 *Beham/Fink/Janik*, Völkerrecht verstehen, 2015, S. 41.

212 *Thürer*, Soft Law, MPEPIL, 2009, abrufbar unter: http://opil.ouplaw.com/abstract/10.1093/law:epil/9780199231690/law-9780199231690-e1469?prd=EPIL; zuletzt abgerufen am 22.07.2018.

213 *Ipsen*, Völkerrecht, 2014, § 20 Rn. 20, S. 506; vgl. auch: Sporrer/Ulrich in Schläppi/Ulrich/Wyttenbach, CEDAW, Teil 2 Bedeutung des Übereinkommens für Östereich, S. 122.

214 *Ipsen*, Völkerrecht, 2014, § 20 Rn. 21, S. 506.

215 *Thürer*, Soft Law, MPEPIL, 2009, Rn. 9, abrufbar unter: http://opil.ouplaw.com/abstract/10.1093/law:epil/9780199231690/law-9780199231690-e1469?prd=EPIL; zuletzt abgerufen am 22.07.2018.

216 *Vitzhum*, in *ders.*, Völkerrecht, 2016, S. 58, Rn. 152; *Heusel*, Weiches Völkerrecht, 1991, S. 287 ff.

das potentielle Soft Law durch Völkerrechtssubjekte geschaffen wird und allgemeine Erwartungen über die Regelung internationaler Beziehungen wiedergibt.

Beide Definitionsversuche können ergänzend zueinander betrachtet werden. Zusammenfassend können für die Annahme von Soft Law folgende Voraussetzungen benannt werden: Normgeprägtes Verhalten ohne Bindungswirkung, das Verhaltensmuster oder Erwartungen wiedergibt und das durch Völkerrechtssubjekte geschaffen wurde, die konkret nicht zur Schaffung von verbindlichem Recht agieren oder grundsätzlich keine Rechtsquelle schaffen dürfen.[217] Soft Law kann nur unverbindlich sein, da die Staaten gerade die Ablehnung eines Rechtsbindungswillens bekunden, indem sie die Inhalte gerade nicht in die Form eines internationalen Vertrages gießen. Außerdem sind den völkerrechtlichen Rechtssubjekten, wie hier dem CEDAW-Ausschuss, gerade keine Rechtssetzungsbefugnisse zugesprochen worden. Rechtliche Folgen können nur in gemeinsam vereinbarten Verträgen auf dem oben beschriebenen Weg der Ratifikation und Umsetzung durch den jeweiligen Mitgliedstaat herbeigeführt werden. Hier zeigt sich auch der Unterschied beispielsweise zum Europarecht, das sich im Kontrast zum Völkerrecht gerade durch seine Supranationalität auszeichnet und auch dem EGMR, dem-auch durch internationale Verträge- eine weitergehende Auslegungsautorität zugesprochen wurde.[218] Dennoch kann die rechtliche Unverbindlichkeit nicht mit einer Wirkungslosigkeit der allgemeinen Empfehlungen gleichgesetzt werden. Anders *Vitzhum*[219], der die Auffassung vertritt, dass Soft Law nicht nur keine rechtliche Verbindlichkeit, sondern darüber hinaus auch keine rechtliche Bedeutung habe.[220] Es sei denklogisch Recht nur Recht, wenn es von Organen mit Rechtssetzungsbefugnis als rechtlich geltend gesetzt werde.

---

217 Ähnlich *Thürer*: "*Four aspects seem intrinsic to the current concept of soft law. First, soft law generally expresses common expectations concerning the conduct of international relations, as it is often shaped by, or arises within, the framework of international organizations. Second, soft law is created by subjects of international law—in contrast to commercial customs and rules such as codes of conduct set up by private organizations or companies. Third, soft law rules have not—or not entirely—passed through all stages of the procedures prescribed for international law-making; they do not stem from a formal source of law and thus lack binding legal force. Fourth, soft law, despite its legally non-committal quality, is characterized by a certain proximity to the law, and above all by its capacity to produce certain legal effects.*", MPEPIL, 2009; abrufbar unter: http://opil.ouplaw.com/abstract/10.1093/law:epil/9780199231690/law-9780199231690-e1469?prd=EPIL; zuletzt abgerufen am 22.07.2018.

218 vgl. *Merold/Märten*, ZfSH SGB 2012, 135-141.

219 *Vitzhum*, in *ders.*, Völkerrecht, 2016, S. 58, Rn. 152.

220 So auch *Heusel*, Weiches Völkerrecht, 1991, S. 287 ff.

Eine stärkere oder schwächere Geltung könne es denklogisch nicht geben. Entgegen dieser Auffassung wird in jüngerer Zeit mehr und mehr anerkannt, dass Soft Law eine rechtliche Wirkung haben kann,[221] wenngleich eine Zuordnung zu einer rein politischen oder rein rechtlichen Bindungswirkung schwierig ist.[222]

Das BVerfG hat in den Entscheidungen zur BRK und zum KRK einen sinnvollen Umgang mit dem völkerrechtlichen Soft Law in Form der allgemeinen Empfehlungen gefunden. So untergräbt es einerseits nicht die Auslegungsautorität des (auf CEDAW übertragen) CEDAW-Ausschusses, andererseits wird es aber auch der fehlenden Verbindlichkeit, die aus der fehlenden Rechtssetzungsbefugnis resultiert, gerecht.

(3.) Inhalt und Diskriminierungsbegriff der CEDAW

Die CEDAW sichert Frauen Rechte zu und ist nicht etwa geschlechtsneutral formuliert.[223] Außerdem umfasst die Konvention neben dem Arbeits- und Wirtschaftsleben (wie die EU-Richtlinien) auch bürgerliche und politische Rechte, das Ehe- und Familienrecht sowie das Bildungssystem. Damit durchbricht es auch die vom Völkerrecht zuvor *„streng gezogene Linie“* zwischen bürgerlichen und politischen Rechten und wirtschaftlichen, sozialen und kulturellen Rechten.[224] Insbesondere im Kontrast zum Europarecht, das thematisch auf die Handlungsfelder der Union beschränkt ist, erstreckt sich die CEDAW auf alle Lebensbereiche.[225] Sie wird daher auch als sog. *„Magna Charta der Menschenrechte von Frauen“*[226] oder Meilenstein[227] auf dem Weg zur Gendergerechtigkeit bezeichnet.

Art. 1 definiert den Tatbestand der Diskriminierung als

> *„jede mit dem Geschlecht begründete Unterscheidung, Ausschließung oder Beschränkung, die zur Folge oder zum Ziel hat, dass die auf die Gleichberechtigung von Mann und Frau*

---

221 *Thürer*, Soft Law, MPEPIL, 2009, Rn. 33 ff., abrufbar unter: http://opil.ouplaw.com/abstract/10.1093/law:epil/9780199231690/law-9780199231690-e1469?prd=EPIL; zuletzt abgerufen am 22.07.2018.

222 *Hilgenberg*, Softlaw im Völkerrecht, ZEUS, 1998, 81, 93.

223 *Schadendorf*, ZaÖRV 2014, 245, 250 („asymmetrisches Diskriminierungsverbot“).

224 *Körner*, ZRP 2005, 223, 223.

225 *Hübner* in *Schorlemer*, Die Vereinten Nationen und die neueren Entwicklungen der Frauenrechte, 2007, 163, 164.

226 *Neuhold* in *ders./Pirstner/Ulrich*, Internationale Dimensionen, in: Menschenrechte – Frauenrechte, 2003, S. 49.

227 *Hübner* in *Schorlemer*, Die Vereinten Nationen und die neueren Entwicklungen der Frauenrechte, 2007, 163, 164.

gegründete Anerkennung, Inanspruchnahme oder Ausübung der Menschenrechte und Grundfreiheiten durch die Frau – ungeachtet ihres Familienstands – im politischen, wirtschaftlichen, sozialen, kulturellen, staatsbürgerlichen oder jedem sonstigen Bereich beeinträchtigt oder vereitelt wird."

Der Begriff der Frauendiskriminierung lässt sich danach in drei Grundelemente zerlegen:

1. Ungleichbehandlung, die an das Geschlecht anknüpft,
2. damit verbundener Nachteil für die betroffenen Frauen,
3. die Feststellung, dass die Ungleichbehandlung nicht durch sachliche Gründe gerechtfertigt und/oder dass sie unverhältnismäßig ist.[228]

Daraus folgt, dass Diskriminierungen nur Ungleichbehandlungen sein können, die nicht gerechtfertigt sind. Eine Diskriminierungsabsicht ist hingegen nicht erforderlich.[229] Ferner sind sowohl unmittelbare (offen an das Geschlecht anknüpfende Diskriminierung) als auch mittelbare Diskriminierungen erfasst.[230]

Besonders hervorzuheben ist, dass CEDAW ein asymmetrisches Diskriminierungsverbot statuiert.[231] Das bedeutet, dass die CEDAW nicht allgemein Diskriminierungen aufgrund des Geschlechts, sondern ganz bewusst nur Diskriminierungen von Frauen verbietet.[232] Ferner verwendet CEDAW einen weiten Diskriminierungsbegriff. Als Diskriminierung ist also nicht jede Ungleichbehandlung zu verstehen, sondern Diskriminierung umfasst *„jede Behandlung, durch die Frauen in eine dem Mann gegenüber untergeordnete Position gezwungen werden"*[233].

Die Allgemeine Empfehlung Nr. 19 des CEDAW-Ausschuss (1999)[234] konkretisiert, dass etwa auch Gewalt gegen Frauen als Diskriminierung einzustufen ist.

---

228 *König/Schadendorf*, DÖV 2014, 853, 854; *König* et al., in *dies./Lange/Rust/Schöpp-Schilling*, Gleiches Recht-Gleiche Realitiät?, 2004, Vorwort, S. 2; *Körner*, ZRP 2005, 223.

229 *Schläppi/Locher*, in *Schläppi/Ulrich/Wyttenbach*, CEDAW, Art. 1 Rn. 54.

230 *König*, in *Rudolf*, Frauen und Völkerrecht, 2006, S. 87/88; Zur Rechtsfigur der mittelbaren Diskriminierung: *König/Peters*, Konkordanzkommentar zum europäischen und deutschen Grundrechtsschutz, Art. 14 EMRK Rn. 61 ff. m.w.N.

231 *Schadendorf*, ZaÖRV 2014, 245, 250-25; *König/Schadendorf*, DÖV 2014, 853, 854.

232 *König/Schadendorf*, DÖV 2014, 853, 854; *Byrnes*, in *Freeman/Chinkin/Rudolf*, CEDAW, Art. 1 S. 52.

233 *Rudolf*, AnwBl 2012, 599, 601; *König/Schadendorf*, DÖV 2014, 853, 854;

234 AE Nr. 19 –Gewalt gegen Frauen (1999), deutsche Übersetzung in: Die General Comments zu den VN-Menschenrechtsverträgen, 2005, S. 449.

Weder in der Konvention noch in den allgemeinen Empfehlungen des CEDAW-Ausschusses gibt es geschriebene Rechtfertigungsgründe.[235] Eine Auslegung nach den Kommentierungen anderer Vertragsausschüsse sowie der allgemeinen Dogmatik des internationalen Antidiskriminierungsrechts ergibt aber, dass nur eine ungerechtfertigte Ungleichbehandlung eine Diskriminierung darstellt.[236] Eine Ungleichbehandlung ist gerechtfertigt, wenn sie einem legitimen Zweck dient und verhältnismäßig ist.[237] Im Rahmen der Verhältnismäßigkeitsprüfung sind allerdings aufgrund des asymmetrischen Ansatzes strenge Anforderungen zu stellen.[238] Das bedeutet, dass der legitime Zweck von größerem Gewicht sein muss, um eine Ungleichbehandlung rechtfertigen zu können.[239] Das bedeutet konkret, dass bestimmte positive Maßnahmen zur Herstellung der faktischen Gleichstellug nicht nur zulässig sind, sondern notwendig sind[240] Art. 4 Abs. 1 CEDAW betont, diesen asymetrischen Ansatz dadruch, dass solche Maßnahmen erst gar nicht unter den Begriff der Diskriminierung fallen.[241]

Genau wie das deutsche Verfassungsrecht und das Unionsrecht statuiert CEDAW ein Verbot der mittelbaren Diskriminierung. Darüber hinaus umfasst der Diskriminierungsbegriff der CEDAW auch sog. „*faktische Diskriminierungsformen*“, denen Frauen als Frauen in allen Lebensbereichen ausgesetzt sind.[242] Dieser weite Diskriminierungsbegriff zielt darauf ab, jede Verhaltensweise, die zu einer Aufrechterhaltung von Vorurteilen, Vorstellungen von der Über- bzw. Unterlegenheit des Geschlechts und von stereotypen Rollenverteilungen beiträgt, zu beseitigen.[243] Damit verfolgt das Übereinkommen den Zweck,

---

235 *König/Schadendorf*, DÖV 2014, 853, 854; *Chinkin/Freeman* in: *Freeman/Chinkin/Rudolf* CEDAW, Introduction S. 28.

236 *König/Schadendorf*, DÖV 2014, 853, 854; *König*, in *dies./Lange/Rust/Schöpp-Schilling*, Gleiches Recht-Gleiche Realitiät? 2004, 21, 26; *Körner*, ZRP 2005, 223.

237 *König/Schadendorf*, DÖV 2014, 853, 854; *Peters/König* in *Dörr/Grote/Marauhn*, EMRK/GG Konkordanzkommentar zum europäischen und deutschen Grundrechtsschutz, Kap. 21 Rn. 68.

238 *König/Schadendorf*, DÖV 2014, 853, 854; *Peter/König* in *Dörr/Grote/Marauhn*, EMRK/GG Konkordanzkommentar zum europäischen und deutschen Grundrechtsschutz, Kap. 21 Rn.217, 220, 225.

239 *König/Schadendorf*, DÖV 2014, 853, 854.

240 *Schläppi/Locher* in *Schläppi/Ulrich/Wyttenbach*, CEDAW Art. 1 Rn. 38.

241 CEDAW, Allgemeine Empfehlung Nr. 25 (2008), Ziff. 5.

242 *König* in *Rudolf*, Frauen und Völkerrecht, 2006, 81, 88.

243 *König* in *Rudolf*, Frauen und Völkerrecht, 2006, 81, 88.

diskriminierende gesellschaftliche Strukturen zu bekämpfen und einen gesellschaftlichen Bewusstseinswandel herbeizuführen.[244]

Auch hier gilt es wieder, sich die Präambel und das darin erklärte Ziel der CEDAW ins Bewusstsein zu rufen, namentlich die Verwirklichung der Gleichberechtigung von Frau und Mann sowie die Teilnahme von Frauen unter den gleichen Voraussetzungen wie Männer am politischen, sozialen, wirtschaftlichen und kulturellen Leben, am Wachstum des Wohlstandes in Gesellschaft und Familie sowie die Ermöglichung der vollen Entfaltung ihrer Fähigkeiten. Auch, wenn die Präambel nicht zum operativen Teil des Übereinkommens gehört, so sind ihre Inhalte, insbesondere die Beschreibungen von Ziel und Zweck des Übereinkommens bei der Auslegung der Vertragsbestimmungen zu berücksichtigen (Art. 31 Abs. 2 WVRK).[245]

Art. 4 CEDAW knüpft ebenfalls an den Diskriminierungsbegriff von Art. 1 CEDAW an und präzisiert diesen dahingehend, dass Sondermaßnahmen zugunsten von Frauen nicht als Diskriminierung von Männern gelten sollen.[246]

So hat der CEDAW-Ausschuss auch in seiner Allgemeinen Empfehlung Nr. 25 Rn. 18 konstatiert, dass Sondermaßnahmen keine Ausnahme vom Diskriminierungsverbot sind, sondern notwendiges Mittel zur Erreichung der de facto-Gleichheit. Die Allgemeine Empfehlung Nr. 25 arbeitet in Paragraph 14 Wesen und Bedeutung von Art. 4 CEDAW heraus. Hiernach sollen die temporären Sondermaßnahmen nicht als Ausnahme vom Nichtdiskriminierungsverbot gesehen werden, sondern als Mittel der Gleichstellung.[247] Die Allgemeine Empfehlung Nr. 5 betont die Bedeutung von Fördermaßnahmen, um die tatsächliche Gleichstellung zu erreichen.

c. *Regionales Völkerrecht: Recht des Europarats*

Sowohl in der Europäischen Menschenrechtskonvention (EMRK) als auch in der Europäischen Sozialcharta finden sich Reglungen in Hinblick auf Chancengleichheit, Antidiskriminierung und zum Schutz von Arbeitnehmerinnen.

---

244 *König* in *Rudolf*, Frauen und Völkerrecht, 2006, 81, 88.

245 *Schläppi/Wyttenbach/Ulrich* in *Schläppi/Ulrich/Wyttenbach*, CEDAW, Teil 1, 3.1 Struktur und Aufbau des Übereinkommens: Zur Präambel des CEDAW-Übereinkommens vgl. *Chinkin/Rudolf*, in *Freeman/Chinkin/Rudolf*, CEDAW, Preambel S. 35-50.

246 *König/Schadendorf*, DÖV 2014, 853, 855; *Raday* in *Freeman/Chinkin/Rudolf*, Art. 4 CEDAW A.II.1, S. 126 f.

247 *Kägi-Diener* in *Schläppi/Ulrich/Wyttenbach*, Art. 4 CEDAW Rn. 7.

Am 05.05.1949 gründeten die Regierungen des Königreichs Belgien, des Königreichs Dänemark, der französischen Republik, der Republik Irland, der Italienischen Republik, des Großherzogtums Luxemburg, des Königreichs Niederlande, des Königreichs Norwegen, des Königreichs Schweden und des Vereinigten Königreichs von Großbritannien und Nordirland den Europarat, eine internationale Organisation, die ihren Sitz in Straßburg hat. Seit dem 15.07.1950 ist die Bundesrepublik Deutschland Vollmitglied des Europarats. Gem. Art. 1 Lit. a der Satzung des Europarates hat der Europarat die Aufgabe, eine engere Verbindung zwischen seinen Mitgliedern zum Schutz und zur Förderung der Ideale und Grundsätze, die ihr gemeinsames Erbe bilden, herzustellen und ihren wirtschaftlichen und sozialen Fortschritt zu fördern. Gem. Art. 2 Lit. b der Satzung des Europarats wird diese Aufgabe von den Organen des Rats unter anderem durch den Schutz und die Fortentwicklung der Menschenrechte und Grundfreiheiten sowie durch den Abschluss von Abkommen erfüllt. Letzteres kann wohl als die bedeutsamste Aufgabe des Europarates bezeichnet werden.[248] Da der Europarat, anders als die Europäische Union, keine Rechtssetzungsbefugnis hat, bedürfen die in seinem Rahmen ausgehandelten Abkommen, wie andere völkerrechtliche Verträge auch, der Unterzeichnung und Ratifikation durch die Vertragsstaaten.[249]

aa. EMRK und das 12. Zusatzprotokoll

(1). Anwendbarkeit und Durchsetzbarkeit

Nach Art. 6 Abs. 2 AEUV, der mit dem Vertrag von Lissabon eingeführt wurde, ist die EU verpflichtet, der EMRK beizutreten. Durch die Einfügung von Art. 59 Abs. 2 EMRK mit Inkrafttreten des 14. Zusatzprotokolls am 01.06.2010[250] ist der Beitritt ermöglicht worden. Nunmehr müssen die Einzelheiten des Beitritts in einem Abkommen, welches der Ratifizierung der Union und aller siebenundvierzig bedarf, festgelegt werden.[251]

Bisher ist die EU der Konvention, die alle Unionsmitglieder ratifiziert haben[252], noch nicht beigetreten. Zwar hat die Europäische Kommission in einer Pressemitteilung am 17.10.2010 Verhandlungsrichtlinien für den Beitritt zur EMRK

248 *Streinz*, Europarecht, 2016, Rn. 76.
249 *Streinz*, Europarecht, 2016, Rn. 74.
250 BGBl 2006 II 138.
251 *Streinz*, Europarecht, 2016, Rn. 79.
252 *Rust*, in: von der Groeben/ Schwarze/ Hatje, Art. 19 AEUV, Rn. 43.

vorgeschlagen. Nach einem Gutachten vom 18.12.2014 des EuGH[253] ist dieser jedoch zu der Erkenntnis gelangt, dass aufgrund diverser rechtlicher Bedenken der *„Entwurf der Übereinkunft zum Beitritt der Europäischen Union“*, den ihm die Kommission nach Art. 218 Abs. 11 AEUV zur Begutachtung vorgelegt hatte, nicht mit dem Unionsrecht vereinbar ist. Insbesondere forderte der EuGH eine konkrete Regelung darüber, dass er sich keiner externen Kontrolle durch den EGMR unterwerfen müsse, da dies mit dem Wesen des EU-Rechts nicht vereinbar sei. Ferner führte er aus, dass die Charta der Grundrechte und die EMRK aufeinander abgestimmt werden müssten.

In Art. 6 Abs. 3 EUV ist jedoch geregelt, dass die Grundrechte, wie sie in der Europäischen Konvention zum Schutz der Menschenrechte und Grundfreiheiten gewährleistet sind und wie sie sich aus den gemeinsamen Verfassungsüberlieferungen der Vertragsstaaten ergeben, als allgemeine Grundsätze Teil des Unionsrechts sind. Damit sind die sich aus der EMRK ergebenden Grund- und Menschenrechte auch schon jetzt Teil des Unionsrechts (vgl. auch Art. 52 GRC).[254] Bereits seit dem 30. Juni 2005 behält sich der Europäische Gerichtshof für Menschenrechte[255] gleichwohl vor, jeden einzelnen Rechtsakt der EU in Bezug auf die Europäische Menschenrechtskonvention zu prüfen.[256]

Da die BRD der EMRK bereits am 3. Sep. 1953[257] beigetreten ist, ist die völkerrechtliche Wirkung der EMRK bereits jetzt gegeben. In der nationalen Rechtsordnung hat die EMRK damit (formell) den Rang eines einfachen Gesetzes. Die Grundrechte des Grundgesetzes sind sowohl im Lichte der EMRK als auch der Rechtsprechung des EGMR auszulegen (Völkerrechtsfreundlichkeit des Grundgesetzes, Art. 1 Abs., 2, 23–26, 59 Abs. 2, 79 Abs. 1 GG)[258] und dienen damit auf der Ebene des Verfassungsrechts als Auslegungshilfen für die Bestimmung von Inhalt und Reichweite der Grundrechte und den rechtsstaatlichen Grundsätzen

253 EuGH Gutachten vom 18.12.2014 ECLI:EU:C:2014:2454.

254 *Streinz*, Europarecht, 2016, Rn. 79.

255 EGMR Urt. v. 30.06.2005 – 45036/98 – Bosphorus HavaYolları Turizmve Ticaret Anonim Şirketi v. Ireland.

256 EGMR Urt. v. 30.06.2005 – 45036/98 – Bosphorus HavaYolları Turizmve Ticaret Anonim Şirketi v. Ireland.

257 BGBl 1954 II 14.

258 BVerfG Beschl. v. 26.03.1987 Az. 2 BvR 589/79 = BVerfGE 74, 358, 370 („Unschuldsvermutung“); BVerfG Beschl. v. 14.10.2004 – Az, 2 BvR 1481/04 = BVerfGE 111, 307, 317 („Görgülü“); zuletzt BVerfG Beschl. v. 24.11.2011 Az. 1 BvR 11^03/11 = EuGRZ 2011, 297, 308 ff. („Sicherungsverwahrung“).

des Grundgesetzes.[259] Da wiederum für das einfache Recht die Grundrechte Prüfungsmaßstab sind und in der Anwendung und Auslegung des deutschen Rechts Art. 20 Abs. 3 GG Berücksichtigung findet, wird teilweise auch von einem faktischen Vorrang der EMRK gesprochen,[260] dessen Grenze sich in den tragenden Grundsätzen der Verfassung findet.[261] Das bedeutet, dass Entscheidungen des EGMR durch deutsche Behörden und Gerichte berücksichtigt werden müssen.[262]

Im Gegensatz zu den anderen in dieser Dissertation behandelten völkerrechtlichen Verträgen zeichnet sich die EMRK durch ihre effektiven Durchsetzungsmechanismen auf internationaler Ebene aus.[263] Dies wird durch ein gesetzesförmiges Verfahren gewährleistet, dass in Abschnitt II der EMRK geregelt ist.[264] Nach Erschöpfung des innerstaatlichen Rechtswegs („local remedies rule", Art. 35 Abs. 1 EMRK) steht Individuen seit Inkrafttreten des Protokolls Nr. 11[265] am 01.11.1998 die Möglichkeit der Individualbeschwerde (Art. 34 EMRK) beim Europäischen Gerichtshof für Menschenrechte (EGMR) in Straßburg (Art. 19 EMRK) offen.[266]

(2.) Diskriminierungsschutz

Das in Art. 14 EMRK geregelte Diskriminierungsverbot lautet:

> *„Der Genuss der in dieser Konvention anerkannten Rechte und Freiheiten ist ohne Diskriminierung insbesondere wegen des Geschlechts, der Rasse, der Hautfarbe, der Sprache, der Religion, der politischen oder sonstigen Anschauung, der nationalen oder sozialen*

---

259 St. Rspr. d. BVerfG: BVerfG Beschl. v. 26.03.1987 Az. 2 BvR 589/79 = BVerfGE 74, 358, 370 („Unschuldsvermutung"); Leitsatz 2 a des BVerfG Urt. v. 04.03.2011 Az. 2 BvR 2365/09, 2 BvR 740/10, 2 BvR 2333/08, 2 BvR 1152/10, 2 BvR 571/10 = BVerfGE 128, 326; BVerfG Beschl. v. 24.11.2011 Az. 1 BvR 1103/11 = EuGRZ 2011, 297, 308 ff. („Sicherungsverwahrung").

260 Streinz, Europarecht, 2016, Rn. 79.

261 Streinz, Europarecht, 2016, Rn. 79; BVerfG Beschl. v. 14.10.2004 Az. 2 BvR 1481/04 = BVerfGE 111, 307, 319.

262 Streinz, Europarecht, 2016, Rn. 79; BVerfG Beschl. v. 14.10.2004 Az. 2 BvR 1481/04 = BVerfGE 111, 307, 317, 323 ff.; vgl. dazu Streinz in Sachs, Art. 59 Rn. 65a m.w.N.

263 Streinz, Europarecht, 2016, Rn. 77; ähnlich auch: Merold/Märten, ZFSH SGB 2013, 135, 136 („...handelt es sich bei der EMRK um das Paradebeispiel für einen völkerrechtlichen Vertrag von höchster Durchsetzungsintensität...").

264 Streinz, Europarecht, 2016, Rn. 77.

265 BGBl 1995 II 579.

266 Streinz, Europarecht, 2016, Rn. 77.

Herkunft, der Zugehörigkeit zu einer nationalen Minderheit, des Vermögens, der Geburt oder eines sonstigen Status zu gewährleisten."

Wie sich aus dem Wortlaut bereits ergibt, ist damit das Diskriminierungsverbot des Art. 14 EMRK auf die in der EMRK statuierten Rechte beschränkt.[267] Das bedeutet, dass „*Gegenstand der Schlechterstellung eine Form der Ausübung des garantierten Rechts ist oder die gerügte Maßnahme eng mit der Ausübung eines garantierten Rechts verbunden ist*"[268], in anderen Worten gilt das Diskriminierungsverbot „nur" akzessorisch.

Die Bundesregierung unterzeichnete zwar das 12. Zusatzprotokoll zur EMRK vom 04.11.2000, ratifizierte dies jedoch (noch) nicht. Dieses statuiert ein über Art. 14 EMRK hinausgehendes allgemeines und umfassendes Diskriminierungsverbot („*Der Genuss eines jeden auf Gesetz beruhenden Rechtes ist ohne Diskriminierung…*"), das im Gegensatz zum akzessorischen Diskriminierungsverbot aus Art. 14 EMRK nicht im Geltungsbereich beschränkt ist.[269]

Zwar schützt Art. 1 Protokoll Nr. 12 vor Diskriminierung durch Behörden, Gerichte und gesetzgebende Organe.[270] Die Vertragsstaaten werden jedoch nicht zu einer Verhinderung oder zu einem Abbau von Diskriminierung zwischen Privatpersonen verpflichtet.[271]

bb. Sozialcharta nebst Zusatzprotokoll und revidierter Sozialcharta

Als Gegenstück zur EMRK, die die Menschenrechte und Grundfreiheiten festlegt, regelt die Europäische Sozialcharta die sozialen, wirtschaftlichen und kulturellen Grundrechte aller Bürger in Europa und kann damit als Gegenstück auf Europaratsebene zum Internationalen Pakt über wirtschaftliche, soziale und kulturelle Rechte bezeichnet werden.

---

267 *Lehner* in *Meyer-Ladewig/Nettesheim/Raumer*, Art. 14 EMRK Rn. 1, 5ff.

268 *Lehner* in *Meyer-Ladewig/Nettesheim/Raumer*, Art. 14 EMRK Rn. 5: EGMR Urt. v. 25.10.2005 – 59140/00, NVwZ 2006, 917 – Opisz/Deutschland wg. Kindergeld für Ausländer.

269 http://www.humanrights.ch/de/Instrumente/Europarat-Abkommen/Zusatzprotokolle/ZP12/index.html; zuletzt abgerufen am 22.07.2018.; *Lehner* in *Meyer-Ladewig/Nettesheim/Raumer*, Art. 14 EMRK Rn. 4.

270 *Lehner* in *Meyer-Ladewig/Nettesheim/Raumer*, Art. 14 EMRK Rn. 4.

271 *Lehner* in *Meyer-Ladewig/Nettesheim/Raumer*, Art. 14 EMRK Rn. 4.

(1). Sozialcharta nebst Zusatzprotokoll

(a.) Anwendbarkeit und Durchsetzbarkeit

Es sind Art. 4 Nr. 3, Art. 8, Art. 17 der Sozialcharta der Europäischen Union vom 18.10.1961[272] zu berücksichtigen, die in Deutschland am 18.10.1961 durch die Bundesregierung unterzeichnet und von Deutschland am 27.01.1965 ratifiziert wurde.

Im Gegensatz zu der EMRK ist in der Sozialcharta kein gerichtliches Verfahren vorgesehen, in dem sich Einzelpersonen gegen eine Verletzung der in der Sozialcharta niedergelegten Rechte wehren können.

Art. 21 ff. (Teil IV) der Europäischen Sozialcharta sehen ein mehrstufiges, nichtgerichtliches Kontrollverfahren vor. Ähnlich wie bei den oben aufgezeigten UN-Verträgen ist ein Staatenberichtsverfahren installiert. Die Prüfung der Staatenberichte hinsichtlich der Vereinbarkeit mit der Sozialcharta erfolgt durch den Europäischen Ausschuss für Sozialrecht (Art. 25). Der Regierungssozialausschuss berät nach Weiterleitung des Berichts durch den Ausschuss über Maßnahmen zur Beseitigung der festgestellten Mängel. Im Rahmen einer Resolution durch das Ministerkomitee des Europarates (Art. 29) werden die berichtenden Staaten sodann aufgefordert, ihr nationales Recht und dessen Anwendung in Übereinstimmung mit der Sozialcharta zu bringen.

Es existiert ein Verfahren nach dem Zusatzprotokoll zur Europäischen Sozialcharta über Kollektivbeschwerdeverfahren von 1995, das 1998 in Kraft getreten ist[273], welches zumindest NGO ein Beschwerderecht einräumt (Art. 1 ff. des genannten Protokolls). Die Bundesregierung hat dieses Protokoll jedoch weder ratifiziert noch gezeichnet.

(b.) Diskriminierungsschutz

Art. 4 Nr. 3 der Europäischen Sozialcharta regelt, dass sich die Vertragsstaaten verpflichten, *„das Recht männlicher und weiblicher Arbeitnehmer auf gleiches Entgelt für gleichwertige Arbeit anzuerkennen“*. Art. 8 der Sozialcharta umfasst die Rechte der Arbeitnehmerinnen auf Schutz. Hiernach verpflichten sich die Vertragsstaaten zu einem Mindestschutz von Arbeitnehmerinnen vor und nach der Niederkunft sowie stillender Arbeitnehmerinnen. Ferner enthält Art. 8 Regelungen zur Nachtarbeit und zum Bergbau. Art. 17 der Sozialcharta statuiert ein Recht der Mütter und der Kinder auf sozialen und wirtschaftlichen Schutz. Hierzu

---

272 BGBl. 1964 II. 1261 und BGBl 1965 II 1122.

273 Von Deutschland bisher nicht unterzeichnet und nicht in Kraft.

„werden die Vertragsparteien alle hierzu geeigneten und notwendigen Maßnahmen treffen, einschließlich der Schaffung und Unterhaltung geeigneter Einrichtungen und Dienste".

Das Zusatzprotokoll zur Europäischen Sozialcharta (am 05.05.1988 von der Bundesregierung gezeichnet, aber bisher ebenfalls nicht ratifiziert) erweitert die in der Europäischen Sozialcharta garantierten Rechte insbesondere um das Recht des Arbeitnehmers auf Chancengleichheit und Gleichbehandlung in Beschäftigung und Beruf ohne Diskriminierung aufgrund des Geschlechts (Art. 1 der Europäischen Sozialcharta).

(2.) Revidierte Sozialcharta

Art. 20 der revidierten Sozialcharta regelt ein Recht auf Chancengleichheit und Gleichbehandlung in Beschäftigung und Beruf ohne Diskriminierung aufgrund des Geschlechts. Die Vertragsparteien verpflichten sich zum einen, dieses Recht anzuerkennen, und zum anderen, geeignete Maßnahmen zu ergreifen, um dessen Anwendung in bestimmen Bereichen zu gewährleisten oder zu fördern.

Die revidierte Europäische Sozialcharta vom 03.05.1996 wurde bislang nur von 16 EU-Vertragsstaaten ratifiziert. Deutschland unterzeichnete diese zwar am 29.06.2007, ratifizierte sie bisher aber ebenfalls nicht. Daher ist die revidierte Fassung nicht Bestandteil der deutschen Rechtsordnung. Die große Koalition hatte die Ratifizierung in der 18. Legislaturperiode angekündigt.[274] Erfolgt ist sie nicht.

d. Zusammenfassung

aa. Internationales Völkerrecht

Aus den ILO-Konventionen lassen sich keine allgemeinen Gleichbehandlungsgebote oder Diskriminierungsverbote herleiten.

Die Charta der Vereinten Nationen regelt zwar die *„Achtung vor den Menschenrechten und Grundfreiheiten für alle ohne Unterschied des Geschlechts"*, aber diese Menschenrechte und Grundfreiheiten (akzessorischer Schutz) sind in der Charta selbst nicht formuliert.

Art. 2 Abs. 1 AEMR normiert einen akzessorischen Diskriminierungsschutz („Jeder Mensch hat Anspruch auf die in dieser Erklärung verkündeten Rechte ohne Unterschiede wie etwa nach dem Geschlecht").

---

274 https://www.bundestag.de/presse/hib/2015_06/-/377992; zuletzt abgerufen am 22.07.2018.

Die Diskriminierungsverbote aus dem Zivilpakt (Art. 2 Abs. 3 und Art. 3 des Internationalen Paktes über wirtschaftliche und kulturelle Rechte) und dem Sozialpakt (Art. 2 Abs. 2 und Art. 3 des Internationalen Paktes über bürgerliche und politische Rechte) enthalten ebenfalls lediglich akzessorische Diskriminierungsverbote. Das bedeutet, dass sich das Diskriminierungsverbot auch hier auf die jeweils im Pakt gewährleisteten Garantien bezieht. Diese sind diskrimininierungsfrei zu gewähren.

Die Allgemeine Erklärung der Menschenrechte enthält in Art. 2 ein Gleichbehandlungsgebot und in ihrer Präambel wird der Glaube an die Gleichberechtigung von Mann und Frau bekräftigt.

Im Kontrast zum akzessorischen Diskriminierungsverbot im Sozialpakt und im Zivilpakt ist das Diskriminierungsverbot in CEDAW unabhängig und selbstständig wirksam. Es schützt vor mittelbarer und unmittelbarer Diskriminierung und verwendet einen weiten Diskriminierungsbegriff, der keine geschriebenen Rechtfertigungsgründe kennt. Hierbei ist insbesondere zu berücksichtigen, dass CEDAW ein asymmetrisches, nur auf Frauen ausgerichtetes Diskriminierungsverbot statuiert, und daher an die Verhältnismäßigkeitsprüfung bei Rechtfertigungsgründen strenge Anforderungen zu stellen sind. Außerdem ist vom Diskriminierungsbegriff jede Behandlung, durch die Frauen in eine dem Mann untergeordnete Position gezwungen werden, von dem Diskriminierungsbegriff umfasst. Das bedeutet also beispielsweise, auch Gewalt gegen Frauen stellt eine Diskriminierung nach CEDAW dar. Nach Art. 2 Lit. b CEDAW verpflichten sich die Vertragsstaaten, durch geeignete gesetzgeberische und sonstige Maßnahmen, gegebenenfalls auch Sanktionen, jede Diskriminierung der Frau zu verbieten.

Die allgemeinen Empfehlungen des CEDAW-Ausschusses haben Soft Law-Qualität. Sie können zur Auslegung des Grundgesetzes (und auch des einfachen Rechts) herangezogen werden. Hierbei müssen sich die nationalen Gerichte in gutem Glauben argumentativ damit auseinandersetzen.

bb. Regionales Völkerrecht

Das Diskriminierungsverbot der EMRK ist nach Art. 14 EMRK auf die in der EMRK statuierten Rechte beschränkt und damit akzessorisch. Das 12. Zusatzprotokoll zur EMRK hat Deutschland nicht ratifiziert.

In der Sozialcharta findet sich zwar das Gebot der Entgeltgleichheit (Art. 4 Nr. 3) und in Art. 17 ein gewisser Mutterschutz. Diskriminierungsverbote oder Gleichbehandlungsgebote sind jedoch nicht normiert.

2. Unionsrechtliche Vorgaben

a. Entwicklung

Um ein Verständnis für die Systematik des derzeit in der Europäischen Union bestehenden Gleichstellungsrechts zu erlangen, ist ein Überblick über deren Einzug in die europäischen Rechtsgrundlagen unabdingbar. Ein erster Meilenstein für den europäischen Integrationsprozess erfolgte am 18.04.1951 mit der Unterzeichnung des Vertrages über die Gründung der Europäischen Gemeinschaft für Kohle und Stahl[275] (EGKS oder auch Montanunion genannt), der am 23.07.1952 in Kraft trat. Die Produktion von Kohle und Stahl, welche damals als Schlüsselindustrien bezeichnet werden konnten, sollte zwischen Frankreich und Deutschland sowie weiterer beitrittswilliger Staaten zusammengelegt und einem supranationalen, also von den Nationalstaaten unabhängigen, Organ unterstellt werden.[276]

Am 25.03.1957 wurden sodann der Vertrag von Rom zur Gründung der Europäischen Wirtschaftsgemeinschaft (EWG) sowie der Vertrag zur Gründung der Europäischen Atomenergiegemeinschaft (EAG oder auch Euratom genannt) unterzeichnet. Sie traten jeweils am 01.01.1958 in Kraft. Aus wirtschaftlichen und nicht aus gleichstellungspolitischen Motiven heraus wurde 1957 der damalige Art. 119 EWG (dann Art. 141 EGV und heute Art. 157 AEUV) in die Römischen Verträge aufgenommen. Hintergrund war, das Frankreich, ein Land, das aufgrund von Schutzvorschriften in seinem nationalen Arbeitsrecht resultierende höhere Lohnkosten für Frauen hatte als andere Mitgliedsstaaten, einen damit einhergehenden Wettbewerbsnachteil ohne ein für alle Mitgliedstaaten gültiges Entgeltgleichheitsgebot befürchtete. Aus dieser Logik heraus entwickelte sich der europarechtliche Diskriminierungsschutz, der daher auch lange auf die Geschlechtergleichstellung auf dem Arbeitsmarkt beschränkt war.[277]

Der damalige Art. 119 EWG (ex. Art. 141 EGV, jetzt Art. 157 AEUV) enthielt „nur" einen Handlungsauftrag an die Mitgliedstaaten. Dennoch nahm der EuGH im Jahr 1976 in seiner „Defrenne II-Entscheidung"[278] ein individuelles Recht auch gegenüber Dritten auf diskriminierungsfreies Entgelt an.[279] In der „Defrenne II-Entscheidung" hatte der EuGH darüber zu entscheiden, ob

---

275 BGBl 1952 II 445.

276 *Rust*, in: von der Groeben/ Schwarze/ Hatje, Art. 9 AEUV, Rn. 19 – 22.

277 *Liebscher*, in *Foljanty/Lembke*, Femistische Rechtswissenschaft 2002, S. 112, 113 Rn. 8.

278 EuGH Urt. v. 08.04.1976 – 43/75, Slg. 1976, 4555, 485– Defrenne II. ECLI:EU:C:1976:56; zu den Abgrenzungsfragen der drei Defrenne-Verfahren Rust, in von der Groeben/ Schwarze, Art. 141 EG und Protokoll Nr. 17 Rn. 34 – 63.

279 *Schiek*, Frauengleichstellungsgesetze des Bundes und der Länder, S. 74, Rn. 25.

das Gleichbehandlungsgebot des damaligen Art. 119 EWG Rechte gegenüber anderen Privatpersonen einräumt, die unmittelbar vor den nationalen Gerichten eingeklagt werden können. Dagegen sprach der Wortlaut des Art. 119 S. 1 EWG („Jeder Mitgliedstaat wird während der ersten Stufe den Grundsatz des gleichen Entgelts für Männer und Frauen bei gleicher Arbeit anwenden und in der Folge beibehalten“[280]). Allerdings begründete der EuGH seine Entscheidung damit, dass es sich um eine den Mitgliedstaaten auferlegte Ergebnispflicht handelt und die Norm „zwingenden Charakter“ hat. Überdies gehöre die Norm zu den Grundlagen der Gemeinschaft und eine verbotene Diskriminierung ließe sich allein an den in der Norm beschriebenen Merkmalen erkennen.[281]

Die sodann erlassene „Entgeltrichtlinie“ RL 75/117/EWG (außer Kraft gesetzt durch die Richtlinie 2006/54/EG[282]) des Rates vom 10. Februar 1975 zur Angleichung der Rechtsvorschriften der Mitgliedstaaten über die Anwendung des Grundsatzes des gleichen Entgelts für Männer und Frauen[283] zur Konkretisierung des Gebots der Entgeltgleichheit hatte den Zweck, die grundlegenden Rechtsvorschriften durch Bestimmungen zur Erleichterung der konkreten Anwendung des Gleichheitsgrundsatzes zu verstärken.[284]

Es folgte die „Gleichbehandlungsrichtlinie“ RL 76/207/EWG[285] (geändert durch Richtlinie 2002/73/EG[286]; außer Kraft gesetzt durch die Richtlinie 2006/54/EG) des Rates vom 09.02.1976 zur Verwirklichung des Grundsatzes der Gleichbehandlung von Männern und Frauen hinsichtlich des Zugangs zur Beschäftigung und zum beruflichen Aufstieg sowie in Bezug auf die Arbeitsbedingungen.

Die Gleichbehandlungsrichtlinie 76/207/EWG, die die Bereiche Zugang zu Beschäftigung, beruflicher Aufstieg und Arbeitsbedingungen regelt, wurde sodann ergänzt um die Richtlinie 79/7/EWG[287] des Rates vom 19. Dezember 1978 zur schrittweisen Verwirklichung des Grundsatzes der Gleichbehandlung

280 Artikel 141 S. 1 EGV (Nizza) lautete sodann: „Jeder Mitgliedstaat stellt die Anwendung des Grundsatzes des gleichen Entgelts für Männer und Frauen bei gleicher oder gleichwertiger Arbeit sicher.“

281 Darstellung angelehnt an: *Körber*, Grundfreiheiten und Privatrecht, 2004, S. 676.

282 ABl. L 204/23 vom 26.07.2006.

283 ABl. L 45 vom 19.2.1975.

284 Rust, in: von der Groeben/ Schwartze/ Hartje, Art. 157 AEUV Rn. 150 – 155..

285 ABl. 1976 L 39/40.

286 Richtlinie des Europäischen Parlaments und des Rates vom 23. September 2002 zur Änderung der Richtlinie 76/207/EWG des Rates zur Verwirklichung des Grundsatzes der Gleichbehandlung von Männern und Frauen hinsichtlich des Zugangs zur Beschäftigung, zur Berufsbildung und zum beruflichen Aufstieg sowie in Bezug auf die Arbeitsbedingungen Abl. L 269/15 vom 05.10.2002.

287 ABl. L 6 vom 10.1.1979, S. 24-25.

von Männern und Frauen im Bereich der sozialen Sicherheit. Die Richtlinie findet Anwendung auf die gesetzlichen Systeme der sozialen Sicherheit, die Schutz gegen die Risiken Krankheit, Invalidität, Arbeitsunfall und Berufskrankheit, Arbeitslosigkeit sowie Alter bieten, Sozialhilferegelungen, die die Basisreglungen ergänzen oder vervollständigen, und gilt nicht für Leistungen für Hinterbliebene und Familienleistungen.[288]

Mit dem Vertrag von Amsterdam (nach dem Vertrag über die Europäische Union von Maastricht[289]) zur Änderung des Vertrages über die Europäische Union, der Verträge zur Gründung der Europäischen Gemeinschaften sowie einiger damit zusammenhängender Rechtsakte[290] erkannte das EG-Recht die Verwirklichung der Gleichheit der Geschlechter erstmalig als Aufgabe an, die die Gemeinschaft in sämtlichen Politikbereichen zu verwirklichen hat (vgl. ex. Art. 3 Abs. 2 EG, der dem heutigen Art. 8 AEUV entspricht).[291] Ferner war das Gebot des sog. Gendermainstreaming nunmehr gesetzlich verankert worden. Damit erfolgte erstmalig ein breiterer (horizontaler) Antidiskriminierungsansatz (ex. Art. 13 EGV, heute Art. 19 AEUV).[292] Allerdings sind den Mitgliedstaaten keine Pflichten auferlegt worden, die für die Bürger/innen subjektiv einklagbar sind. Die Bedeutung der gleichstellungspolitischen Neuerungen liegt daher eher in ihrer Funktion als Auslegungs- und Anwendungsmaßstab für alle folgenden Vertragsnormen.[293]

Rademacher[294] bezeichnet dies als

> *„einen entscheidenden Schub […] durch den auf primärrechtlicher Ebene im EU-Vertrag und vor allem im EG-Vertrag Regelungen in Bezug auf die Geschlechtergleichberechtigung neu verankert und erweitert wurden.“*

---

288 Rust, in: von der Groeben/ Schwartze/ Hartje, Art. 157 AEUV Rn. 7 - 9, 286–291.

289 ABl. C 191 vom 29.07.1992, BGBl 1992 II 1253, unterzeichnet am 7. Februar 1992 in Kraft getreten am 01.11.1993.

290 ABl. C 340/1 vom 10.11.1997, BGBl 1998 II. 387 unterzeichnet am 02.10.1997, in Kraft seit dem 01.05.1999.

291 *Schiek*, Frauengleichstellungsgesetze des Bundes und der Länder – Kommentar, S. 74, Rn. 25 zum Gebot des Gendermainstreaming und weiteren neuen Vorgaben des EG-Vertrages für die Gleichstellung der Geschlechter im Erwerbsleben, vgl. Dieball, EuR 2000, 274 ff.; *Rust*, in von der Groeben/ Schwarze, Art. 141 EG und Protokoll Nr. 17 Rn. 162 - 177.

292 *Liebscher*, in *Foljanty/Lembke*, Feministische Rechtswissenschaft, 2002, S. 113, Rn. 9.

293 *Rust*, in: von der Groeben/ Schwartze/ Hartje, Art. 10 AEUV Rn. 31 - 34; Art. 19 AEUV Rn. 85 - 149.

294 *Rademacher*, Diskriminierungsverbot und „Gleichstellungsauftrag“, 2004, S. 263.

Mit der Richtlinie 2004/119/EG[295] des Rates vom 13. Dezember 2004 zur Verwirklichung des Grundsatzes der Gleichbehandlung von Frauen und Männern beim Zugang zu und bei der Versorgung mit Gütern und Dienstleistungen wurde das Diskriminierungsverbot auf den Zugang zu und bei der Versorgung mit Gütern und Dienstleistungen, und zwar in öffentlichen und privaten Bereichen ausgeweitet.[296] Dies zeigt eine Weiterentwicklung der EU-Antidiskriminierungspolitik über den Bereich der Beschäftigungs- und Sozialpolitik hinaus.

Die Richtlinie 2006/54/EG des Europäischen Parlaments und des Rates vom 05.07.2006 zur Verwirklichung des Grundsatzes der Chancengleichheit und der Gleichbehandlung von Männern und Frauen in Arbeits- und Beschäftigungsfragen fasst die Richtlinien 2002/73/EG, 96/97/EG und 98/52/EG zusammen und hebt sie auf. Außerdem nimmt sie die zwischenzeitlich entstandene Rechtsprechung des EuGH zur geschlechtsbedingten Diskriminierung auf.

Nach dem gescheiterten Versuch eines Verfassungsvertrages kam es mit dem Vertrag von Lissabon (unterzeichnet am 13.12.2007, in Kraft seit dem 01.12.2009) zur Umsetzung einiger der in dem Verfassungsvertrag ursprünglich geplanten materiellen Änderungen. Mit Wirkung vom 01.12.2009 löste der Vertrag von Lissabon[297] die beiden Verträge über die EU (EU-Vertrag) und EG (EG-Vertrag) ab. Hiernach ist das Diskriminierungsverbot in Art. 21 GRC verbindliches Unionsrecht geworden. Es besteht nunmehr nur noch die Europäische Union, die zugleich auch Rechtsnachfolgerin der EG – die abgeschafft wurde – ist. Als primärrechtliche Grundlagen der Union bestehen nunmehr der EU-Vertrag und der Vertrag über die Arbeitsweise der Europäischen Union (AEUV). Der EG-Vertrag ist im Vertrag über die Arbeitsweise der Europäischen Union aufgegangen. Während sich die institutionellen Grundlagen im Vertrag über die Europäische Union finden, ist „das Funktionieren der Union“[298] jetzt im Vertrag

295 ABl. L 373/37 vom 21.12.2004.

296 Rust, in: von der Groeben/ Schwartze/ Hartje, Art. 19 AEUV Rn. 137, 149.

297 Vertrag über die Europäische Union – konsolidierte Fassung, ABl. Der Europäischen Union Nr. C 115 v. 09.05.2008, S. 1 ff., in Kraft getreten am 01.12.2009. AEUV in der Fassung von Lissabon; vom 13.12.2007-ABl. Nr. C 306, S. 1, ber. ABl. 2008 Nr. C 111, S. 56 u. ABl. 2009 Nr. C 290, S. 1 (EU-Dok.-Nr. 1992 M); zuletzt geändert durch Art. 1 Vertrag von Lissabon vom 13.12.2007 –ABl. Nr. C 306, S. 1, ber. ABl. 2008 Nr. C 111, S. 56 u. ABl. 2009 Nr. C 290, S. 1.

298 *Classen*, in Beck-Texte Europarecht, Einführung, S. XIII.

über die Arbeitsweise der Europäischen Union geregelt. EUV und AEUV haben den gleichen rechtlichen Stellenwert (Art. 1 Abs. 3 S. 2 EUV). Die Union (als Rechtsnachfolgerin der EG auch nur konsequent) erhält Rechtspersönlichkeit (Art. 47 EUV).[299] Die Charta der Grundrechte der Europäischen Union ist zwar nicht in die Verträge aufgenommen worden, aber die Union erkennt die Rechte, Freiheiten und Grundsätze, die in der Charta der Grundrechte niedergelegt sind, an (vgl. Art. 6 Abs. 1 S. 1, 1. HS. EUV). In Art. 6 Abs. 1 S. 1, 2. HS. EUV ist geregelt, dass die Charta der Grundrechte und die Verträge rechtlich gleichrangig sind.

So hat sich über die Verträge von Amsterdam, Nizza bis hin zu Lissabon die ursprünglich auf sektorale Integration angelegte Wirtschaftsgemeinschaft zu einer Union gewandelt, die sich maßgeblich als Wertegemeinschaft definiert;[300] allerdings beschränkt auf den Wirkungsbereich des Unionsrechts.

b. Wirkungsbereich

Im Gegensatz zu dem bisher fokussierten Völkerrecht, dass auf bi- oder multilateralen Verträgen beruht, ohne dass die Mitgliedstaaten einem übergeordneten Organ Rechtsetzungsbefugnisse zuordnen, handelt es sich bei dem Recht der Europäischen Union um supranationales Völkerrecht.[301] Die Union kann also eigene Hoheitsgewalt ausüben. Es bestehen allerdings lediglich begrenzte Kompetenzen der EU. Es gilt das sog. Prinzip der begrenzten Einzelermächtigung (Art. 4 Abs. 1, Art. 5 EUV in Verbindung mit Art. 2 ff. AEUV). Das heißt, grundsätzlich verfügt jeder Mitgliedstaat über umfassende Hoheitsgewalt und die EU hat nur dort Kompetenzen, wo sie ihr in den Verträgen übertragen wurde. Zusätzlich muss das Subsidiaritätsprinzip des Art. 5 Abs. 1 S. 2 und Abs. 3 EUV gewahrt sein, damit ein europäischer Rechtsakt ergehen kann. Für den Fall, dass die Union in einem Bereich keine ausschließliche Zuständigkeit hat, wird sie nur tätig, wenn die Ziele wegen ihres Umfangs oder ihrer Wirkung auf Unnionsebene besser zu verwirklichen sind, da sie von den Mitgliedstaaten weder auf zentraler, noch auf lokaler Ebene ausreichend verwirklich werden können.[302] Bei dem Subsidiaritätsprinzip handelt es sich um eine Kompetenzausübungsschranke.

299 *Meng*, in von der Groeben/ Schwarze/ Hartje, Art. 47 EUV, Rn. 3 - 9.

300 *Classen*, becktexte Europarecht, Einführung S. XIII; vgl. hierzu auch Art. 2 und 3 EUV.

301 *Kadelbach*, in: von der Groeben/ Schwartze/ Hartje, Präambel EUV Rn. 4, 10.

302 *Kadelbach*, in: von der Groeben/ Schwartze/ Hartje, Präambel EUV Rn. 19; *Obwexer*, in: von der Groeben/ Schwartze/ Hartje, Art. 4 Rn. 12 - 15; *Kadelbach* in: von der Groeben/ Schwartze/ Hartje, Art. 5 Rn. 25 - 54.

Weitere Kompetenzausübungsschranken sind in Art. 5 Abs.1 S. 2, Abs. 4 EUV verankert. Es handelt sich um das Prinzip/den Grundsatz der Verhältnismäßigkeit/Erforderlichkeit. Die Mitgliedstaaten der EU haben auf dieser Basis eine eigene Rechtsordnung mit dem Anspruch unmittelbarer Geltung im nationalen Recht geschaffen.[303] Diesen Anwendungsvorrang (und nicht Geltungsvorrang) vor nationalem Recht jeder Rangstufe postuliert der EuGH seit seiner Grundentscheidung in der Rechtssache Costa/ENEL.[304] Nationale Gesetze und Verordnungen bleiben daher unbeachtlich (und sind nicht nichtig), wenn sie den Normen der Verträge oder sonstigem unmittelbar anwendbaren[305] Unionsrecht wiedersprechen.[306] Ende der neunziger Jahre kam es zu einer zügigen Weiterentwicklung des Unionsrechts in der nationalen Rechtsordnung, deren Katalysator sicherlich auch in BVerfG-Entscheidungen[307] zu finden ist. Hierin behielt sich das BVerfG zunächst aber in Hinblick auf den Schutz der Grundrechte vor, falls der europäische Grundrechtsschutz das Schutzniveau des Grundgesetzes unterschreitet, das Europarecht zu ignorieren. Dies muss der etwaige Kläger beweisen (sog. Bananenmarktentscheidung)[308]. Dies dürfte unter der Grundrechtecharta nicht mehr zu erwarten sein. Hinsichtlich der EU-Grundrechte erkannte der EuGH seinem sog. Fransson-Urteil[309], dass überall dort, wo Europarecht hinreicht, auch die EU-Grundrechte gelten. Das BVerfG behält sich vor, Rechtsakte der EU darauf zu überprüfen, ob sie über die durch die Verträge zugewiesenen Kompetenzen hinausgehen (ultravires-Kontrolle).[310] Nach dem darauffolgenden sog. Honeywell-Beschluss[311] wird eine Kontrolle durch das BVerfG nur noch dann vorgenommen, wenn ein Unionsakt offensichtlich kompetenzwidrig ist

---

303 *Terhechte*, in von der Groeben/ Schwarze/ Hartje, Präambel AEUV, Rn 3; *Florian Schmidt*, in von der Groeben/ Schwarze/ Hartje, Art. 291 AEUV, Rn. 6 – 10.

304 EuGH Urt. v. 15.07.1964 – C 6/64, Slg. 1964, 1251 – Costa vs. ENEL, vgl eingehend *Haratsch/Koenig/Pechtstein*, Europarecht, 2018, Rn. 196 (197).

305 Dazu *Haratsch/Koenig/Pechstein*, Europarecht 2018, Rn. 388 (insbes. Zu Art. 157 AEUV), 402 (zur unmittelbaren Anwendbarkeit von Richtlinien im Falle der Nichtumsetzung).

306 EuGH Urt. v. 07.02.1991 – C-184/89, Slg. I.297 – Nimz.

307 Siehe insbesondere die beiden „Solange"-Entscheidungen des BVerfG Beschl. v. 22.10.1986 2 BvR 197/83 = BVerfGE 37, 271 ff („Solange I") und BVerfG Beschl. v. 25.05.1974 Az. 2 BvL 52/71 = BVerfGE 73, 339 ff. („Solange II").

308 BVerfG Beschl. v. 07.08.2000 2 BvL 1/97 = BVerfGE 102, 147.

309 EuGH Urt. v. 26.02.2013-Az. C 617/10 = NJW 2013, 1415.

310 BVerfG Urt. v. 30.06.2009 Az.BvE 02/08; 2 BvE 5/08, 2 BvR 1010/08; 2 BvR 1255/08 2 BvR 182/09 = BVerfGE 123, 267 (sog. Lissabon-Urteil).

311 BVerfG Beschl. v. 06.06.2010-2 BvR 2661/06 = BVerfGE 126, 286-331 („Honeywell")

und das Machtgefüge der EU verschiebt. Im Jahr 2015 hob des BVerfG[312] wiederum die Grenzen des Unionsrechts mit einem Beschluss zur Vollstreckung eines europäischen Haftbefehls hervor. Wenn die Verfassungsidentität,[313] also der unantastbare Kerngehalt (Art. 1 GG und Art. 20 GG; Art. 23 U 3, 79 III GG) berührt sei, ist dieser nicht zu vollstrecken. Die Mitgliedstaaten sind verpflichtet, alle geeigneten Maßnahmen zur Erfüllung ihrer Verpflichtung aus dem EU-Vertrag zu treffen, insbesondere das gesamte innerstaatliche Recht soweit wie möglich unionsrechtskonform auszulegen. Dieser Grundsatz der gemeinschaftskonformen Auslegung ist von den Gerichten und auch von der öffentlichen Verwaltung bei der Anwendung des Rechts zu beachten.[314]

c. Primärrecht

aa. Allgemeiner unionsrechtlicher arbeitsrechtlicher Grundsatz der Gleichbehandlung

Art. 157 Abs. 3 und 4 setzten nach überwiegender Auffassung[315] die Existenz eines allgemeinen Gleichbehandlungsanspruchs für das Arbeitsrecht voraus. Durch Art. 23 GRC i.V.m. Art. 6 AEUV ist dieser nunmehr auch gesetzlich verankert. Art. 23 GRC (und auch Art. 21 GRC) stellen aber nicht nur die gesetzliche Verankerung des allgemeinen Gleichbehandlungsgrundsatzes für das Arbeitsrecht sondern *„in allen Bereichen"* (Art. 23 GRC) dar sowie ein Diskriminierungsverbot (Art. 21 GRC). Ein allgemeiner Rechtsgrundsatz der Gleichbehandlung bindet ebenso wie Art. 21, 23 GRC zunächst die Unionsorgane. Die Mitgliedstaaten sind aber zumindest dann daran gebunden, wenn sie in Ausführung von zwingendem Unionsrecht handeln oder Maßnahmen zur Beschränkung der Grundfreiheiten ergreifen.[316] Streitig ist, ob der allgemeine unionsrechtliche Gleichbehandlungsgrundsatz auch an die Mitgliedstaaten gerichtet sein soll. In Hinblick auf die Entgeltgleichheit ist das mit Blick auf Art. 157 Abs. 1 AEUV[317]

---

312 BVerfG Beschl. v. 15.12.2015 – 2 BvR 2735/14 = BVerfGE 140, 317.

313 BVerfG Urt. v. 30.06.2009 Az.BvE 02/08; 2 BvE 5/08, 2 BvR 1010/08; 2 BvR 1255/08 2 BvR 182/09 = BVerfGE 123, 267 (sog. Lissabon-Urteil).

314 Zur unionsrechtskonformen Auslegung *Geissmann*, in: von der Groeben/ Schwarze/ Hartje, Art. 288 AEUV, Rn 46 – 48, 52, 54, 55.

315 Vgl. statt vieler: *Langenfeld* in *Grabitz/Hilf/Nettesheim*, Art. 157 AEUV Rn. 6; *Rademacher*, Diskriminierungsverbot und „Gleichstellungsauftrag", 2004, S. 27; im Ergebnis auch *Epiney/ Freiermuth Abt*, Das Recht der Gleichstellung von Mann und Frau in der EU, S. 111 f.

316 *Langenfeld* in *Grabitz/Hilf/Nettesheim*, Art. 157 AEUV Rn. 6.

317 *Langenfeld* in *Grabitz/Hilf/Nettesheim*, Art. 157 AEUV Rn. 6.

unzweifelhaft. Art. 157 Abs. 3 und 4 AEUV deuten auf die Existenz eines Gleichbehandlungsgebots für Arbeits- und Beschäftigungsbedingungen hin. Allerdings bleibt offen, warum dann auf eine ausdrückliche Normierung verzichtet wurde.[318] Das Diskriminierungsverbot wegen des Geschlechts hingegen hat der EuGH auch als allgemeinen Rechtsgrundsatz eingestuft:

> *„Außerdem stellt das Recht, nicht aufgrund des Geschlechts diskriminiert zu werden, nach ständiger Rechtsprechung des Gerichtshofes eines der Grundrechte der Menschen dar, deren Einhaltung der Gerichtshof zu sichern hat.“*[319]

bb. Begriff des Geschlechts nach dem Gerichtshof der Europäischen Union

Der EuGH nimmt einen weitgefassten Begriff der geschlechtsbezogenen Diskriminierung an: Auch Diskriminierungen, die ihre Ursache in einer Geschlechtsumwandlung einer Person haben, gelten als geschlechtsbezogene Diskriminierung.[320]

cc. Begriff der Diskriminierung

In den Verträgen selbst ist nicht definiert, wann eine Diskriminierung anzunehmen ist. Der Begriff ist daher am allgemeinen Gleichheitssatz zu orientieren.[321] Eine Diskriminierung ist danach gegeben, wenn auf gleiche Sachverhalte unterschiedliche Vorschriften angewandt werden oder wenn auf ungleiche Sachverhalte dieselben Vorschriften angewandt werden.[322] Dies ist zunächst die Ausgangslage einer Diskriminierung.[323] Ferner muss sich daraus eine Schlechterstellung einer Person/Personengruppe gegenüber anderen vergleichbaren

---

318 *Langenfeld* in *Grabitz/Hilf/Nettesheim*, Art. 157 AEUV Rn. 7; *Krebber* in *Calliess/Ruffert* Art. 157 AEUV Rn. 72.

319 EuGH Urt. v. 27.04.2006 – C-423/04 –, Slg. 2006, I-3585 Rn. 23 – Richards.

320 EuGH Urt. v. 30.04.1996 – C-13/94, Slg. 1996, I-2143 Rn.20.

321 Ausführlich dazu *Streinz*, Art. 18 AEUV, Rn. 44 f; *Althoff*, Die Bekämpfung von Diskriminierungen aus Gründen der Rasse und der ethnischen Herkunft in der Europäischen Gemeinschaft ausgehend von Art. 13 EG, 2005, 92; zu der dem europäischen Gleichbehandlungskonzept unterliegenden Gerechtigkeitsvorstellung, siehe auch *Bell/Waddington*, ELR 2003, 349, 350 ff.; sowie *McCrudden/Kountouros* in *Meenan* (Hrsg.), Equality Law in an England European Union, 2007, 73 ff.

322 EuGH Urt. v. 27.10.1998 – C-411/96, Slg 1998, I- 6401 Rn. 39 – Margaret Boyle.

323 *Streinz* in *ders.* Art. 19 AEUV Rn. 17; *Plötscher*, Der Begriff der Diskriminierung im europäischen Gemeinschaftsrecht, 2003, S. 262.

Personen/Personengruppen ergeben.[324] Außerdem darf sie nicht durch einen sachlichen Grund gerechtfertigt sein.[325]

Die mittelbare Diskriminierung ist hiervon ebenfalls umfasst.[326]

d. Rechtswirkung des Art. 6 Abs. 1 EUV

Gem. Art. 6 Abs. 1 S. 1 EUV erkennt

> *„die Union […] die Rechte, Freiheiten und Grundsätze an, die in der Charta der Grundrechte der Europäischen Union vom 7. Dezember 2000 in der am 12. Dezember 2007 in Straßburg angepassten Fassung niedergelegt sind; die Charta der Grundrechte und die Verträge sind rechtlich gleichrangig."*

Die Auslegung der Charta richtet sich nach Art. 6 Abs. 1 S. 3 EUV. Die Bestimmungen

> *„[…] werden gemäß den allgemeinen Bestimmungen des Titels VII der Charta, der ihre Auslegung und Anwendung regelt, und unter gebührender Berücksichtigung der in der Charta angeführten Erläuterungen, in denen die Quellen dieser Bestimmungen angegeben sind, ausgelegt."*

Nach Art. 51 GRC gilt die Grundrechtecharta für die Organe, Einrichtungen und sonstigen Stellen der Union unter Wahrung des Subsidiaritätsprinzips und für die Mitgliedstaaten ausschließlich bei der Durchführung des Rechts der Union.[327]

aa. Art. 20 GRC – Der allgemeine Gleichheitssatz

> *„Alle Personen sind vor dem Gesetz gleich."*

Art. 21 GRC und Art. 23 GRC gehen als lex specialis dem allgemeinen Gleichheitssatz vor.[328]

---

324 *Streinz* in ders. Art. 19 AEUV Rn. 13; so wohl auch *Waltermann*, ZfA 2006, 305, 311; *Wernsmann*, JZ 2005, 224, 227.

325 *Streinz*, in ders., Art. 19 Rn. 17; *Wernsmann*, JZ 2005, 224, 228-229.

326 EuGH Urt. v. 31.3.1981C- 96/80, Slg. 1981, 00911 Rn. 15 –Jenkins.

327 EuGH Urt. v. 26.02.2013 – C-617/10, NJW 2013, 1415 Rn. 19 – Akerberg Franson.

328 *Jarass*, Art. 21 GRC Rn. 5, Art. 23 Rn 8; *Frenz*, Handbuch Europarecht Band 4, 2009, Rn. 3251; Parallelanwendung: EuGH Urt. v. 01.03.2011 – C-236/OS Slg 2011, I – 773 Rn. 32-- Associationbelge; Aufgrund der Spezialität ist der allgemeine Gleichheitssatz hier nicht näher zu betrachten.

bb. Art. 21 GRC – Das Diskriminierungsverbot

> „*Diskriminierungen insbesondere wegen des Geschlechts [...] sind verboten.*“ (Art. 21 Abs. 1 GRC)

Art. 21 Abs. 1 GRC[329] ist ein Grundrecht und lehnt sich an Art. 19 AEUV, Art. 14 EMRK sowie an Art. 11 des Übereinkommens über Menschenrechte und Biomedizin in Bezug auf das genetische Erbe an.[330]

Das Verhältnis von Art. 21 GRC zu Art. 23 GRC ist umstritten: Art. 23 GRC geht nach einer Auffassung[331] sowohl dem allgemeinen Gleichheitssatz des Art. 20 GRC vor als auch dem Verbot der Diskriminierung anhand des Geschlechts gemäß Art. 21 Abs. 1 GRC. Der EuGH nimmt hingegen eine Parallelanwendung an.[332] Art. 21 GRC ist eine spezifische Ausformung des Gleichheitssatzes und hat individualrechtlichen Charakter[333], während Art. 23 GRC eine spezifische Ausformung der Gleichstellung von Männern und Frauen ist und daher kollektivrechtlich zu deuten ist.[334] Bei Art. 21 GRC handelt es sich um ein unmittelbar anwendbares Diskriminierungsverbot,[335] dass sowohl mittelbare als auch unmittelbare Diskriminierung umfasst.[336] Es garantiert „*dem Einzelnen ein subjektives Recht auf Abwehr verbotener Diskriminierungen seitens der Union im gesamten Anwendungsbereich des Unionsrechts.*“[337]

Das Diskriminierungsverbot wegen des Geschlechts verpflichtet ferner gem. Art. 51 Abs. 1 S. 1 einerseits die Union und ihre Stellen[338] im Rahmen der ihnen zugewiesenen Zuständigkeiten bei allen rechtssetzenden Tätigkeiten

---

329 Art. 21. Abs. 2 GRC regelt ein Diskriminierungsverbot aufgrund der Staatsangehörigkeit. Daher ist es hier nicht näher zu betrachten.

330 *Jarass*, Art. 21 GRC Rn.1 unter Verweis auf die Charta Erläuterungen, ABl. 2007 C 303/24.

331 *Frenz*, Handbuch Europarecht, Bd.4, 2009, Rn. 3383.

332 EuGH Urt. v. 01.03.2011 - C-236/09, Slg. 2011, I-773 Rn. 32– Association belge.

333 *Weber* in *Stern/Sachs*, Art. 23 GRC Rn. 9.

334 *Weber* in *Stern/Sachs*, Art. 23 GRC Rn. 9, der den Widerspruch zwischen individualrechtlicher Charakterisierung des Diskriminierungsverbots und kollektivrechtlicher Deutung des Art. 23 GRC als künstlich empfindet.

335 *Folz* in *Vedder/Heinegg*, Art. 21 GRC Rn. 3.

336 *Streinz* in ders., Art. 21 GRC Rn. 7; *Wolfgang* in *Lenz/Borchard*, Art. 21 GRC Rn. 3.

337 *Folz* in *Vedder/Heinegg*, Art. 21 GRC Rn. 3; *Streinz* in der. Art. 21 Rn. 6; EuGH Urt. v. 13.04.2010 - C-73/08, NVwZ 2010, 1141 – Bressoli u Chaverot.

338 *Jarass*, Art. 21 GRC Rn. 4 (Zusändigkeiten und Aufgaben der Union werden dadurch aber nicht erweitert); *Kugelmann*, in *Merten/Papier*, § 160 Rn. 30.

und vollziehenden und rechtsprechenden Maßnahmen.[339] Richtlinien sind ggf. an den Vorgaben des Art. 21 GRC zu messen.[340] Darüber hinaus sind auch die Mitlgiedstaaten und deren Stellen Art.21 GRC verpflichtet, wenn sie Unionsrecht durchführen.[341] Unionsbürger können sich unmittelbar auf Art. 21 GRC berufen, ohne dass hierfür ein Sekundärrechtsakt erlassen worden sein muss.[342] Grundrechtsträger sind alle natürlichen Personen. Aber auch juristische Personen können sich auf Art. 21 GRC berufen, sofern die Differenzierungsmerkmale auf sie anwendbar sind.[343] Grundrechtsadressaten (Art. 51 GRC) sind die Union und ihre Stellen sowie die Mitgliedstaaten bei allen rechtssetzenden Tätigkeiten und vollziehenden und rechtsprechenden Maßnahmen.[344]

Art. 21 GRC erfasst mittelbare und unmittelbare Diskriminierungen.[345] Das Diskriminierungsverbot wegen des Geschlechts ist weit auszulegen, so dass nicht nur Männer und Frauen, sondern auch Transsexuelle (Geschlechtsumwandlung), sowie Menschen mit uneindeutigen Geschlechtsmerkmalen (Hermaphroditen, Zwitter) unter den Schutz fallen.[346] Art. 21 GRC geht in Hinblick auf dieses Merkmal über Art. 23 GRC hinaus.[347]

Nicht jede Ungleichbehandlung ist als Diskriminierung einzustufen. Ungleichbehandlungen können gleichwohl gerechtfertigt sein.[348] Dies ist der Fall, wenn die Ungleichbehandlung *„durch ein rechtmäßiges Ziel sachlich gerechtfertigt ist“* und zur Erreichung des Ziels angemessen und erforderlich, also verhältnismäßig

---

339 *Jarass*, Art. 21 GRC Rn. 4.

340 Zur Bindung der EU ausführlich, *Jarass,* Charta der Grundrechte der Europäischen Union, Kommentar, Art. 51 Rn. 3-9.

341 Zur Bindung der Mitgliedstaaten ausführlich *Jarass*, Art. 51 GRC Rn. 10-14.

342 *Blanck-Putz/Köchle* in *Holoubek/Lienbacher*, Art. 21 GRC Rn. 12; *Jarass*, Art. 21 Rn. 3; BVerfG Beschl. v. 06.07.2010 Az. 2 BvR 2661/06 = BVerfGE 126, 286, 290 („Honeywell“); hinsichtlich der Schutzpflichtdimension nehmen *Streinz*, in ders. Art. 21 Rn. 6; *Hölscheid* in *Meyer* Art. 21 Rn. 31 und *Frenz*, Handbuch Europarecht Band 4 Rn. 3319 an, dass die Organe der Union und ihre Mitgliedsattetne nicht dazu verpflichtet sind, Diskriminierungen zu verhindern. Hierzu bedürfe es einer sekundärrechtlichen Aktivierung; aA *Jarass*, EU-Grundrechte § 24 Rn. 24 und 42 und *Kugelmann* in *Merten/Papier* Rn. 45, die eine Schutzpflicht in Art. 21 Abs. 1 GRC annehmen.

343 *Rossi*, in *Calllies/Ruffert* Art. 21 GRC Rn. 4; *Jarass*, Art. 21 GRC Rn. 8.

344 *Jarass*, Art. 51 GRC Rn. 3-23.

345 *Streinz*, in ders., Art. 21 GRC Rn. 7; *Wolfgang* in *Lenz/Borchardt*, Art. 21 GRC Rn. 3.

346 *Wolfgang* in *Lenz/Borchardt*, Art. 21GRC Rn. 4; *Streinz* in *ders.* Art. 21 GRC Rn. 4.

347 *Streinz* in ders., Art. 21 GRC Rn. 4.

348 *Frenz*, Handbuch Europarecht, Bd.4, 2009, Rn. 3296 (bezieht sich auf Art. 21 Abs. 2).

ist. Legitimes Ziel kann jeder Gemeinwohlbelang sein.[349] Aus Art. 21 Abs. 1 GRC lässt sich somit ein umfassendes Diskriminierungsverbot herleiten.

Nach Art. 23 Abs. 2 GRC steht der Grundsatz der Gleichbehandlung der Beibehaltung oder der Einführung spezifischer Vergünstigungen, also sog. umgekehrter Diskriminierung, für das unterrepräsentierte Geschlecht nicht entgegen.

e. *Sekundärrecht*

EU-Richtlinien sind grundsätzlich nicht unmittelbar anwendbar, sondern müssen durch die einzelnen Mitgliedstaaten ins nationale Recht umgesetzt werden, um wirksam zu werden, Art. 288 AEUV. Die Mitgliedstaaten können hier innerhalb des von den Richtlinien vorgegebenen Rahmens aus Rechten und Pflichten eine individuelle Umsetzung wählen.

Ausnahmsweise kann eine Richtlinie auch unmittelbar wirken, wenn sie nicht fristgerecht oder nicht ordnungsgemäß ins nationale Recht umgesetzt wurde. Allerdings gilt dies nur unter der Voraussetzung, dass der Inhalt der Richtlinie so genau und konkret gefasst ist, dass er unmittelbar anwendbar ist. Eine horizontale Direktwirkung unter Privaten gibt es grundsätzlich nicht. Der Einzelne müsste sich in einem solchen Fall im Wege des Staatshaftungsrechts an die Mitgliedstaaten wenden.[350] Auch vor Ablauf der Umsetzungsfrist sind Richtlinien im Wege der europarechtskonformen Auslegung zu berücksichtigen.[351]

Werden Richtlinien nicht fristgerecht oder unzureichend umgesetzt, können sich die Bürger/innen gegenüber dem Staat unmittelbar auf die Richtlinie berufen. Weitere Voraussetzung hierfür ist, dass die Regelung hinreichend bestimmt ist, also ohne weitere Konkretisierung angewendet werden kann.[352] Die EU-Kommission kann auch ein Vertragsverletzungsverfahren gegen den säumigen Staat einleiten.[353] Die Mitgliedstaaten müssen bei der Wahl der Form und der

---

349 *Jarass*, Art. 21 GRC Rn. 28; EuGH Urt. v. 30.06.2005 C-144/04, Slg 2005, I 9981 Rn. 65- Mangold; ebenso EuGH Urt. v. 11.01.2000 – C-285/98, Slg 2000, I-69 Rn. 23 – Kreil; EuGH Urt. .v. 05.11.2002 – C- 476/99- Slg 2002-I-2891 Rn. 39 – Commers.

350 Vgl. EuGH Urt. v. 19.11.1991 – C-6/90 und C-9/90, Slg. 1991, I-5357 – Francovich.

351 BGHZ v. .... 138, 55 (58); aber: EuGH Urt. v. 04.07.2006 – C-212/04, Slg. 2006, I-6057 Rn. 110, 111 – Adeneler u.a./ELOG, der von einer uneingeschränkten Pflicht der europarechtskonformen Auslegung erst ab Ablauf der Umsetzungsfrist ausgeht; Vgl. hierzu auch *Streinz*, Europarecht, 2012, Rn. 502.

352 *Liebscher* in *Foljanty/Lembke*, Feministischer Rechtswissenschaft, 2012, S. 116, Rn. 15; EuGH Urt.v. 04.12.1974 – C 41/74, Slg. 1974, 1337 – van Duyn; EuGH Urt. v. 19.01.1982 – C-8/81, Slg. 1982, 53 – Becker; EuGH Urt. v. 10.04.1984 – C 14/83, Slg. 1984, 1891 – von Colson und Kamann.

353 *Liebscher* in *Foljanty/Lembke*, Feministischer Rechtswissenschaft, 2012, S. 116, Rn. 15.

Mittel diejenigen ergreifen, die für die Gewährleistung der praktischen Wirksamkeit der Richtlinie am besten geeignet sind.[354] Die Umsetzung muss durch verbindliche innerstaatliche Vorschriften (also einer zwingenden Vorschrift im Sinne einer Norm mit Außenwirkung) erfolgen, die den Erfordernissen der Rechtssicherheit und Rechtsklarheit (Gebot der Publizität) genügen.[355]

Anders als Richtlinien gelten EU-Verordnungen gemäß Art. 288 Abs. 2 AEUV allgemein, sind in allen ihren Teilen für die Mitgliedstaaten verbindlich und gelten unmittelbar, ohne dass es eines innerstaatlichen Umsetzungaktes bedarf. Die Verordnungen können aber einzelne Artikel enthalten, die Anpassungen an das nationale Recht vorschreiben oder erlauben.[356]

In der RL 2006/54/EG zur Verwirklichung des Grundsatzes der Chancengleichheit und Gleichbehandlung von Männern und Frauen in Arbeits- und Beschäftigungsfragen (als jüngste Gleichbehandlungsrichtlinie) werden die Begriffe unmittelbare Diskriminierung und mittelbare Diskriminierung im Sinne der Richtlinie definiert. Danach bezeichnet der Ausdruck der unmittelbaren Diskriminierung eine Situation, in der eine Person aufgrund ihres Geschlechts eine weniger günstige Behandlung als eine andere Person in einer vergleichbaren Situation erfährt, erfahren hat oder erfahren würde. Eine mittelbare Diskriminierung ist eine Situation, in der dem Anschein nach neutrale Vorschriften, Kriterien oder Verfahren Personen des einen Geschlechts in besonderer Weise gegenüber Personen des anderen Geschlechts benachteiligen können, es sei denn, die betreffenden Vorschriften, Kriterien oder Verfahren sind durch ein rechtmäßiges Ziel sachlich gerechtfertigt und die Mittel sind zur Erreichung dieses Ziels angemessen und erforderlich.

Verordnungen hierzu sind nicht einschlägig.

f. Völkerrechtliche Bindung der Union an CEDAW

Die EU ist an CEDAW unmittelbar nicht gebunden.[357]

354 *Streinz*, Europarecht, 2012, Rn. 481.

355 *Streinz*, Europarecht, 2012, Rn. 481; st.Rspr. des EuGH vgl. nur EuGH Urt. v 15.10.1986 – C-168/85, Slg. 1986, 2945, Rn. 13 – Komission/Italien,; EuGH Urt. v. 30.05.1991 – C-361/88, Slg. 1991, I-2567 – Kommission/ Deutschland (TA Luft)

356 *Streinz*, Europarecht, 2012, Rn. 472.

357 Vgl. hierzu ausführlich *Neubauer*, 2011. http://www.europarl.europa.eu/RegData/etudes/note/join/2011/453193/IPOL-FEMM_NT(2011)453193_EN.pdf; zuletzt abgerufen am 14.07.2018.

Eine völkerrechtliche Bindung der Union an CEDAW kommt weder im Wege der unionsrechtlichen Funktionsnachfolge, noch im Wege einer völkerrechtlichen Funktionsnachfolge in Betracht. Regelungen der CEDAW sind bisher nicht vom EuGH im Rahmen von Art. 6 Abs. 3 EUV als allgemeine Grundsätze berücksichtigt worden.[358]

g. *Zusammenfassung*

Der Entstehungskontext der Gleichstellungsrechte und Diskriminierungsverbote im Unionsrecht war wirtschaftlich und wettbewerbsorientiert. Das Gleichstellungsrecht der Union erstreckt sich allerdings weiterhin nur auf die Bereiche, in denen die EU Regelungskompetenz hat. Die Problematik der Geschlechterstereotype wird vom Unionsrecht nicht aufgegriffen.

Es wird ein ungeschriebener allgemeiner Grundsatz der Gleichbehandlung und ein Diskriminierungsverbot aufgrund des Geschlechts als allgemeiner Rechtsgrundsatz für das Arbeitsrecht angenommen. Eine sachliche Rechtfertigung von Diskriminierungen ist grundsätzlich möglich. Art. 21 GRC normiert nunmehr dieses symmetrische Diskriminierungsverbot und wirkt im Rahmen der Kompetenzen der Union.

Der europarechtliche Geschlechterbegriff umfasst auch Diskriminierungen, die Ursache in einer Geschlechtsumwandlung haben. Es ist also ein weiter Geschlechtsbegriff anzuwenden. Selbiges gilt für Art. 21 GRC, der ebenfalls die Geschlechtsumwandlung oder auch ein drittes Geschlecht mit einbezieht.

Eine Bindung der EU an die CEDAW und damit eine völkerrechtsfreundliche Auslegung des Unionsrechts scheiden aus.

Bei den benannten Diskriminierungsverboten handelt es sich jeweils um symmetrische Diskriminierungsverbote, also solche, die vor Diskriminierungen aufgrund des Geschlechts schützen und nicht nur einseitig auf Frauen ausgerichtet sind.

Die Richtlinie 2006/54/EG normiert als jüngste Gleichstellungsrichtlinie die Begriffe der unmittelbaren und der mittelbaren Diskriminierung.

358 Vgl. hierzu: *Schadendorf*, ZaöRV, 2014, 245-281 (mwN) und *Neubauer* 2011. http://www.europarl.europa.eu/RegData/etudes/note/join/2011/453193/IPOL-FEMM_NT(2011)453193_EN.pdf; zuletzt abgerufen am 14.07.2018.

3. Verfassungsrecht

Art. 3 GG unterteilt sich zunächst einmal in den allgemeinen Gleichheitssatz und in die besonderen „*Gleichbehandlungssätze*". Art. 3 Abs. 1 GG regelt den allgemeinen Gleichheitssatz.[359] Art. 3 Abs. 2 GG enthält nach herrschender Meinung ein explizites Differenzierungsverbot[360], welches Art. 3 Abs. 1 GG in Hinblick auf dieses Differenzierungskriterium aufgrund von Spezialität verdrängt.[361] Ferner unterteilt sich Art. 3 GG in den sog. Gleichberechtigungssatz (Abs. 2 S. 1), das Fördergebot (Abs. 2 S.2) und das Diskriminierungsverbot (Abs. 3 S. 1). Die Anordnung und Redundanz dieses Regelungskomplexes lässt sich teilweise über die Genese der Normen erklären: Zuerst wurde mit Art. 3 Abs. 2 S. 1 GG und erst nach kontroversen Auseinandersetzungen[362] der sog. Gleichberechtigungssatz eingefügt. Sodann fand mit Art. 3 Abs. 3 S. 1 GG das – negativ formulierte – Diskriminierungsverbot Einzug in das Grundgesetz. Dann wurde mit dem Gesetz zur Änderung des Grundgesetzes vom 27.10.1994 Art. 3 Abs. 2 GG um Satz 2 ergänzt, der das sog. Fördergebot statuiert.[363] Während die Debatte um die Verbotstatbestände des Art. 3 Abs. 3 S. 1 GG auch in Hinblick auf das Merkmal Geschlecht kontroverslos und ohne substantielle Auseinandersetzung verlief, wurde zuvor die Formulierung des Art. 3 Abs. 2 S. 1 GG sehr kontrovers diskutiert.[364] Wie auch über die Einführung von Art. 3 Abs. 2 S. 2 GG fanden auch in der nach der Wiedervereinigung eingesetzten gemeinsamen

---

359 Der allgemeine Gleichbehandlugnssatz soll hier, da er von Art. 3 Abs. 2 und 3 GG vorliegend verdrängt wird, nicht weiter behandelt werden.

360 *Langenfeld* in *Maunz/Düring*, Art. 3 GG Rn. 12; *Heun* in *Dreier*, GG, Art. 3 Rn. 99 („*nach überwiegender Ansicht*"); vgl. BVerfG Urt. v. 18.12.1953 Az. 1 BvL 106/53 = BVerfGE 3, 225, 239 f.; BVerfG Urt. v. 13.11.1979 1 BvR 631/78 = BVerfGE 52, 369, 374; BVerfG Beschl. v. 28.01.1987 Az. I BvR 455/82 = BVerfGE 74, 163, 179; BVerfG Urt. v. 28.01.1992 Az. 1 BvR 1025/82, 1 BvL 16/83 und 10/91 = BVerfGE 85, 191, 206; *Sacksofsky*, Das Grundrecht auf Gleichbehandlung, 1991, S. 23 ff; *Baer/Markard* in *Mangoldt/von Klein/Starck*, Art. 3 Rn. 354; zustimmend *Boysen* in *v. Münch/Kunig*, Art. 3 GG Rn. 162; *Sachs*, Grenzen des Diskriminierungsverbots, 1987, S.36 f. m.w.N.; etwas anders *Heckel*, Gleichheit oder Privilegien, 1993, S. 70 ff. im Hinblick auf Art. 3 III GG: „konkretisierende Maßstabsregel".

361 *Langenfeld* in *Maunz/Düring*, GG, Art. 3 Abs. 2 Rn. 14; *Heun* in *Dreier*, GG, Art. 3 Rn. 100; *Sachs* in HBStR Bd. VIII § 182 Rn. 19; BVerfG Urt. v. 28.01.1992 Az. 1 BvR 1025/84, 1 BvL 16/83 und 1 BvL 10/9 = BVerfGE 85, 191, 206.

362 Ausführlich dazu: *Sacksofsky* in *Umbach/Clemens*, GG Art. 3 Abs. 2, 3 Rn. 385 ff.

363 Vgl. auch: *Langenfeld* in *Maunz/Düring*, GG, Art. 3 Abs. 2 Rn. 2: Art. 1 Nr. 1 a) des Gesetzes zur Änderung des Grundgesetzes vom 27.10.1994, BGBl 1994 I 3146.

364 *Langenfeld* in *Maunz/Düring*, GG, Art. 3 Abs. 2 Rn. 1.

Verfassungskommission (GVK) Auseinandersetzungen statt.[365] Lediglich über das Ziel des S. 2, dem in Art. 3 Abs. 2 S. 1 GG verankerten Gleichberechtigungsgebot zur besseren Durchsetzung zu verhelfen, bestand Einigkeit. Dies wurde auch durch die Rechtsprechung des BVerfG befördert, das schon aus Art. 3 Abs. 2 GG a.F. einen Regelungsauftrag zur Schaffung von tatsächlicher Gleichberechtigung abgeleitet hatte.[366] Dass es schlussendlich überhaupt zu einer Einführung des S. 2 kam, ist wohl auch auf die Proteste der Frauen und Frauenverbände in der Öffentlichkeit zurückzuführen.[367] Der materiell-rechtliche Diskriminierungsschutz des Art. 3 GG erstreckt sich in Hinblick auf das Merkmal Frauen nunmehr auf den Gleichberechtigungssatz, das Diskriminierungsverbot und umfasst auch das Verbot der mittelbaren Diskriminierung.

a. *Der Gleichberechtigungssatz*

„Männer und Frauen sind gleichberechtigt"

Art. 3 Abs. 2 S. 1 GG stellt eine Konkretisierung des allgemeinen Gleichheitssatzes aus Art. 3 Abs. 1 GG (*„Alle Menschen sind vor dem Gesetz gleich"*) dar, indem er diesen speziell wiederholt.[368]

aa. *Differenzierungsverbot und Gleichbehandlungsgebot*

Fraglich war nach der Einführung von Art. 3 Abs. 2 S. 1 GG, ob dieser gar vor Art. 3 Abs. 1 GG nicht ins Leere laufe und ob es sich bei Art. 3 Abs. 2 GG (a.F.) nicht ohnehin *„um einen Programmsatz, einen politischen Begriff oder eine leere Formel, jedenfalls um eine Bestimmung ohne greifbaren Inhalt"*[369] handele. Das

365 *Langenfeld* in *Maunz/Düring*, GG Art. 3 Abs. 2 Rn. 2.

366 *Langenfeld* in *Maunz/Düring*, GG Art. 3 Abs. 2 Rn. 2; BVerfG Beschl. v. 16.11.1993 Az. 1 BvR 258/86 = BVerfGE 89, 276, 285; BVerfG Urt. v. 28.01.1992 Az. 1 BvR 1025/84, 1 BvR 16/83, 1 BvL 10/91 = BVerfGE 85, 191, 206 f; BVerfG Beschl. v. 05.03.1991 Az. 1 bvL 83/86 und 24/88 = BVerfGE 84, 9, 16.

367 *Langenfeld* in *Maunz/Düring*, GG Art. 3 Abs. 2 Rn. 2 unter Verweis auf (unter Anderem): Abschlussbericht und gemeinsame Empfehlungen der Gemeinsamen Verfassungskommission, BT-Drs. 12/6000 und BR-Drs. 800/93; Issensee, NJW 1993, 2583 (2585); *Jahn* DVBl. 1994, 177, 183; *Bumke*, Der Staat, 117; *Kokott*, NJW 1995, 1049, 1049 f.; *Pfarr*, NZA 1995, 809; *Sannwald* NJW 1994, 3331; *Hopfmann*, FamRZ 1995, 257; *König*, DÖV 1995, 837.

368 *Baer/Markard* in *v. Mangoldt/Klein/Stark*, Art. 3 GG Rn. 356.

369 BVerfG Urt. v. 18.12.1953, Az. 1 BvL 106/53 Rn. 37 = BVerfGE 3, 225.

BVerfG stellte jedoch fest, dass *„[…] Art. 3 Abs. 2 GG eine zwar allgemeine, aber der unmittelbaren Anwendung fähige Rechtsnorm [ist]“*.[370]

Das Herrenchiemseeer Verfassungskonvent knüpfte in Hinblick auf die Geschlechtergleichstellung an die Regelung der Weimarer Reichsverfassung an. Art. 109 WRV regelte: *„Männer und Frauen haben grundsätzlich dieselben staatsbürgerlichen Rechte und Pflichten“*. *Elisabeth Selbert* setzte sich für die Formulierung von Art. 3 Abs. 2 S. 1 GG ein. In dieser Fassung existiert die Norm auch heute noch. Eine Aussage von ihr formuliert treffend, warum die Erweiterung zum heutigen Art. 3 Abs. 2 S. 1 GG erforderlich war. Es war für sie

> *„eine Selbstverständlichkeit, dass man heute weitergehen muss als in Weimar und dass man den Frauen die Gleichberechtigung auf allen Gebieten geben muss. Die Frau soll nicht nur in staatsbürgerlichen Dingen gleichstehen, sondern muss auf allen Rechtsgebieten dem Manne gleichgestellt werden“*.[371]

Männer und Frauen haben nach Art. 3 Abs. 2 S. 1 GG (mit Ausnahme von erlaubten Differenzierungen) die gleichen Rechte und Pflichten, also die gleiche Rechtsstellung. Das bedeutet aber nicht die faktische Gleichheit von Männern und Frauen. Diese ist gerade nicht von der Regelung des Art. 3 Abs. 2 S. 1 GG angeordnet. Vielmehr ist Art. 3 Abs. 2 S. 1 GG mit der rechtlichen – gerade nicht mit der faktischen – Gleichstellung genüge getan.[372]

Am 31.03.1953 stellte das BVerfG[373] fest, dass Art. 3 Abs. 2 GG (a. F.) eine echte Rechtsnorm ist und wie Art. 3 Abs. 3 GG eine Konkretisierung des allgemeinen Gleichheitssatzes. Während der allgemeine Gleichheitssatz (Art. 3 Abs. 1 GG) je nach konkreter Konstellation als Differenzierungsverbot oder als Differenzierungsgebot wirkt, statuiert Art. 3 Abs. 2 S. 1 GG ein strenges Differenzierungsverbot und Gleichbehandlungsgebot.[374] Demnach sind Ungleichbehandlungen von Männern und Frauen grundsätzlich unzulässig, wenn nicht biologische Gründe oder besondere verfassungsrechtliche Anordnungen vorliegen.[375]

---

370 BVerfG Urt. v. 18.12.1953, Az. 1 BvL 106/53 Rn. 37 = BVerfGE 3, 225.

371 Zitiert nach *Schüller*, Wer stimmt bestimmt?, Wiesbaden 1996, S. 59; vgl. zur Entstehungsgeschichte auch *Langenfeld* in *Maunz/Düring*, GG Art. 3 Abs. 2 Rn. 1.

372 Für die faktische Gleichberechtigung vgl. gerade Art. 3 Abs. 2 S. 2 GG.

373 BVerfG Urt. v. 18.12.1953, Az. 1 BvL 106/53 Rn. 37 = BVerfGE 3, 225.

374 *Baer/Markard* in *v. Mangoldt/Klein/Starck*, Art.3 GG Rn. 354, 355.

375 *Baer/Markard* in *v. Mangoldt/Klein/Starck*, Art. 3 GG Rn.432, 433 (auch zu Abs. 3); Deutlich auch BVerfG Beschl. v. 13.11.1979 Az. 1 BvR 631/78 = BVerfGE 52, 369, 374 mwN aus der Rspr.

bb. Erweiterte Auslegung von Art. 3 Abs. 2 S. 1 GG (a.F.)

Die Rechtsprechung des BVerfG zu Art. 3 Abs. 2 (S. 1) GG (a.F.) und damit die Auslegung von Art. 3 Abs. 2 (S. 1) GG (a.F.) weitete sich jedoch über die Jahrzehnte aus. Während das BVerfG zunächst von diversen Geschlechterunterschieden ausging und Art. 3 Abs. 2 GG im Sinne eines Differenzierungsverbotes anwandte[376], betonte das BVerfG in den siebziger und achtziger Jahren die „Gleichheit" mit dem Gebot zur Gleichbehandlung stärker.[377] Seit Anfang der neunziger Jahre interpretiert das BVerfG in Art. 3 Abs. 2 GG (a.F.) eine *„über die ursprüngliche Zielsetzung hinausgehende/über den Wortlaut hinausgehende"* Bedeutung hinein. Es leitete aus Art. 3 Abs. 2 GG (a.F.) eine Pflicht des Gesetzgebers her, *„auf eine Angleichung der Lebensverhältnisse von Männern und Frauen hinzuwirken"*[378]:

> *„Der über das Diskriminierungsverbot des Art. 3 III GG hinausgehende Regelungsgehalt von Art. 3II GG besteht darin, dass er ein Gleichstellungsgebot aufstellt, dass sich auf die gesellschaftliche Wirklichkeit erstreckt."*[379]

Allerdings leitete die Literatur[380] schon vor dem BVerfG (vor Einführung von Art. 3 Abs. 2 S. 2GG aus Art. 3 Abs. 2 GG a. F. i.V.m. dem Sozialstaatsprinzip) Förder- und Unterstützungspflichten für Frauen ab.

---

376 *Schultz*, in Bundesministerium für Gesundheit, Soziales, Frauen und Familie NRW, Reader für die Aktionswochen der kommunalen Gleichstellungsbeauftragten, 54, 59, online abrufbar unter: https://www.fernuni-hagen.de/rechtundgender/downloads/Art_3.pdf; zuletzt abgerufen am 22.09.2016; sobeschreibt es auch Hofmann, Das Gleichberechtigunggebot des Art. 3 Abs. 2 GG im Lichte von Rechtsprechung und Lehre, 1986, S. 34 ff.

377 *Schultz*, in Bundesministerium für Gesundheit, Soziales, Frauen und Familie NRW, Reader für die Aktionswochen der kommunalen Gleichstellungsbeauftragten, 54, 59, online abrufbar unter:https://www.fernuni-hagen.de/rechtundgender/downloads/Art._3.pdf; zuletzt abgerufen am 22.09.2016.

378 BVerfG Beschl. v. 16.11.1993 Az. 1 BvR 258/86 = BVerfGE 85, 191; BVerfG Beschl. v. 16.11.1993 Az. 1 BvR 258/86 = BVerfGE 89, 276. und BVerfG Urt. v.. 28.01.1992 Az. 964 I BvR, 1025/82 1 BvL 16/83 und 10/91.

379 BVerfG Urt. v. 28.1.1992 Az. 964 BvR 1025/82, 1 BvL 16/83 und 10/91 = BVerfGE 85, 191, 206; BVerfG Urt. v. 16.11.1993 Az. 1 BvR 258/86 = BVerfGE 89, 276, 285 (zu § 611 a BGB); BVerfG Urt. v. 24.01.1995 Az. 1 BvL 18/93 und 5,6,7/94, 1 BvR 403, 569/94 = BVerfGE 92, 91, 109; BVerfG Urt. v. 25.10.2005 Az. 2 BvR 524/01 = BVerfGE 114, 357, 364.

380 Dazu ausführlich und mwN: *Rademacher*, Diskriminierungsverbot und "Gleichstellungsauftrag", 2004, S. 40 ff. insbesondere unter Verweis auf *Friauf*, Gleichberechtigung der Frau als Verfassungsauftrag, 1981, S.9.

Art. 3 Abs. 2 GG zielt auf Angleichung der Lebensverhältnisse ab und erlaubt es, faktische Nachteile, die typischerweise Frauen entstehen, durch begünstigende Regelungen auszugleichen.[381]

b. Das Diskriminierungsverbot

„Niemand darf wegen seines Geschlechts […] benachteiligt oder bevorzugt werden."

Während Art. 3 Abs. 2 S. 1 GG die Gleichberechtigung gebietet, wiederholt Art. 3 Abs. 3 S. 1 GG diese Formulierung in negativer Wendung und verbietet damit auch ausdrücklich Benachteiligungen und Bevorzugungen aufgrund (u.a.) des Geschlechts.[382] Das Verhältnis von Abs. 2 und Abs. 3 GG ist daher *„mit Unsicherheiten behaftet"*.[383] Sowohl Art. 3 Abs. 3 S. 1 GG, als auch Art. 3 Abs. 2 S. 1 GG enthalten ein Abwehrrecht gegen unmittelbare rechtliche, d.h. direkt an das Geschlecht anknüpfende Ungleichbehandlungen durch staatliche Regelungen oder Maßnahmen. In dieser Hinsicht überschneiden sich die Normen. Dennoch bringt Art. 3 Abs. 3 S. 1 GG das Differenzierungsverbot noch einmal klarstellend zum Ausdruck.

Mit Beschluss vom 10.10.2017 hat das BVerfG außerdem erkannt, dass Art. 3 Abs. 3 S. 1 GG nicht nur Männer und Frauen vor Diskriminierungen schützt, sondern auch alle Menschen, die sich diesen beiden Kategorien in ihrer geschlechtlichen Identität nicht zuordnen (lassen).[384]

381 *Baer/Markard* in *v. Mangodt/Klein/Starck* Art.3 GG Rn. 368.

382 *Baer/Markard* in *v. Mangoldt/Klein/Starck*, Art. 3 GG Rn. 447, lesenswert auch Rn 451 ff.; ähnlich: *Boysen* in *v. Münch/Kunig*, Art. 3 GG Rn. 162; *Sachs*, HBStR V, § 126 Rn. 79 m.w.N.; *Pieroth/Schlink/Kingreen/Poscher*, Grundrechte Staatsrecht II, Rn. 537; BVerfG Urt. v. 10.05.1957 Az. 1 BvR 550/52 = BVerfGE 6, 389, 420;BVerfG Urt. v. 12.03.1975 Az. 1 BvL 15, 19/71 und 32/73 = BVerfGE 39, 169, 185; BVerfG Beschl.v. 26.01.1977 Az. 1 BvL 17/13 = BVerfGE 43, 213, 225; BVerfG Beschl. v. 28.01.1987 Az. 1 BvR 455/82 = BVerfGE 74, 163, 179; aA *Ramm*, JZ 1968, 41, 42; *Sacksofsky*, Das Grundrecht auf Gleichberechtigung, 1991, S. 312 ff, 349 ff und *Heun* in *Dreier*, Art. 3GG Rn. 102, die in Art. 3 Abs. 2 ein „Dominierungsverbot" sehen; wohl auch *Knöpfel*, NJW 1960, 553, 556.

383 *Langenfeld* in *Maunz/Düring*, Art. 3 Abs. 2 GG Rn. 16.

384 So auch: *Langefeld* in *Maunz/Düring*, Art. 3 Abs. 2 GG Rn.24 und Art. 3 Abs. 3 GG Rn. 42; *Krieger* in *Schmidt-Bleibtreu/Hofmann/Henneke*, Art. 3 Rn. 77; *Jarass* in *ders./Pieroth*, Art. 3 Rn. 138; *Sachs* in HBStR VIII, § 182 Rn. 42; *Froese*, AöR 2015, 598, 611; *Kolbe*, Intersexualität, Zweigeschlechtlichkeit und Verfasungsrecht, 2010, S. 120 ff; *Adamitz*, Geschlecht als Erwartung, 2011, S. 246 ff.

Art. 3 Abs. 2 und Abs. 3 S. 1 GG verbieten Ungleichbehandlungen, die an die Eigenschaft als Mann oder Frau anknüpfen.[385] Dies umfasst auch Intersexualität und Transsexualität,[386] allerdings nicht die Geschlechterkombinationen von Personenverbindungen.[387] Diese sind dem Merkmal der sexuellen Orientierung zuzuordnen.

c. Die mittelbare Diskriminierung

Unstreitig ist, dass Art. 3 GG auch die unmittelbare Diskriminierung umfasst. Streitig und höchstrichterlich noch nicht entschieden ist, in welchem Teil der Norm das Verbot der mittelbaren Diskriminierung in Art. 3 GG zu verorten ist.

Eine mittelbare Diskriminierung liegt nach dem BVerfG vor, wenn

> *„eine geschlechtsneutral formulierte Regelung im Ergebnis überwiegend Angehörige eines Geschlechts, etwa Frauen, betrifft, dies auf natürliche oder gesellschaftliche Unterschiede zwischen den Geschlechtern zurückzuführen ist und hinreichende sachliche Gründe für die Regelung nicht bestehen".*[388]

Die mittelbare Diskriminierung ist von der faktischen Diskriminierung abzugrenzen. Hierbei ist besondere Sorgfalt gefragt, da die Begriffe in Literatur und Rechtsprechung teilweise synonym verwendet werden.[389]

Faktische Diskriminierungen sind nach dem hiesigen Verständnis indirekt entstehende Nachteile, die sich infolge eines rational, in der Regel ökonomisch begründeten Verhaltens Dritter ergeben, durch ein sog. risikoaversives Verhalten Dritter[390], beispielsweise also die Nichteinstellung einer Frau wegen Mutterschutzregeln.[391] Die damit verbundenen Wirkungszusammenhänge werden diskriminierungsrechtlich nicht erfasst. Es liegt bei einem solchen Verhalten grundsätzlich gerade keine Diskriminierung vor.[392]

---

385 *Langenfeld* in *Maunz/Düring*, Art. 3 Abs. 2 GG Rn. 19.

386 *Langenfeld* in *Maunz/Düring*, Art. 3 Abs. 2 GG Rn. 21.

387 *Langenfeld* in *Maunz/Düring*, Art. 3 Abs. 2 GG Rn. 20; BVerfG Urt. v. 17.07.2002 Az. 1 BvF 1, 2/01 = BVerfGE 105, 313, 351; aA *Adamietz*, Geschlecht als Erwartung, 2011, 239 ff.

388 *Langenfeld* in Maunz/Düring, Art 3 Abs. 2 GG Rn. 28; BVerfG Urt. v. 30.01.2001 1 BvL 23/96 = BVerfGE 104, 373, 393 („Ausschluss von Doppelnamen"); BVerfG Beschl. v. 05.04.2005 1 BvR 774/02 = BVerfGE 113, 1, 20.

389 *Langenfeld* in *Maunz/Düring*, Art 3 Abs. 2 GG, Rn, 38 mwN.

390 *Langenfeld* in *Maunz/Düring*, Art 3 Abs. 2 GG, Rn, 38.

391 In diesem Sinne soll der Begriff auch in dieser Arbeit im verfassungsrechtlichen Kontext verwendet werden.

392 *Langenfeld* in *Maunz/Düring*, Art 3 Abs. 2 GG, Rn, 38.

Verdeckte oder verschleierte Diskriminierungen hingegen sind differenzierende Regelungen, die auf ein Merkmal abstellen, das nur, aber nicht stets beim Träger des verpönten Merkmals vorkommt, wie zum Beispiel eine Schwangerschaft nur bei Frauen vorkommen kann, aber nicht stets vorliegt. Die Geschlechtszugehörigkeit ist damit nicht nur ein typisches, sondern ein spezifisches Begleitmerkmal. Bei der verschleierten bzw. verdeckten Diskriminierung handelt es sich allerdings immer um eine unmittelbare Diskriminierung.[393]

Während die Einen[394] das Verbot der mittelbaren Diskriminierung (auch wegen des Geschlechts) in Art. 3 Abs. 1 GG verortet, verorten Andere[395] das Verbot der mittelbaren Diskriminierung in Art. 3 Abs. 2 GG. Eine weitere Auffasung[396] spricht sich dafür aus, die mittelbare Diskriminierung in Art. 3 Abs. 3 GG zu verorten. Wiederum Weitere[397] sprechen sich für eine Verortung sowohl in Art. 3 Abs. 2 GG als auch in Art. 3 Abs. 3 GG aus.

aa. Art. 3 Abs. 2 S. 1 GG

Meines Erachtens ergibt sich schon aus Art. 3 Abs. 2 S. 1 GG ein Verbot der mittelbaren Diskriminierung. Der Wortlaut von Art. 3 Abs. 2 S. 1 GG ist nicht merkmalsbezogen, sondern gruppenbezogen.[398] Die Verwendung des Plurals *(„Männer und Frauen“)* indiziert eine kollektive Betrachtungsweise. Ferner stellt die Norm nicht auf bestimmte Merkmale ab, sondern auf einen in der Zukunft liegenden Zustand. Sie hat somit durch diese Zukunftsorientierung einen über

---

393 *Langenfeld* in *Maunz/Düring*, Art 3 Abs. 2 GG, Rn, 32; *Sachs* HBStR VIII S. 182 Rn. 31.

394 *Heidorn*, BLJ, 2012, 20; *Traupe*, Mittelbare Diskriminierung teilzeitbeschäftigter Betriebsratsmitglieder, 2002, S. 266 ff.; *Sachs*, Grenzen des Diskriminierungsverbots, 1987, S. 483; *Sachs* in HBStR, Band VIII, 2010, § 182 Rn. 96 ff.

395 *Heidorn*, BLJ, 2012, 20; *Engler*, Strukturelle Diskriminierung und substantielle Ungleichheit, 2005, S. 122 ff.; *Schlachter*, Wege zur Gleichberechtigung, 1993, S 79 ff. (81); *Bieback*, ZiAS 1990, 1, 26-30; *Ebsen*, RdA 1993, 13-15; *Hanau/Preis*, ZfA 1988, 177, 184-186; *Boysen* in *v. Münch/Kunig*, Art. 3 GG Rn. 144 ff.

396 BVerfG Beschl. v. 18.06.2008-2 BvL 6/07 = BVerfGE 121, 241.

397 *Heidorn*, BLJ, 2012, 20; *Fuchsloch*, Das Verbot der mittelbaren Geschlechterdiskriminierung, 1995, S. 133 ff; *Slupik*, Die Entscheidung des Grundgesetzes für die Parität im Geschlechterverhältnis, 1988, S. 100 f; *Wisskirchen*, Mittelbare Diskriminierung von Frauen im Erwerbsleben, 1994, S. 55 ff..

398 *Sacksofsky*, Das Grundrecht auf Gleichberechtigung, 1996, S. 319, *Engler*, Strukturelle Diskriminierung und substantielle Ungleichheit, 2005, S. 127; *Sievers*, Die mittelbare Diskriminierung im Arbeitsrecht, 1997, S. 19 ff., der wohl auch eine gruppenbezogene Betrachtung zugrunde legt.

das Differenzierungsgebot hinausgehenden Gehalt.[399] Auch ein Blick auf die systematische Stellung der Norm trägt diese Auslegung. So geht es Art. 3 Abs. 2 GG im Ziel um die Herstellung faktischer Gleichberechtigung. Daher müssen strukturelle Diskriminierungen auch im Rahmen von Art. 3 Abs. 2 S. 1 GG Berücksichtigung finden.

Gegenüber der Auffassung[400], dass Gruppengrundrechte dem Grundgesetz systematisch fremd seien, ist einzuräumen, dass Grundrechte grundsätzlich Schutzrechte Einzelner gegen Eingriffe staatlicher Gewalt sind.[401] Allerdings werden auch hier nicht einer Gruppe von Menschen Rechte eingeräumt, sondern Individuen. Um das Rechtsinstitut der mittelbaren Diskriminierung greifbar zu machen, ist lediglich eine gruppenbezogene Betrachtungsweise einzunehmen. Es verbleibt bei einem individuellen Schutzrecht.[402]

Meinungen[403], die jede über das Differenzierungsverbot hinausgehende Norm allein in Art. 3 Abs. 2 S. 2 GG verorten wollen, kann aufgrund der oben dargelegten Argumente nicht gefolgt werden. Auch das BVerfG[404] hat, wie oben dargelegt, bereits in Art. 3 Abs. 2 GG a.F. einen über den reinen Diskriminierungsbegriff hinausgehenden Gehalt in Art. 3 Abs. 2 GG a. F. hineingedeutet.

Wie oben gezeigt, enthalten Art. 3 Abs. 2 S. 1 GG und Art. 3 Abs. 3 S. 1 GG ein identisches Differenzierungsverbot. In der Folge stellen sie gleichermaßen Abwehrrechte gegen unmittelbare, das heißt direkt an das Geschlecht anknüpfende, Ungleichbehandlungen dar und gleichermaßen, wie oben gezeigt, auch gegen mittelbare Diskriminierungen.

bb. Art. 3 Abs. 3 GG

Ob (auch) in Art. 3 Abs. 3 S. 1 GG ein Verbot der mittelbaren Diskriminierung hineininterpretiert werden kann, ist wiederum streitig.

---

399 *Engler*, Strukturelle Diskriminierung und substantielle Ungleichheit, 2005, S. 127, *Bieback*, ZiAS 1990, 1, 29.

400 *Langenfeld*, in *Maunz/Düring*, Art.3 Abs. 2 GG Rn. 68.

401 So auch BVerfG Beschl. v. 02.05.1967 Az. 1 BvR 578/63 = BVerfGE 21, 362, 369; eine Ausnahme hiervon ist aber beispielsweise in Art. 9 Abs. 3 GG zu finden.

402 Ähnlich: *Sacksofsky*, Das Grundrecht auf Gleichberechtigung, 1996, S. 335, *Engler*, Strukturelle Diskriminierung und substantielle Ungleichheit, 2005, S. 132.

403 So *Langenfeld* in *Maunz/Düring*, Art. 3 Abs. 2 GG Rn. 28.

404 BVerfG Beschl. v. 18.06.2008 – 2 BvL 6/07 = BVerfGE 121, 241.

Eine Auffassung[405] sagt dazu, dass aus Art. 3 Abs. 3 S. 1 GG streng nach dem Wortlaut kein Verbot der mittelbaren Diskriminierung hergeleitet werden kann, da eine mittelbar diskriminierende Regelung gerade nicht (unmittelbar) an das Merkmal (hier Geschlecht) anknüpft, so dass keine Benachteiligung „wegen" des verpönten Merkmals gegeben ist. Dies liegt daran, dass das Geschlecht bei der mittelbaren Diskriminierung nur typisches Begleitmerkmal der Differenzierung ist und nicht *„conditio sine qua non"*.[406]

Eine andere Auffassung[407] will hier einen erweiterten Kausalitätsbegriff zugrunde legen und Diskriminierungen nicht nur wegen des Geschlechts, sondern wegen der Geschlechterrolle als von Art. 3 Abs. 3 S. 1 GG umfasst ansehen. So seien das Geschlecht und die Geschlechterrolle untrennbar miteinander verbunden. Es ist jedoch zu bedenken, dass die Geschlechterrolle vom Wortlaut der Norm nicht umfasst ist.

Allerdings wird die Überwindung traditioneller Geschlechterrollen seit dem sog. Nachtarbeitsurteil unter Art. 3 Abs. 2 GG gefasst.[408]

Gegen eine Einordnung der mittelbaren Diskriminierung unter Art. 3 Abs. 3 GG – wie sie das BVerfG[409] vornimmt – wird ferner aufgeführt, dass dies zu einer Aufweichung der Norm führen könne, die Art. 3 Abs. 3 S. 1 GG an Stringenz verlieren ließe.[410] Es könne zu Unsicherheiten über die Definition der mittelbaren Diskriminierung kommen.[411] Hiergegen ist einerseits einzuwenden, dass dies nicht nur gegen eine Einordnung der mittelbaren Diskriminierung unter Abs. 3 S. 1 GG spräche, sondern gegen einen Schutz vor mittelbaren Diskriminierung insgesamt. Zum anderen hat die Rechtsprechung auf nationaler und europäischer Ebene den Begriff der mittelbaren Diskriminierung mittlerweile hinreichend ausgearbeitet, so dass sich diese *„Sorge"* mittlerweile nicht mehr teilen lässt.

Rüfner[412] beruft sich darauf, dass Art. 3 Abs. 3 S. 1 GG eine von einem allgemeinen Prinzip abweichende Vorschrift darstelle und daher eine enge Auslegung

---

405 *Rüfner* in FS *Friauf*, 1996, S. 331, 332 ff mwN; *Heun* in *Dreier*, GG, Art. 3 Rn. 120 (der aber eine verdeckte Diskriminierung unter Art. 3 Abs. 3 GG subsumieren will vgl. Rn. 125).

406 *Langenfeld* in *Maunz/Düring*, Art. 3 Abs. 2 GG, Rn. 29.

407 *Fuchsloch*, Das Verbot der mittelbaren Geschlechterdiskriminierung, 1995, S. 140/141.

408 *König/Schadendorf*, DÖV 2014, 853, 858; so auch BVerfG Urt. v. 24.01.1995 Az. 1 BvL 18/93 und 5,6,7/94 Az. 1 BvR 403, 569794 = BVerfGE 92, 91, 112.

409 BVerfG Beschl. v. 18.06.2008 – 2 BvL 6/07 = BVerfGE 121, 241.

410 *Ebsen*, RdA, 1993, 11, 13.

411 *Ebsen*, RdA, 1993, 11, 13.

412 *Rüfner* in FS *Friauf*, 1996, S. 333, 334.

geboten sei. Hiergegen lässt sich einwenden, dass der materielle Schutzgehalt von Art. 3 Abs. 3 S. 1 GG einen Einschluss von mittelbaren Diskriminierungen erforderlich macht, da mittelbare Diskriminierungen für Betroffene nicht minder gravierende Folgen haben als unmittelbare Diskriminierungen.[413] Ferner sei ein historisches Argument anzuführen: Art. 3 Abs. 3 S. 1 GG ist vor dem Hintergrund der Erfahrungen des Nationalsozialismus eingeführt worden. Auch dies spräche für eine weite Auslegung der Norm.[414]

Zumindest aus dem Förderzweck des Art. 3 Abs. 2 S. 2 GG lässt sich folgern, dass die mittelbare Diskriminierung aufgrund des Geschlechts als Instrument zur Umsetzung des Förderauftrags verboten ist.[415] Eine nachhaltige Umsetzung des Förderauftrags erfordert ein Verbot der mittelbaren Diskriminierung.[416] Dies spricht auch dafür, Art. 3 Abs. 3 GG nach Sinn und Zweck um ein eigenständiges Verbot der mittelbaren Diskriminierung zu ergänzen.[417]

Wer sich also von einer Verortung der mittelbaren Diskriminierung in Art. 3 Abs. 2 S. 1 GG und Art. 3 Abs. 3 S. 1 GG nicht überzeugen lässt, muss erörtern, wie der Förderauftrag ohne Verbot der mittelbaren Diskriminierung ausgestaltet werden sollte.

In Hinblick auf das Merkmal Geschlecht ist es schlussendlich nur noch eine dogmatische Frage, welcher Auffassung man folgen mag. Die Doppelung der Norm erklärt sich aufgrund der oben skizzierten, von politischen Gefechten geprägten Entstehungsgeschichte. Es kann und sollte in Hinblick auf die mittelbare Diskriminierung auf beide Normen zurückgegriffen werden.

So wie Art. 3 Abs. 2 S. 1 GG und Art. 3 Abs. 3 S. 1 GG gleichermaßen Abwehrrechte gegen unmittelbare, rechtliche Diskriminierungen, d.h. direkt an das Geschlecht anknüpfende Ungleichbehandlungen darstellen[418], stellen sie auch parallele Abwehrrechte gegen die mittelbare Diskriminierung dar. Art. 3 Abs. 2 S. 1 GG ist dennoch vor Art. 3 Abs. 3 S. 1 GG anzuwenden, soweit dieser das Geschlecht betrifft, da Abs. 2 S. 1 spezieller ist – und damit vorrangig.[419]

---

413 *Fuchsloch*, Das Verbot der mittelbaren Diskriminerung, 1995 S. 144.

414 *Fuchsloch*, Das Verbot der mittelbaren Diskriminerung, 1995, S. 142; *Engler*, Strukturelle Diskriminierung und substantielle Ungleichheit, 2005, S. 126.

415 *Langenfeld* in *Maunz/Düring*, Art. 3 Abs. 2 GG, Rn. 30.

416 *Langenfeld* in *Maunz/Düring*, Art. 3 Abs. 2 GG, Rn. 30.

417 *Langenfeld* in *Maunz/Düring*, Art. 3 Abs. 2 GG, Rn. 30.

418 BVerfG Urt. v. 28.01.1992 Az. 1 BvR 1025/82, 1 BvL 16/83 und 10/91 = BVerfGE 85, 191, 206; BVerfG Beschl. v. 16.11.1993 Az. 1 BvR 258/86 = BVerfGE 89, 276, 285; BVerfG Beschl. v. 24.01.1995 Az. 1 BvL 18/93 und 5,6,7/94, 1 BvR 403/94 = BVerfGE 92, 91, 109; BVerfG Beschl. v. 25.10.2005 Az. 2 BvR 524/01 = BVerfGE 114, 357, 364 ff.

419 *Baer/Markard* in *v. Mangoldt/Klein/Starck*, Art.3 GG Rn. 356.

d. Zusammenfassung

Zusammenfassend ist zu konstatieren, dass Art. 3 GG einen Gleichbehandlungsgrundsatz und spiegelbildlich ein Verbot der unmittelbaren und auch der mittelbaren Diskriminierung beinhaltet. Sowohl in Art. 3 Abs. 2 S. 1 und S. 2 als auch in Abs. 3 ist ein Verbot der mittelbaren Diskriminierung normiert. Art. 3 Abs. 2 S. 1 GG ist gegenüber Art. 3 Abs. 3 S. 1 GG spezieller. Der Diskriminierungsbegriff ist symmetrisch und Ungleichbehandlungen können gerechtfertigt sein. Das asymmetrische Diskriminierungsverbot der CEDAW führt im Kontrast dazu, dass an die Rechtfertigung einer Diskriminierung höhere Anforderungen zu stellen sind. Es kann allerdings nicht im Wege einer völkerrechtsfreundlichen Auslegung in Art. 3 GG Abs. 2 S.1 GG hineingelesen werden, da hierdurch potentiell das Grundrecht Dritter beschnitten werden würde.

4. Das AGG – einfachgesetzlicher Diskriminierungsschutz

Neben Diskriminierungsverboten und Gleichbehandlungs- und Gleichstellungsgeboten, die in Spezialgesetzen geregelt sind und hier nicht näher beleuchtet werden sollen, regelt das AGG materiellen Diskriminierungsschutz auf einfachgesetzlicher Ebene. Die Entstehungsgeschichte des AGG kann als zäh und von Konflikten geprägt bezeichnet werden.[420] Zudem erfolgte die Gesetzgebung erst, nachdem die Umsetzungsfrist der Richtlinien[421] schon abgelaufen war.[422] Im AGG findet sich eine einfachgesetzliche Regelung der oben näher beschriebenen rechtlich höherrangigen Diskriminierungsverbote.[423] § 1 AGG benennt es als Ziel des Gesetzes, Benachteiligungen aus Gründen der Rasse, der ethnischen Herkunft, des Geschlechts, der Religion oder Weltanschauung, einer Behinderung, des Alters oder der sexuellen Identität zu verhindern oder zu beseitigen.

In Hinblick auf das Merkmal Geschlecht schützt das AGG die biologische Zuordnung zu einer Geschlechtsgruppe (männlich, weiblich, zwischengeschlechtlich). Hinsichtlich Transsexuellen/Transpersonen befürwortete der EuGH[424]

420 Vgl. dazu ausführlich Eggert-*Weyand*, Belästigung am Arbeitsplatz, 2010, S. 39 ff. m.w.N.

421 RL 2004/43/EG; RL 2000/78/EG; RL 2002/73/EG; und RL 2004/113/EG.

422 Vgl. dazu ausführlich Eggert-*Weyand*, Belästigung am Arbeitsplatz, 2010, S. 39 ff. m.w.N.

423 Auch außerhalb des AGG sind einfachgesetzliche Regelungen von Diskriminierungsverboten, wie zB in den § 33 c SGB I und § 19 a SGB IV, um nur zwei Beispiele herauszugreifen zu findenRn. Auf alle kann hier aber nicht eingegangen werden.

424 EuGH Urt. v. 30.04.1996 – C 13/94, NZA 1996, 695.

eine Anwendung des Verbots der Benachteiligung wegen des Geschlechts. Eine Zuordnung sowohl zum Diskriminierungsmerkmal Geschlecht als auch zum Diskriminierungsmerkmal sexuelle Ausrichtung nimmt das BAG[425] an.[426]

Das AGG besteht aus sieben Abschnitten. Im ersten Abschnitt, dem allgemeinen Teil, sind unter anderem der Anwendungsbereich (§ 2 AGG) und die Begriffsbestimmungen (§ 3 AGG) geregelt. Außerdem findet sich hier eine Regelung zu Diskriminierungen aus mehreren Gründen (§ 4 AGG) und zu den sog. positiven Maßnahmen (§ 5 AGG). Mit der ausdrücklichen Normierung positiver Maßnahmen geht das AGG über die Normierung von Diskriminierungsverboten hinaus und schafft konkret eine Fördermöglichkeit für bisher benachteiligte Gruppen. Im zweiten und dritten Abschnitt befinden sich Regelungen zum Schutz von Beschäftigten vor Benachteiligungen (Abschnitt 2) und im Zivilrechtsverkehr (Abschnitt 3). Hierin findet sich jeweils eine Wiederholung des Benachteiligungsverbots (§ 7 AGG und § 19 AGG) und Normierungen von Rechtsfertigungstatbeständen (§§ 8–10 AGG und § 20 AGG). Abschnitt 4 regelt den Rechtsschutz und in Abschnitt 5 finden sich Sonderregelungen für öffentlich-rechtliche Dienstverhältnisse. Nach § 2 Abs. 1 AGG sind unter anderem die Bedingungen für den Zugang zu selbstständiger und unselbstständiger Tätigkeit, einschließlich Auswahlkriterien und Einstellungsbedingungen (Nr. 1) vom Benachteiligungsverbot des AGG und bei Beschäftigungsverhältnissen (der Begriff der Beschäftigten wird in § 6 Abs. 1 AGG definiert), erfasst, darüber hinaus die Beschäftigungs- und Arbeitsbedingungen einschließlich Arbeitsentgelt und Entlassungsbedingungen (Nr. 2); außerdem erweitert das Gesetz den Anwendungsbereich in § 6 Abs. 3 AGG auch auf Selbstständige und Organmitglieder, insbesondere Geschäftsführer/innen und Vorstände, soweit es die Bedingungen für den Zugang zur Erwerbstätigkeit sowie den beruflichen Aufstieg betrifft.

In § 3 AGG ist geregelt, wann eine unmittelbare Benachteiligung (§ 3 Abs. 1 AGG), eine mittelbare Benachteiligung (§ 3 Abs. 2 AGG), eine Belästigung (§ 3 Abs. 3 AGG) und eine sexuelle Belästigung (§ 3 Abs. 4 AGG) vorliegen. Wer sich wegen eines der in § 1 genannten Merkmale benachteiligt sieht, kann sich an die Antidiskriminierungsstelle des Bundes wenden. Diese ist in den §§ 25–30 AGG normiert.

---

425 BAG Urt. v. 17.12.2015 – 8 AZR 421/14 = NZA 2016, 888.

426 Vgl. hierzu *Schlachter* in ErfK § 1 AGG Rn. 6, die eine Zurodnung zum Merkmal Geschlecht nunmehr für entbehrlich hält.

Teil 3: Handlungsanforderungen

Es stellt sich nunmehr die Frage, welche Handlungsanforderungen oder gar Pflichten an die Staaten zur Durchsetzung der oben beschriebenen Ziele zu stellen sind. Was muss der Staat vorhalten, um die Verwirklichung der Gleichberechtigung von Frau und Mann sowie die Teilnahme von Frauen unter den gleichen Voraussetzungen wie Männer am politischen, sozialen, wirtschaftlichen und kulturellen Leben, am Wachstum des Wohlstandes in Gesellschaft und Familie sowie die Ermöglichung der vollen Entfaltung ihrer Fähigkeiten[427] zu erreichen? Ob es hierzu konkrete Vorgaben hinsichtlich der Institutionalisierung gibt, soll im folgenden Teil geprüft werden.

I. Völkerrechtliche Handlungsanforderungen

Die CEDAW[428] umfasst neben den oben dargestellten Diskriminierungsverboten auch Grundsätze und Maßnahmen zum *„Empowerment“*.[429] CEDAW hat somit von eine dreifache Wirkweise: Nichtdiskriminierung, Schutz von Frauen und Förderung von Frauen.[430] Die Vertragsstaaten sind verpflichtet, alle geeigneten Mittel und Maßnahmen zu ergreifen, um die in der Präambel genannten Ziele zu erreichen.[431]

Auch wenn die Präambel nicht zum operativen Teil des Übereinkommens gehört, so sind ihre Inhalte, insbesondere die Beschreibungen von Ziel und Zweck des Übereinkommens bei der Auslegung der Vertragsbestimmungen zu berücksichtigen (Art. 31 Abs. 2 WVRK).[432] Hierin ist auch die konkrete Bedeutung der CEDAW zu sehen, da sie bewusst über die Genderneutralität und die herkömmlichen Gleichberechtigungssätze hinaus positive Maßnahmen zur

---

427 *König* in *Rudolf*, Frauen und Völkerrecht, 2006, 81, 86.

428 Aus dem regionalen Völkerecht sind keine Vorgaben hinsichtlich positiver Maßnahmen oder insbesondere hinsichtlich der Instituionalisierung ersichtlich.

429 *Neuhold* in *ders./Pirstner/Ulrich*, Internationale Dimensionen, in Menschenrechte – Frauenrechte, 2003, S. 51.

430 *Schöpp-Schilling* in Zimmermann/Giegerich, Gender und Internationales Recht, 2007, 137, 141.

431 Vgl. Art. 2 CEDAW.

432 *Schläppi/Wyttenbach/Ulrich* in *Schläppi/Ulrich/Wyttenbach*, CEDAW, Teil 1, 3.1 Struktur und Aufbau des Übereinkommens: Zur Präambel des CEDAW-Übereinkommens vgl. *Chinkin/Rudolf* in *Freeman/Chinkin/Rudolf*, CEDAW, Preamble, S. 35–50.

Förderung von Frauen und aktive politische und rechtliche Schritte zur Gleichstellung der Geschlechter einfordert.[433]

Diese Handlungsanforderungen sollen im Folgenden näher in Hinblick auf die Institutionalisierung untersucht werden.

1. Handlungsanforderungen aus CEDAW

a. Vertragstext

aa. Inhaltliche Anforderungen

(1.) Politik der Diskriminierungsbeseitigung

Art. 2 CEDAW wird auch als *„Schlüsselartikel"*[434] bezeichnet und spielt eine zentrale Rolle,[435] weil hierin die grundsätzliche Verantwortung der Vertragsstaaten definiert ist:

> *„Die Vertragsstaaten verurteilen jede Form der Diskriminierung der Frau, kommen überein, mit allen geeigneten Mitteln* ***unverzüglich eine Politik der Beseitigung der Diskriminierung der Frau*** *zu verfolgen*[436] *(…)".*

Als Teil des Auslegungsrahmens (*„interpretative framework"*, Art. 1–5 und 24 CEDAW[437]) ist Art. 2 CEDAW eng mit dem eigentlichen Ziel des Übereinkommens verknüpft. Die menschenrechtlichen Übereinkommen, zu denen auch CEDAW gehört, verpflichten die Vertragsstaaten (negativ) zum Unterlassen (im Falle der CEDAW der Diskriminierung von Frauen) und (positiv) zu einem Tun, im Wege der *„Duty to fulfill /to endure"* und der *„Duty to protect"* (Schutz- und Gewährleistungspflicht). Die Unterlassungspflicht kann auch als *„duty to respect"* bezeichnet werden.[438]

---

433 *Neuhold* in *dies./Pirstner/Ulrich*, Internationale Dimensionen, in Menschenrechte – Frauenrechte, 2003, S. 51 mwN.

434 *Neuhold* in *dies./Pristner/Ulrich*, Internationale Dimensionen, in Menschenrechte – Frauenrechte, Innsbruck 2003, S. 53; *Schläppi/Künzli/Sturm* in *Schläppi/Ulrich/Wyttenbach*, CEDAW 2015, Art. 2 Rn. 7.

435 *Schläppi/Künzli/Sturm* in *Schläppi/Ulrich/Wyttenbach*, CEDAW, Art. 2 Rn. 7.

436 Hervorhebung durch Verf.

437 CEDAW General Recommendation Nr. 25 (2004), Rn. 6 ff; vgl.auch General Recommendation Nr. 28 (2010), Rn. 7.

438 *Schläppi/Künzli/Sturm* in *Schläppi/Ulrich/Wyttenbach*, CEDAW, Art. 2 Rn. 7; die Anwendung dieses 3-teiligen Verpflichtungskonzepts auf die Diskriminierungsverbote ist jedoch nicht umstritten. Dies soll hier jedoch nicht weiter vertieft werden.

Aus diesem Auslegungsrahmen ergeben sich wiederum drei zentrale Verpflichtungen/Dimensionen:

- die Verpflichtung, sicherzustellen, dass die Rechtsordnung keine direkte oder indirekte Diskriminierung enthält, und dass Frauen vor Diskriminierung geschützt sind,
- die de facto-Situation von Frauen durch gezielte Programme und Politiken zu verbessern sowie
- diskriminierende Geschlechterstereotype auf rechtlicher, politischer und gesellschaftlicher Ebene zu bekämpfen.[439]

Art. 2 CEDAW spezifiziert diese oben genannten drei Dimensionen. Anders als bei der Verpflichtung aus Art. 2 Abs. 1 der Sozialcharta, die bestimmt, dass bestimme Sozialstandards erreicht werden sollen, kann die Verpflichtung aus Art. 2 CEDAW nicht nach und nach erfüllt werden.[440] Vielmehr müssen die Vertragsstaaten *„unverzüglich“* und *„unmittelbar“* (*„obligation to conduct“*) Frauen vor Diskriminierung schützen und für die Verwirklichung des Diskriminierungsverbots und der Gleichberechtigung sorgen.[441] Art. 2 CEDAW verpflichtet die Vertragsstaaten zu einer *„Politik zur Beseitigung der Diskriminierung“*, mithin zu einer zielgerichteten Politik.[442] Für diese zielgerichtete Politik sollen die Staaten *„alle geeigneten Mittel“* einsetzen (Art. 2 CEDAW). Diese *„weite“* Formulierung ist in Anbetracht der vielfältigen länderspezifischen Kontexte und Diskriminierungsformen sinnvoll. Dennoch kann die Formulierung nicht dahingehend ausgelegt werden, dass die Vertragsstaaten völlig frei in ihrem Handeln sind.[443] Vielmehr steht dem CEDAW-Ausschuss das Recht zu, sich von den Vertragsstaaten die Wahl der Maßnahmen und deren Wirkung berichten zu lassen.[444]

Ferner werden die Verpflichtungen in Art. 2 lit. a–g CEDAW näher präzisiert. Die Konvention verpflichtet in Art. 2 lit. a CEDAW Vertragsstaaten dazu, den

---

Nachzulesen bei: Schläppi/Künzli/Sturm in dies./Ulrich/Wyttenbach, CEDAW, 2015, Art. 2 Rn. 7 f.

439 CEDAW General Recommendation Nr. 25 (2004) Rn..6 ff.

440 *Schläppi/Künzli/Sturm* in *Schläppi/Ulrich/Wyttenbach*, CEDAW, Art. 2 Rn. 38; *Vandenhole*, Non-Discrimination and Equality in the View of the Human Rights Treaty Bodies2005, S. 78, (“[...] *are to be adressed*.”).

441 *Schläppi/Künzli/Sturm* in *Schläppi/Ulrich/Wyttenbach*, CEDAW, Art. 2 Rn. 38.

442 *Schläppi/Künzli/Sturm* in *Schläppi/Ulrich/Wyttenbach*, CEDAW, Art. 2 Rn. 32.

443 *Schläppi/Künzli/Sturm* in *Schläppi/Ulrich/Wyttenbach*, CEDAW, Art. 2 Rn. 33.

444 *Schläppi/Künzli/Sturm* in *Schläppi/Ulrich/Wyttenbach*, CEDAW, Art. 2 Rn. 34.

Grundsatz der Gleichberechtigung von Mann und Frau in ihre Staatsverfassung oder in andere geeignete Rechtsvorschriften aufzunehmen, sofern sie dies noch nicht getan haben und durch gesetzgeberische oder sonstige Maßnahmen für die tatsächliche Verwirklichung des Grundsatzes der Gleichberechtigung von Mann und Frau zu sorgen.

Nach Art. 2 lit. e CEDAW sind die Vertragsstaaten verpflichtet, „alle geeigneten Maßnahmen zur Beseitigung der Diskriminierung der Frau durch jedwede Personen, Organisationen und Unternehmen zu ergreifen". Das bedeutet, dass private Diskriminierungen durch beispielsweise wirtschaftliche Unternehmen vom Staat mit geeigneten Maßnahmen bekämpft werden müssen.[445] Unterlässt der Staat geeignete Maßnahmen, begeht er auch dann einen Vertragsbruch, wenn die Verletzung in dem Verhalten privater, natürlicher oder juristischer Personen liegt.[446]

(2.) Bekämpfung von Rollenbildern und Stereotypen

Art. 5 lit. a CEDAW konkretisiert Art. 2 lit. f CEDAW und verpflichtet die Vertragsstaaten zum Setzen von Maßnahmen,

> *„die einen Wandel in den sozialen und kulturellen Verhaltensmustern von Mann und Frau bewirken und so zur Beseitigung von Vorurteilen sowie von herkömmlichen und allen sonstigen Vorstellungen von der Unterlegenheit oder Überlegenheit des einen oder des anderen Geschlechts oder der stereotypen Rollenverteilung von Mann und Frau beruhenden Praktiken führen."*[447]

Hierbei handelt es sich um eine *„historisch wirklich wichtige Forderung"*, die den *„Geist der siebziger Jahre atmet"*.[448] Es sollen sich die traditionellen Rollen von Männern und Frauen in der Gesellschaft ändern. Dies wird als unabdingbare Vorbedingung dafür angesehen, dass Frauen überhaupt „nicht-traditionelle Aufgaben" in Wirtschaft und Politik übernehmen können. In Art. 5 Lit. b CEDAW wird daher auch die Neuverteilung der Betreuung der Kinder und aller in Haushalt und Familie anfallenden Arbeit gefordert.[449] Es sollen hiermit

---

445 *Neuhold* in *dies./Pristner/Ulrich*, Internationale Dimensionen, in Menschenrechte – Frauenrechte, 2003, S. 52.

446 *Neuhold* in *dies./Pristner/Ulrich*, Internationale Dimensionen, in Menschenrechte – Frauenrechte, 2003, S. 52 mwN.

447 *Neuhold* in *dies./Pirstner/Ulrich*, Internationale Dimensionen, in Menschenrechte – Frauenrechte, 2003, S. 54.

448 *Neuhold* in *dies./Pirstner/Ulrich*, Internationale Dimensionen, in Menschenrechte – Frauenrechte, 2003, S. 54.

449 *Neuhold* in *dies./Pirstner/Ulrich*, Internationale Dimensionen, in Menschenrechte – Frauenrechte, 2003, S. 54.

Traditionen, überkommene Sitten und Gebräuche, herkömmliche Rollenbilder und Stereotype bekämpft werden.[450] Den Vertragsstaaten steht auch hiernach ein Ermessensspielraum offen, welche Maßnahmen sie als geeignet erachten. Dieser Ermessenspielraum ist in Hinblick auf die unterscheidlichen länderspezifischen Kontexte und die zur Verfügung stehenden Ressourcen eingeräumt.[451]

(3.) „Entfaltung" und Förderung der Frauen

Nach Art. 3 CEDAW sind die Vertragsstaaten verpflichtet, die uneingeschränkte Entfaltung und Förderung der Frau sicherzustellen. Art. 3 CEDAW hebt die Grenze zwischen bürgerlichen und politischen Rechten einerseits und wirtschaftlichen, sozialen und kulturellen Rechten andererseits auf, da er sich auf alle Gebiete gleichermaßen bezieht.[452] Die Tatsache, dass, in Abweichung zu Art. 1, der staatsbürgerliche *(„civil")* Bereich nicht in die exemplarische Aufzählung aufgenommen wurde, kann dadurch aufgewogen werden, dass die Aufzählung in Art. 3 nicht abschließend ist. Es wird nur *„insbesondere"* auf den politischen, sozialen, wirtschaftlichen und kulturellen Bereich verwiesen. Es werden mithin sogar Lebensbereiche eingeschlossen, die überhaupt nicht in dem Abkommen ausdrücklich benannt sind.[453] Zu Art. 2 CEDAW lässt sich diese Bestimmung nur schwer abgrenzen.[454] Art. 2, 3 und 24 CEDAW werden vom Ausschuss häufig gemeinsam zitiert.[455] Der Ausschuss hat bisher keine nähere Abgrenzung vorgenommen. Vielmehr hebt er hervor, dass die Staaten alle erforderlichen Schritte für die rechtliche und tatsächliche Gleichberechtigung zu treffen haben.[456] Ergänzend und verstärkend zu den Verpflichtungen aus Art. 2 und 5 CEDAW verpflichtet Art. 3 CEDAW die Vertragsstaaten, unmittelbar tätig zu werden, um die Diskriminierung von Frauen zu beseitigen.[457] Das *„wie"* der

---

450 *Neuhold* in *dies./Pirstner/Ulrich*, Internationale Dimensionen, in Menschenrechte – Frauenrechte, 2003, S. 54.

451 *Schläppi/Wyttenbach/Ulrich* in *Schläppi/Ulrich/Wyttenbach*, CEDAW, Teil 1, 3.1 Struktur und Aufbau des Übereinkommens S. 25; CEDAW General Recommendation Nr. 28 (2010), Rn. 23.

452 *Hübner* in *Schorlemer* (Hrsg.), Die Vereinten Nationen und die neueren Entwicklungen der Frauenrechte, 2007, 163, 164; *Körner*, ZRP 2005, 223, 223.

453 *Sturm/Schläppi/Künzli* in *Schläppi/Ulrich/Wyttenbach*, CEDAW, Art. 3 Rn. 5: CEDAW General Recommendation Nr. 28 (2010), Rn. 25.

454 *Sturm/Schläppi/Künzli* in *Schläppi/Ulrich/Wyttenbach*, CEDAW, Art. 3 Rn. 1.

455 *Sturm/Schläppi/Künzli* in *Schläppi/Ulrich/Wyttenbach*, CEDAW, Art. 3 Rn. 6:

456 *Sturm/Schläppi/Künzli* in *Schläppi/Ulrich/Wyttenbach*, CEDAW, Art. 3 Rn. 7 mwN.

457 *Sturm/Schläppi/Künzli* in *Schläppi/Ulrich/Wyttenbach*, CEDAW, Art. 3 Rn. 11; mwN.

„Aufgabenerfüllung“ steht wiederum im Ermessen der Vertragsstaaten. Lediglich *„geeignete Maßnahmen“* sind vom Vertragswortlaut her gefordert. Damit ist den Vertragsstaaten ein weiter Spielraum eingeräumt worden, um dem jeweiligen länderspezifischen Kontext Rechnung tragen zu können.[458] Das Ziel von Art. 3 CEDAW ist dem Vertragstext zu entnehmen: *„die Sicherung der vollen Entfaltung und Förderung der Frau, damit gewährleistet wird, dass sie die Menschenrechte und Grundfreiheiten gleichberechtigt mit dem Mann ausüben und genießen kann“.* Damit ist die Zielsetzung der *„geeigneten Maßnahmen“* festgelegt. Hieran ist auch die Geeignetheit der Maßnahmen zu messen.[459] Auch der CEDAW-Ausschuss lässt es weitergehend offen, welche Maßnahmen unter dem Blickwinkel von Art. 3 CEDAW als geeignet zu erachten sind.[460] Allerdings müssen die Vertragsstaaten dem Ausschuss Rechenschaft hinsichtlich der Wirkung und des Ergebnisses der ergriffenen Maßnahme ablegen.[461]

Art. 3 CEDAW legt den Fokus auf die Förderung und Stärkung von Frauen (*„Empowerment“)* und nicht auf den Schutz der Frauen als Opfer.[462] Art. 3 CEDAW bezieht sich ferner nicht auf den *„Genuss“* (vgl. Art. 2 Abs. 2 ICERD), sondern auf die *„Ausübung“* der der Menschenrechte und Grundfreiheiten. Die tatsächliche Nutzung und Schaffung von Rahmenbedingungen, welche die de facto-Inanspruchnahme ermöglichen, steht hierdurch verstärkt im Fokus.[463]

bb. Regelungen zur Umsetzung

(1.) Zeitweilige/vorübergehende Sondermaßnahmen

Es ist also ein materielles Gleichheitskonzept gefragt, dass auch die Beseitigung struktureller Hindernisse umfasst.[464] Die Formulierung *„full development and advancement“* zeigt ferner, dass ein Rückschritt in der tatsächlichen Gleichstellung durch die Fördermaßnahmen nicht eintreten darf.[465]

---

458 *Sturm/Schläppi/Künzli* in *Schläppi/Ulrich/Wyttenbach*, CEDAW, Art. 3 Rn. 13, CEDAW General Recommendation Nr. 28 (2010) Rn 23.

459 *Sturm/Schläppi/Künzli* in *Schläppi/Ulrich/Wyttenbach*, CEDAW, Art. 3 Rn. 20.

460 *Sturm/Schläppi/Künzli* in *Schläppi/Ulrich/Wyttenbach*, CEDAW, Art. 3 Rn. 14.

461 *Sturm/Schläppi/Künzli* in *Schläppi/Ulrich/Wyttenbach*, CEDAW, Art. 3 Rn. 15; General Reccommendation Nr. 28 (2010) Rn 23.

462 *Sturm/Schläppi/Künzli* in *Schläppi/Ulrich/Wyttenbach*, CEDAW, Art. 3 Rn. 17.

463 *Sturm/Schläppi/Künzli* in *Schläppi/Ulrich/Wyttenbach*, CEDAW, Art. 3 Rn. 19.

464 *Sturm/Schläppi/Künzli* in *Schläppi/Ulrich/Wyttenbach*, CEDAW, Art. 3 Rn. 18; CEDAW General Recommendation Nr. 28 (2010), Rn. 20.

465 *Sturm/Schläppi/Künzli* in *Schläppi/Ulrich/Wyttenbach*, CEDAW, Art. 3 Rn. 18; CEDAW General Recommendation Nr. 28 (2010), Rn. 20.

Durch Artikel 4 CEDAW erhält die Konvention laut *Neuhold*[466] ihre historische Bedeutung. Hierin sind die zeitweiligen Sondermaßnahmen geregelt:

> *„Vorübergehende Sondermaßnahmen der Vertragsstaaten zur beschleunigten Herbeiführung der De facto-Gleichberechtigung von Mann und Frau* ***gelten nicht als Diskriminierung***[467] *im Sinn dieser Konvention, dürfen aber keinesfalls die Beibehaltung ungleicher oder gesonderter Maßstäbe zur Folge haben; diese Maßnahmen sind aufzuheben, sobald die Ziele der Chancengleichheit erreicht sind."*

Das CEDAW-Übereinkommen bezweckt allgemein, Frauen über die formale Gleichheit hinaus effektiv den gleichberechtigten Genuss der Menschenrechte in allen denkbaren Lebensbereichen zu garantieren und damit umfassend die tatsächliche Gleichbehandlung und Gleichstellung zu fördern.[468] Darauf zielt auch Art. 4 CEDAW ab, den Zweck des CEDAW-Übereinkommens sowohl de jure als auch de facto-Gleichstellung im Bereich von Menschenrechten und Grundfreiheiten herzustellen.[469]

Aus der duty to protect ergibt sich, dass die Vertragsstaaten verpflichtet sind, einzelne Frauen in der Ausübung ihrer Rechte durch die Bereitstellung von entsprechender Infrastruktur und Ressourcen zu unterstützen.[470] Zur Verwirklichung des materialen Gleichheitsbegriffes, der der CEDAW zugrunde liegt, müssen die Vertragsstaaten alle erforderlichen Maßnahmen treffen, um eine Angleichung der Lebensverhältnisse von Männern und Frauen in der Lebenswirklichkeit zu erreichen.[471] Hierbei spielen die zeitweiligen Sondermaßnahmen nach Art. 4 Abs. 1 CEDAW eine hervorgehobene Rolle. Spezielle Fördermaßnahmen *zur beschleunigten Herbeiführung der de facto-Gleichberechtigung von Mann und Frau* der Vertragsstaaten gelten nach Art. 4 Abs. 1 CEDAW *nicht als Diskriminierung*. Die Vertragstaaten dürfen sie also vornehmen.

Fraglich ist, ob diese Sondermaßnahmen nach Art. 4 CEDAW neben der Chancengleichheit auch auf die Herstellung von Ergebnisgleichheit abzielen dürfen. Sinn und Zweck des CEDAW-Übereinkommens ist es, die volle Gleichberechtigung zwischen Mann und Frau zu erreichen. Hiernach müssen auch die zeitweiligen Sondermaßnahmen darauf abzielen dürfen.[472]

---

466 *Neuhold* in *dies./Pirstner/Ulrich*, Internationale Dimensionen, in Menschenrechte – Frauenrechte, 2003, S. 53.

467 Hervorhebung durch Verfasserin.

468 *Kägi-Diener* in *Schläppi/Ulrich/Wyttenbach*, CEDAW, Art. 4 Rn. 2.

469 *Kägi-Diener* in *Schläppi/Ulrich/Wyttenbach*, CEDAW, Art. 4 Rn. 6.

470 König in *Rudolf*, Frauen und Völkerrecht, 2006, 81, 89.

471 *König* in *Rudolf*, Frauen und Völkerrecht, 2006, 81, 89.

472 *König* in *Rudolf*, Frauen und Völkerrecht, 2006, 81, 89.

Zusammen mit Art. 1, 2, 3 und 5 sowie 24 CEDAW bildet Art. 4 CEDAW den allgemeinen Rahmen für die gebotenen Maßnahmen zur Bekämpfung der Diskriminierung in den einzelnen Lebensbereichen nach Art. 6–16 CEDAW.

Der CEDAW-Ausschuss betont in der allgemeinen Empfehlung Nr. 25[473], die Wesen und Bedeutung von Art. 4 CEDAW herausarbeitet, dass die temporären Sondermaßnahmen nicht als Ausnahme vom Nichtdiskriminierungsverbot gesehen werden sollen, sondern als Mittel der Gleichstellung.[474] Die allgemeine Empfehlung Nr. 5 betont die Bedeutung von Fördermaßnahmen, um die tatsächliche Gleichstellung zu erreichen.

Die Vertragsstaaten sind nach der CEDAW nicht nur zur Herstellung formaler Rechtsgleichheit verpflichtet, sondern vielmehr dazu, alle erforderlichen Maßnahmen zu ergreifen, um die Angleichung der Lebensverhältnisse von Frauen und Männern in der Lebenswirklichkeit zu erreichen. Der CEDAW liegt ein materieller Gleichheitsbegriff zugrunde. Zur Beschleunigung der De facto-Gleichberechtigung von Mann und Frau können die Vertragsstaaten gem. Art. 4 Abs. 1 „zeitweilige Sondermaßnahmen“ vorsehen.[475]

(2.) Pflicht zur Umsetzung

Art. 24 CEDAW regelt grundlegende allgemeine Pflichten der Vertragsstaaten zur Umsetzung des Übereinkommens. Hieraus geht hervor, dass die Vertragsstaaten alle Maßnahmen treffen müssen, die zur vollen Verwirklichung der im Übereinkommen anerkannten Rechte auf nationaler Ebene nötig sind. Art. 2, 3, 4 und 5 CEDAW sind differenzierter. Daher ist die Funktion von Art. 24 CEDAW vor allem darin zu sehen, dass er einer Auslegung Einhalt gebietet, die das Übereinkommen und insbesondere Art. 2 CEDAW nicht als verpflichtendend, sondern gegebenenfalls sogar nur als politische Absichtserklärung ansehen will.[476] Art. 24 CEDAW normiert somit die Pflicht der Staaten zur vollen Umsetzung des Übereinkommens[477] und verstärkt so den verpflichtenden Charakter. Art. 24 CEDAW wird vom Ausschuss meist in engem Zusammenhang mit Art. 2 und 3 CEDAW erwähnt.[478] Der Ausschuss bezieht sich nur selten auf Art. 24 CEDAW

---

473 CEDAW General Recommendation Nr. 25 (2004) Rn. 14 .

474 *Kägi-Diener* in *Schläppi/Ulrich/Wyttenbach*, CEDAW, Art. 4 Rn. 7.

475 *König* in *Rudolf*, Frauen und Völkerrecht, 2006, 81, 89; *König/Schadendorf*, DÖV 2014, 853, 855; *Schadendorf*, ZaöRV, 245.256.

476 *Schläppi/Künzli/Sturm* in *Schläppi/Ulrich/Wyttenbach*, CEDAW, Art. 2 Rn. 11; *Byrnes* in *Freeman/Chinkin*, CEDAW, Art. 24 S. 539–546 (insbes. S. 540).

477 *Schläppi/Künzli/Sturm* in *Schläppi/Ulrich/Wyttenbach*, CEDAW, Art. 2 Rn. 11 und 12.

478 *Schläppi/Künzli/Sturm* in *Schläppi/Ulrich/Wyttenbach*, CEDAW, Art. 2 Rn. 12.

allein.[479] Art. 23 und 24 CEDAW befinden sich in den Schlussbestimmungen der CEDAW und regeln die Anwendung besser geeigneter Bestimmungen auf internationaler und nationaler Ebene (Günstigkeitsprinzip, Art. 23 CEDAW), und Art. 24 CEDAW regelt eine Verpflichtung der Vertragsstaaten, alle Maßnahmen zu treffen, die auf nationaler Ebene zur vollen Verwirklichung der in diesem Übereinkommen anerkannten Rechte erforderlich sind.[480]

Zu dem Umfang der Pflichten der Vertragsstaaten lässt sich also festhalten, dass sie nicht nur für die effektive Anwendung der Diskriminierungsverbote sowohl im öffentlichen als auch im privaten Bereich Sorge zu tragen haben. Die Vertragsstaaten haben auch die Pflicht, einen effektiven Rechtsschutz gegen Diskriminierung vorzuhalten. Überdies sind sie verpflichtet, die de facto-Gleichberechtigung zwischen Männern und Frauen zu beschleunigen. Hierzu können sie insbesondere zeitweilige Sondermaßnahmen zur Förderung von Frauen ergreifen.[481] Ferner sind die Vertragsstaaten verpflichtet, alles zu tun, um stereotype Verhaltensmuster und Rollenmuster abzubauen.[482] Das sind zwar weitreichende Handlungsanforderungen. In Hinblick auf die Institutionalisierung lässt sich der CEDAW allerdings nur in Verbindung mit den Auslegungen des CEDAW-Auschuss in den Allgemeinen Empfehlungen Konkretes zur Instituionalisierung entnehmen.

b. Allgemeine Empfehlungen des CEDAW-Ausschuss

Bezüglich der Institutionalisierung von Gleichstellungspolitik lassen sich aus folgenden allgemeinen Empfehlungen Schlüsse ziehen:

aa. Allgemeine Empfehlung Nr. 5: zeitweilige Sondermaßnahmen

Die allgemeine Empfehlung Nr. 5 betont die Bedeutung von Fördermaßnahmen zur Herstellung der tatsächlichen Gleichheit der Frau.[483]

CEDAW A/43/38. 4. März 1988. Allgemeine Empfehlung Nr. 5. Zeitweilige Sondermaßnahmen. Siebte Sitzung (1988)

---

479 *Schläppi/Künzli/Sturm* in *Schläppi/Ulrich/Wyttenbach*, CEDAW, Art. 2 Rn. 12.

480 Vgl. auch *Schläppi/Wyttenbach/Ulrich* in *Schläppi/Ulrich/Wyttenbach*, CEDAW, Teil 1, 3.1. Strukutr und Aufbau des Übereinkommens S. 25.

481 *König* in *Rudolf*, Frauen und Völkerrecht, 2006, 81, 88.

482 *König* in *Rudolf*, Frauen und Völkerrecht, 2006, 81, 88.

483 Übersetzung: Deutsches Institut für Menschenrechte, Die „General Comments" zu den VN-Menschenrechtsverträgen. Deutsche Übersetzung und Kurzeinführung, 2005, S. 436.

Englische Originalversion:

"Temporary Special Measures
The Committee on the Elimination of Discrimination against Women,
Taking note that the reports, the introductory remarks and the replies by States parties reveal that while significant progress has been achieved in regard to repealing or modifying discriminatory laws, there is still a need for action to be taken to implement fully the Convention by introducing measures to promote de facto equality between men and women, Recalling article 4.1 of the Convention, Recommends that States Parties make more use of temporary special measures such as positive action, preferential treatment or quota systems to advance women's integration into education, the economy, politics and employment."

Übersetzung des Deutschen Instituts für Menschenrechte:

„Der Ausschuss für die Beseitigung der Diskriminierung der Frau, obwohl bedeutende Fortschritte im Hinblick auf die Aufhebung oder Abänderung diskriminierender Gesetze erzielt worden sind, nimmt zur Kenntnis, dass laut den Berichten, einführenden Anmerkungen und Antworten der Vertragsstaaten noch immer Handlungsbedarf besteht, um das Übereinkommen durch Maßnahmen vollständig umzusetzen, die auch eine De facto-Gleichstellung zwischen Mann und Frau schaffen, eingedenk Artikel 4 Abs. 1 des Übereinkommens empfiehlt, dass die Vertragsstaaten mehr Gebrauch von zeitweiligen Sondermaßnahmen machen, wie zum Beispiel durch Positivmaßnahmen, bevorzugte Behandlung oder Quotensysteme, die die Integration der Frau in der Ausbildung, Wirtschaft, Politik oder im Berufsleben fördern."[484]

Hier zeigt sich also erneut, dass der CEDAW-Ausschuss die de facto-Gleichstellung als Ziel des Vertrages betrachtet.

bb. Allgemeine Empfehlung Nr. 6: effektive nationale Mechanismen und Öffentlichkeit

CEDAW A/43/38. Allgemeine Empfehlung Nr. 6. Effektive nationale Mechanismen und Öffentlichkeit. Siebte Sitzung (1988)

Englische Originalversion:

Effective National Machinery and Publicity
The Committee on the Elimination of Discrimination against Women,
Having considered the reports of States parties to the Convention on the Elimination of All Forms of Discrimination against Women,
Noting United Nations General Assembly resolution 42/60 of 30 November 1987,

---

484 Übersetzung nach: Deutsches Institut für Menschenrechte, Die „General Comments" zu den VN-Menschenrechtsverträgen. Deutsche Übersetzung und Kurzeinführung, 2005, S. 430.

Recommends that States parties:

1. *Establish and/or strengthen effective national machinery, institutions and procedures, at a high level of Government, and with adequate resources, commitment and authority to:*
   (a) Advise on the impact on women of all government policies;
   (b) Monitor the situation of women comprehensively;
   (c) Help formulate new policies and effectively carry out strategies and measures to eliminate discrimination;

Übersetzung des deutschen Instituts für Menschenrechte[485]:

Der Ausschuss für die Beseitigung der Diskriminierung der Frau
Nach Prüfung der Berichte der Vertragsstaaten zum Übereinkommen über die Beseitigung jeder Form von Diskriminierung der Frau, eingedenk der Resolution 42/60 vom 30. November 1987 der Generalversammlung der Vereinten Nationen, empfiehlt, dass die Vertragsstaaten

1. *effektive nationale Mechanismen, Institutionen und Verfahren auf hoher Regierungsebene und mit ausreichenden Ressourcen, Befugnissen und mit Engagement schaffen und /oder stärken, um:*
   (a) auf die Auswirkungen der Regierungspolitik auf Frauen aufmerksam zu machen;
   (b) die Situation der Frauen umfassend zu beobachten;
   (c) bei der Formulierung neuer politischer Richtlinien zu helfen und Strategien und Maßnahmen, die der Beseitigung der Diskriminierung dienen, wirksam umzusetzen.

Hierbei handelt es sich um eine konkrete Empfehlung an die Vertragsstaaten und nicht um eine Auslegung des Vertragstexts.

cc. Allgemeine Empfehlung Nr. 25

Der CEDAW-Ausschuss betont in der allgemeinen Empfehlung Nr. 25 Paragraph 14 vom 30. Januar 2004, die Wesen und Bedeutung von Art. 4 CEDAW herausarbeitet, dass die temporären Sondermaßnahmen nicht als Ausnahme vom Nichtdiskriminierungsverbot gesehen werden sollen, sondern als Mittel der Gleichstellung.

Englische Originalversion:

Nr. 6: A joint reading of articles 1-6 and 24, which from the general interpretive framework for all of the Conventions substantive articles, indicates that three obligations are central to state parties´efforts to eliminate discrimination against women. These obligations should

---

485 Übersetzung nach: Deutsches Institut für Menschenrechte, Die „General Comments" zu den VN-Menschenrechtsverträgen. Deutsche Übersetzung und Kurzeinführung, 2005, S. 431.

be implemented in an integrated fashion and extend beyond purely formal legal obligation of equal treatment of women with men.
Nr. 7 […] Thirdly, state parties' obligation is to address prevailing gender relations and the persistence of gender-based stereotypes that affect women not only through individual acts by individuals but also by law, and legal and societal structures and institutions.

Übersetzung des deutschen Instituts für Menschenrechte[486] und des bmfsfj[487]

Nr. 6: Liest man die Artikel 1 bis 5 und 24, die den allgemeinen Auslegungsrahmen für alle inhaltlichen Vorschriften des Übereinkommens darstellen, zusammen, so ergeben sich daraus drei Verpflichtungen, die von zentraler Bedeutung für die Bemühungen der Vertragsstaaten bei der Beseitigung der Diskriminierung der Frau sind. Diese Verpflichtungen sollten in integrierter Weise umgesetzt werden und über eine rein formelle rechtliche Verpflichtung zur Gleichbehandlung von Mann und Frau hinaus gehen.
Nr. 7: Erstens zählt es zu den Verpflichtungen der Vertragsstaaten sicherzustellen, dass ihre Gesetze keine unmittelbare oder mittelbare Diskriminierung der Frau enthalten und dass Frauen vor Diskriminierung (sowohl im öffentlichen als auch im privaten Kontext) durch Behörden, Gerichte, Organisationen, Unternehmen oder Privatpersonen geschützt werden. Dies sollte durch die zuständigen Gerichte, Sanktionen oder andere Mittel erfolgen. Zweitens sollten die Vertragsstaaten die De facto-Stellung der Frau durch konkrete und effektive politische Richtlinien und Programme verbessern. Drittens sollten die Vertragsstaaten die vorherrschenden Geschlechterrollen und geschlechtsbezogenen Stereotype thematisieren, von denen Frauen nicht nur durch einzelne Handlungen von Einzelpersonen betroffen sind, sondern auch durch Gesetze und rechtliche und gesellschaftliche Strukturen und Einrichtungen.

Auch in dieser Empfehlung wird im letzten Satz die Wichtigkeit von Institutionen betont und sogar als staatliche Verpflichtung bezeichnet.

Nach dem Wortlaut des Art. 4 Abs. 1 CEDAW sind die Vertragsstaaten lediglich berechtigt, nicht aber verpflichtet, zeitweilige Sondermaßnahmen zu ergreifen. Der CEDAW-Ausschuss vertritt hierzu in seiner Allgemeinen Empfehlung Nr. 25 zu Sondermaßnahmen folgende Rechtsauffassung: Sollten sich zeitweilige Sondermaßnahmen in einem bestimmten Regelungsbereich als das geeignetste Mittel zur beschleunigten Verwirklichung der de facto-Gleichberechtigung erweisen, so ist der betreffende Vertragsstaat nicht nur berechtigt, sondern auch verpflichtet, entsprechende Maßnahmen zu ergreifen.[488]

486 Übersetzung nach: Deutsches Institut für Menschenrechte, Die „General Comments" zu den VN-Menschenrechtsverträgen, 2005, S. 504–505.

487 https://www.bmfsfj.de/blob/93360/3785562d5da761399c6f17c9abcbc94f/beseitigung-diskriminie-rung- der-frau-cedaw-broschuere-data.pdf; zuletzt abgerufen am 16.08.2018.

488 *König* in *Rudolf*, Frauen und Völkerrecht, 2006, 81, 90: Dazu heißt es in der allgemeinen Empfehlung Nr. 25 (2004), Rn 24: „Artikel 4 Abs. 1 in Verbindung mit den

Nur eine solche Auslegung am Sinn und Zweck wird dem Übereinkommen gerecht, die Verwirklichung der vollen Gleichberechtigung von Mann und Frau zu erreichen.[489]

dd. Allgemeine Empfehlung Nr. 28

Welche Maßnahmen zur Erfüllung der verschiedenen Pflichten zu Achtung, Schutz und Gewährleistung geeignet sind, konkretisiert die allgemeine Empfehlung Nr. 28 in den Rn. 22 ff.[490] Sie ist insbesondere in Hinblick auf die Institutionen am konkretesten. Hierin ist aufgeführt, welche Maßnahmen die Vertragsstaaten zu ergreifen haben.

Die Allgemeine Empfehlung Nr. 28 des Ausschusses[491] *"on the core obligations of States parties under article 2 of the Convention on the Elimination of All Forms of Discrimination against Women"* regelt in Ziff. 28:

Englische Originalversion:

> *"[...] Furthermore, the policy must ensure that there are strong and focused bodies (national women's machinery) within the executive branch of the Government that will take initiatives, coordinate and oversee the preparation and implementation of legislation, policies and programmes necessary to fulfill the obligations of the State party under the Convention. These institutions should be empowered to provide advice and analysis directly to the*

Artikeln 1, 2, 3, 5 und 24 muss zusammen mit den Artikeln 6 bis 16 angewendet werden, die die Vertragsstaaten auffordern, „alle geeigneten Maßnahmen zu treffen". Folglich ist der Ausschuss der Ansicht, dass die Vertragsstaaten verpflichtet sind, zeitweilige Sondermaßnahmen in Bezug auf jeden einzelnen der genannten Artikel zu verabschieden und durchzuführen, wenn solche Maßnahmen sich als notwendig und angemessen erweisen, um die Erreichung eines allgemeinen oder spezifischen Ziels im Hinblick auf die De-facto- oder substanzielle Gleichstellung der Frau zu beschleunigen." (Übersetzung vom bmfsj abrufbar unter: https://www.bmfsfj.de/blob/93360/3785562d5da761399c6f17c9abcbc94f/beseitigung-diskriminierung-der-frau-cedaw-broschuere-data.pdf; zuletzt abgerufen am 14.08.2018.

489 Art. 2 lit. a spricht von der *„tatsächlichen Verwirklichung dieses Grundsatzes"*, Art. 3 von *„Maßnahmen zur Sicherung der vollen Entfaltung und Förderung der Frau"* und Art. 24 verpflichtet die Vertragsstaaten, *„alle Maßnahmen zu treffen, die auf nationaler Ebene zur vollen Verwirklichung der in diesem Übereinkommen anerkannten Rechte erforderlich sind."*; so auch: König in Rudolf (Hrsg.), Frauen und Völkerrecht, 2006, 81, 90.

490 *Schläppi/Künzli/Sturm* in *Schläppi/Ulrich/Wyttenbach*, CEDAW, Art. 2 Rn. 32 und 35.

491 General recommendation Nr. 28 on the core obligations of States parties under article 2 of the Convention on the Elimination of All Forms of Discrimination against Women; CEDAW/C/GC/28.

highest levels of Government. The policy should also ensure that independent monitoring institutions, such as national human rights institutes or independent women's commissions, are established or that existing national institutes receive a mandate to promote and protect the rights guaranteed under the Convention. [....]"

Eigene Übersetzung:

"[...] Darüber hinaus muss die Politik sicherstellen, dass es innerhalb der Exekutive der Regierung starke und zielgerichtete Einrichtungen gibt (nationale Frauenmaschinerie), die Initiativen ergreifen, die Vorbereitung und Umsetzung von Rechtsvorschriften, Politiken und Programme zur Erfüllung der Verpflichtungen des Vertragsstaats nach dem Übereinkommen koordinieren und beaufsichtigen. Diese Institutionen sollten ermächtigt werden, die höchsten Regierungsebenen direkt zu beraten und zu analysieren. Die Politik sollte auch sicherstellen, dass unabhängige Kontrollinstitutionen wie nationale Menschenrechtsinstitute oder unabhängige Frauenausschüsse eingerichtet werden oder dass bestehende nationale Institute ein Mandat erhalten, um die durch das Übereinkommen garantierten Rechte zu fördern und zu schützen. [...] "

Mit dieser Empfehlung statuiert der CEDAW-Ausschuss eine Pflicht der Vertragsstaaten dadurch, dass die zeitweiligen Sondermaßnahmen nach Art. 4 CEDAW auch Institutionen beinhalten müssen.

c. *Abschließende Bemerkungen des CEDAW-Ausschusses für Deutschland*

In den abschließenden Bemerkungen wertet der Ausschuss zur Beseitigung der Diskriminierung der Frau die jeweiligen Staatenberichte und arbeitet als Ergebnis dieses konstruktiven Dialogs abschließende Bemerkungen für die einzelnen Vertragsstaaten aus.

Der Ausschuss zur Beseitigung der Diskriminierung der Frau stellte in der dreiundvierzigsten Sitzung vom 19. Januar bis 6. Februar 2009 in seinen abschließenden Bemerkungen hinsichtlich des sechsten periodischen Berichts Deutschlands (CEDAW/C/DEU/6) auf seiner 881. und 882. Sitzung am 2. Februar 2009 (siehe CEDAW/C/SR.881 und 882)[492] unter Nr. 12 fest, dass die deutsche Bundesregierung die Hauptverantwortung für die vollständige Umsetzung der Verpflichtungen des Vertragsstaates im Rahmen des Übereinkommens trägt. Der Ausschuss betont jedoch, dass das Übereinkommen für alle Regierungsbereiche, alle Länder und Gemeinden verbindlich ist, und fordert den Vertragsstaat auf, die Bundes-, Länder- und Kommunalparlamente dazu zu ermutigen, im Rahmen ihrer Verfahrensweisen, wo immer es möglich ist, die nötigen Maßnahmen

492 Die Liste der Themen und Fragen des Ausschusses ist in Dokument CEDAW/C/DEU/Q/6 enthalten, während sich die Antworten der deutschen Regierung in Dokument CEDAW/C/DEU/Q/6/Add.1 finden.

im Hinblick auf die Umsetzung der vorliegenden abschließenden Bemerkungen und die Erstellung des nächsten Berichts des Vertragsstaates gemäß den Bestimmungen des Übereinkommens zu ergreifen.

In Ziff. 15. stellt der Ausschuss klar, dass er sich der Komplexität der bestehenden Bundes-, Länder- und kommunalen Strukturen zur Frauenförderung in dem Vertragsstaat bewusst ist, er unterstreicht jedoch die Tatsache, dass die Bundesregierung für die Sicherstellung der Umsetzung des Übereinkommens auf allen Ebenen und in diesem Zusammenhang für ihre führende Rolle gegenüber den Länder- und Kommunalregierungen verantwortlich ist. Der Ausschuss stellt fest, dass die Zuständigkeit für die Umsetzung der auf Bundesebene beschlossenen Maßnahmen häufig bei den Ländern liegt, und bedauert den Mangel an Informationen über eine effektive Umsetzung der von den Ländern ergriffenen Maßnahmen im Bericht des Vertragsstaates.

In Ziff. 19. der abschließenden Bemerkungen zum sechsten periodischen Bericht Deutschlands geht der Ausschuss auf die Antidiskriminierungsstelle des Bundes ein: Er stellt mit Zufriedenheit die Einrichtung einer Antidiskriminierungsstelle (ADS) des Bundes im Jahre 2006 fest, die für die Umsetzung des Allgemeinen Gleichbehandlungsgesetzes von 2006 verantwortlich ist und den Auftrag hat, die Menschen bei der Durchsetzung ihres Rechts auf Gleichbehandlung zu unterstützen. Zwar begrüßt der Ausschuss die Tatsache, dass die Antidiskriminierungsstelle eine Rechtsberatung anbieten und bei vermuteten Fällen von Diskriminierung Informationen von privaten und staatlichen Akteuren einholen kann, andererseits bedauert er jedoch, dass die Anti-diskriminierungsstelle nicht berechtigt ist, bei Diskriminierungsfällen Klagen einzureichen, und dass sie weder die Befugnis zur Durchführung weiterer Untersuchungen noch die Möglichkeit zur Ergreifung von Sanktionen hat, wenn ihr notwendige Informationen vorenthalten werden. Darüber hinaus bringt der Ausschuss seine Bedenken hinsichtlich der knappen personellen und finanziellen Ausstattung der ADS zum Ausdruck. Der Ausschuss stellt mit Besorgnis fest, dass das Ernennungsverfahren, nach dem das Bundesministerium für Familie, Senioren, Frauen und Jugend den Leiter/die Leiterin der Antidiskriminierungsstelle für die Amtszeit ernennt, die an die Legislaturperiode des Parlaments (des Bundestags) gekoppelt ist, Einfluss auf dessen/deren Unabhängigkeit haben kann. Unter Ziff. 20 fordert der Ausschuss den Vertragsstaat auf, die Antidiskriminierungsstelle des Bundes mit ausreichend personellen und finanziellen Ressourcen auszustatten, damit sie ihren Auftrag zur Förderung der Gleichbehandlung, einschließlich der Gleichstellung der Geschlechter, wirksam erfüllen kann. Er empfiehlt dem Vertragsstaat, eine Erweiterung des Mandats der Antidiskriminierungsstelle in Betracht zu ziehen und sie mit zusätzlichen Untersuchungs- und Sanktionsbefugnissen auszustatten. Um die Unabhängigkeit und Transparenz der Antidiskriminierungsstelle zu erhöhen, spricht der Ausschuss die Empfehlung aus, dass der Vertragsstaat ein anderes Verfahren zur Ernennung des Leiters/der Leiterin der Antidiskriminierungsstelle, beispielsweise durch den Bundestag oder den Bundespräsidenten, in Erwägung zieht und dass die Amtszeit auf eine bestimmte Anzahl von Jahren festgelegt wird.

In seinen abschließenden Bemerkungen zum Kombinierten Siebten und Achten Periodischen Staatenbericht Deutschlands behandelt der Ausschuss den kombinierten siebten und achten periodischen Staatenbericht Deutschlands[493] in seiner 1482. und 1483. Sitzung am 21. Februar 2017.[494] Unter Nr. 18 Lit d. wiederholt der Ausschuss seine früheren Empfehlungen und empfiehlt erneut, dass der Vertragsstaat das Mandat der Antidiskriminierungsstelle des Bundes stärkt und sie mit den notwendigen Befugnissen versieht, um selbst Klagen vor Gericht einzureichen, Ermittlungen einzuleiten und Sanktionen zu verhängen, sicherstellt, dass sie mit angemessenen personellen, technischen und finanziellen Ressourcen ausgestattet wird, um ihr Mandat wirksam ausfüllen zu können, und dass er in allen Bundesländern unabhängige Antidiskriminierungsstellen einrichtet und erhält.

Zum einen befasst sich der Ausschuss also mit der rechtlichen Ausgestaltung der Antidiskriminierungsstelle des Bundes, die er für verbesserungswürdig hält. Zum anderen fordert er wiederholt, Einrichtungen auf allen Ebenen und nicht nur auf Bundesebene zu schaffen.[495]

2. Pariser Prinzipien

1993 verabschiedete die Generalversammlung der Vereinten Nationen die sogenannten **„Pariser Prinzipien“.** Diese enthielten unter anderem Grundprinzipien zur Unabhängigkeit spezialisierter Stellen, die 1991 auf der ersten internationalen Tagung der nationalen Institutionen zur Förderung und zum Schutz von Menschenrechten festgelegt worden waren.[496] Resolutionen der

---

493 CEDAW/C/DEU/7 – 8: veröffentlicht als Bundestagsdrucksache 18/5100.

494 siehe CEDAW/SR/1482 und 1483; die “List of Issues” mitsamt Fragen des Ausschusses ist im Dokument CEDAW/C/DEU/Q/7-8 enthalten, und die Antworten Deutschlands dazu finden sich im Dokument CEDAW/C/DEU/Q/7-8/Add.1.

495 Ob Deutschland in allen Bundesländern dieser Forderung nachkommt, kann in dieser Arbeit nicht überprüft werden.

496 *Aichele*, Die nationale Menschenrechtsinstitution, S. 4ff., abrufbar unter: https://www.institut-fuermenschenrechte.de/uploads/tx_commerce/die_nationale_menschenrechtsinstitution_2_auflage.pdf, zuletzt abgerufen am 25.08.2018.

Generalversammlung der Vereinten Nationen sind Beschlüsse, die Ergebnisse der Generalversammlung schriftlich festhalten. Sie legen etwa Richtlinien fest oder sprechen Empfehlungen aus. Sie haben jedoch keinen rechtsverbindlichen Inhalt.

Der Europarat bestätigte 1995[497] den zu der UN-Convention on the Elimination of All Forms of Discrimination Against Women (CEDAW) entwickelten Ansatz, nationale Einrichtungen vorzusehen.[498] Die beim Europarat eingerichtete europäische Kommission gegen Rassismus und Intoleranz (ECRI) verabschiedete 1997 die „Allgemeine politische Empfehlung" Nr. 2.[499] Diese Empfehlung knüpft an die Pariser Erklärung an.

Eine Auswertung sowohl *Hühns*[500] als auch *Laskowskis*[501] dieser Empfehlung sowie der ihr zugrundeliegenden sog. *„Pariser Prinzipien"* ergibt, dass Unabhängigkeit spezialisierter Stellen durch folgende drei Säulen gewährleistet wird:

- die Sicherung unabhängigen Handelns (institutioneller Aspekt) durch ein unabhängiges Mandat und eine unabhängige Rechtspersönlichkeit der Stelle,
- die Fähigkeit zu unabhängigem Handeln bzw. Handlungsfähigkeit (funktioneller Aspekt) und
- die Unabhängigkeit im Sinne von Neutralität.

3. Zusammenfassung

Zu dem Umfang der Pflichten der Vertragsstaaten lässt sich also festhalten, dass sie nicht nur für die effektive Anwendung der Diskriminierungsverbote sowohl im öffentlichen als auch im privaten Bereich Sorge zu tragen haben, sie haben darüber hinaus auch die Pflicht, einen effektiven Rechtsschutz gegen Diskriminierung vorzuhalten. Darüber hinaus sind sie verpflichtet, die de facto-Gleichberechtigung zwischen Männern und Frauen zu beschleunigen. Hierzu können sie insbesondere zeitweilige Sondermaßnahmen zur Förderung von Frauen ergreifen. Ferner sind die Vertragsstaaten verpflichtet, alles zu tun, um stereotype Verhaltensmuster und Rollenmuster abzubauen. Das sind zwar weitreichende

---

497 In der Empfehlung 1269 (1995), Beschluss der Versammlung vom 27.04.1995.

498 Dazu auch *Testolin*, Handbook on the national machinery to promote gender and action plans, 2001, S. 9; abrufbar unter: http://www1.uneca.org/Portals/ngm/CrossArticle/1/Documents/national_machinery.pdf, zuletzt abgerufen am 16.07.2018.

499 European Commission against Racism and Intolerance, CRI (97) 36; Kapitel D, Prinzip 5.

500 *Hühn* in *Rudolf/Mahlmann*, Gleichbehandlungsrecht, 2007, § 9, Rn. 11.

501 *Laskowski* in: *Schiek*, AGG, Vorbem. zu §§ 25 ff. Rn. 13.

Handlungsanforderungen. In Hinblick auf die Institutionalisierung lässt sich der CEDAW allerdings unmittelbar und konkret nichts entnehmen.

Die allgemeinen Empfehlungen Nr. 5, Nr. 25 und Nr. 28 bestimmen, was sich der CEDAW-Ausschuss unter positiven Maßnahmen vorstellt und legen fest, was sich der CEDAW-Ausschuss unter den Institutionen vorstellt.

Hiernach sollen sie:

- mit ausreichenden Ressourcen, Befugnissen und mit Engagement ausgestattet sein (Allgemeine Empfehlung Nr. 5)
- Geschlechterrollen und Geschlechterstereotype thematisieren (Allgemeine Empfehlung Nr. 25 Ziff.7)
- unabhängig sein (Art. 28 Ziff. 28).

Die „Pariser Prinzipien" legen hinsichtlich der Unabhängigkeit fest, dass Unabhängigkeit sowohl funktionelle, also auch institutionelle, Aspekte umfasst und Neutralität erfordert.

Zu den Aufgaben der Institution soll es gehören:

- auf die Auswirkungen der Regierungspolitik auf Frauen aufmerksam zu machen (Allgemeine Empfehlung Nr. 5);
- die Situation der Frauen umfassend zu beobachten (Allgemeine Empfehlung Nr. 5);
- bei der Formulierung neuer politischer Richtlinien zu helfen und Strategien und Maßnahmen, die der Beseitigung der Diskriminierung dienen, wirksam umzusetzen (Allgemeine Empfehlung Nr. 5);
- auf höchster Regierungsebene direkt zu beraten und zu analysieren (Allgemeine Empfehlung Nr. 28);
- die durch das Übereinkommen garantierten Rechte zu fördern und zu schützen (Allgemeine Empfehlung Nr. 28);
- die Vorbereitung und Umsetzung von Rechtsvorschriften, Politiken und Programmen zur Erfüllung der Verpflichtungen des Vertragsstaats nach dem Übereinkommen zu koordinieren und zu beaufsichtigen (Allgemeine Empfehlung Nr. 28).

Zusammenfassend kann also festgehalten werden, dass die Institutionen die Situation von Frauen analysieren sollen und auf die Situation der Frauen aufmerksam machen sollen. Sie sollen die Vertragsstaaten überwachen und unterstützen.

Zwar handelt es sich hierbei um konkrete Aufgaben, deren Wahrnehmung aber so abstrakt beschrieben sein muss, da die Voraussetzungen in den Vertragsstaaten so unterschiedlich sind. Außerdem lässt sich dem Vertragstext unmittelbar keine Verpflichtung zu konkreten Institutionen entnehmen. Die allgemeinen Empfehlungen haben allerdings Soft-Law-Qualität, können also zur Auslegung des Vertragstextes herangezogen werden, ebenso wie zur völkerrechtsfreundlichen Auslegung des nationalen Rechts. Selbiges gilt für das in den Pariser Prinzipien konkretisierte Unabhängigkeitskriterium.

II. Unionsrechtliche Handlungsanforderungen

Die unionsrechtlichen Vorgaben lassen sich in drei Abschnitte untergliedern: Zunächst ist zu klären, was die Zielvorgaben von EUV und AEUV in Hinblick auf Gleichstellung sind. Die Ziele sind in den Querschnittsklauseln und Zielvorgaben in EUV und AEUV, vergleichbar etwa mit Staatszielbestimmungen geregelt. Sie werden unter 1. behandelt. Damit die Union überhaupt zur Erfüllung dieser Ziele tätig werden darf, benötigt sie die entsprechende Kompetenz. Diese wird ihr in den entsprechenden Kompetenznormen zu teil, die unter 2. vorgestellt werden. Sobald die Union im Rahmen ihrer Kompetenz tätig geworden ist und etwa entsprechende Richtlinien erlassen hat, sind die Mitgliedstaaten in der Pflicht, diese umzusetzen. Verordnungen finden in den Mitgliedstaaten ohnehin unmittelbar Anwendung. Das entsprechende Sekundärrecht und die daraus resultierenden Pflichten der Mitgliedstaaten werden unter 3. untersucht. Außerdem ist zu prüfen, welche Handlungsanforderungen sich aus dem Sicherstellungsgebot aus Art. 23 GRC ergeben.

In diesem Teil soll also das Unionsrecht in Hinblick auf die Handlungsanforderungen hinsichtlich einer Institutionalisierung von Gleichstellungspolitik, die sich die Union in Verträgen selbst auferlegt einerseits, und auf die Handlungsanforderungen, die sie den Mitgliedstaaten auferlegt andererseits untersucht werden. In Hinblick auf die Handlungsanforderungen an die Mitgliedstaaten ist die Vorgabe von Art. 20 der Richtlinie 2006/54/EG besonders in den Blick zu nehmen, da hier den Mitgliedstaaten eine ganz konkrete Pflicht zur Schaffung einer Institution auferlegt wird.

1. Querschnittsklauseln/Zielvorgaben aus EUV und AEUV

Querschnittsklauseln sind in ihrer Funktion und in ihrer Qualität mit den Staatszielbestimmungen des nationalen Rechts zu vergleichen und korrespondieren mit den Unionszielen.[502] Obwohl sie keine Kompetenzbegründung enthalten, sind sie kein *„systematischer Fremdkörper“* im ersten Teil des AEUV,

502 *Kotzur* in *Geiger/Khan/ders.*, Art. 8 AEUV Rn. 1.

da sie Zielvorgabe für eine bestimmte Art und Weise der Kompetenzerfüllung sind.[503] Die Zielbestimmungen aus Art. 3 EUV werden durch die allgemein geltenden Bestimmungen der Art. 7–17 AEUV konkretisiert und vervollständigt. Diese Querschnittsaufgaben sind bei allen Tätigkeiten der Union zu berücksichtigen.[504] Zu diesen sind auch die in Art. 2 und 3 EUV geregelten grundlegenden Werte und Ziele der Union zu zählen.

a. Art. 2 und 3 EUV

Art. 3 EUV stellt als oberste Ebene der Zielvorgaben den systematischen Bezug zu der Werteklausel des Art. 2 EUV her.[505]

Art. 2 EUV ist eine Weiterentwicklung von Art. 6 Abs. 1 EUV a.F. und beinhaltet zum einen eine Aufzählung der Werte (S. 1) und zum anderen eine Definition der Eigenschaften der Gesellschaft, in der diese anerkannt werden (S. 2).[506] Diese gemeinsamen Werte von Union und Mitgliedstaaten müssen gleichermaßen durch Union und Mitgliedstaaten respektiert werden.[507] Es handelt es sich jedoch keineswegs um bloße Programmsätze[508], sondern vielmehr um rechtlich verbindliche Zielvorstellungen[509], die *„mit den Staatszielbestimmungen nationalstaatlicher Verfassungen aufs engste verwandt"*sind.[510] Subjektive Rechte lassen sich hieraus allerdings ebenso wenig herleiten, wie sie kompetenzbegründend sind.[511] Art. 2 i.V.m. Art. 3 Abs. 3 EUV enthalten aber für alle EU-Organe einen verbindlichen Handlungsauftrag, im Rahmen ihrer jeweiligen Zuständigkeit

---

503 *Kotzur* in *Geiger/Khan/ders.*, Art. 8 AEUV Rn. 1; Ähnlich *Rossi* in *Callies/Ruffert*, Art. 8 AEUV Rn. 3.

504 *Jacqué* in *von der Groeben/Schwarze/Hatje*, Art. 3 EUV Rn. 1; *Becker* in *Schwarze*, Art. 3 EUV Rn. 2.

505 *Pechstein* in *Streinz*, Art. 3 Rn. 1.

506 *Jacqué* in *von der Groeben/Schwarze/Hatje*, Art. 2 EUV Rn. 1, 2; *Bitterlich* in *Lenz/Borchardt*, Art. 2 Rn. 1 EUV.

507 *Jacqué* in *von der Groeben/Schwarze/Hatje*, Art. 2 EUV Rn. 2.

508 *Jacqué* in *von der Groeben/Schwarze/Hatje*, Art. 2 EUV Rn. 18; *Calliess* in *ders./Ruffert*, Art. 3 EUV, Rn. 5; *Streinz* in *ders.*, Art. 3 EUV Rn. 3.

509 *Terhechte* in *Grabitz/Hilf/Nettesheim*, Art. 3 EUV Rn. 12; ähnlich: *Pechstein*, in *Heintschel/Heinegg*, Art. 2 Rn. 2.

510 *Ruffert* in *Calliess/ders.* Art. 3 EUV Rn. 2: („allein die fehlende Staatsqualität der Union unterscheidet die Vorschrift von entsprechenden Bestimmungen in Staatsverfassungen").

511 *Ruffert* in *Calliess/ders.*, Art. 3 EUV Rn. 5 (allenfalls sei nach *Ruffert* eine gerichtliche Feststellung evidenter Zielverfehlung denkbar); ebenso *Terhechte* in *Grabitz/Hilf/Nettesheim*, Art. 3 EUV Rn. 28; *Dieball*, EuR 2000, 274, 277.

die tatsächliche Gleichstellung von Frauen und Männern zu fördern.[512] Sie sind bei der Anwendung und Auslegung aller anderen Vertragsnormen und bei der Ermessensausübung von Unionsorganen im Rahmen der Handlungskompetenz zu berücksichtigen.[513] Die Ziele sind also eine *„bedeutende Ausrichtungsvorgabe für unionales Handeln"*.[514] Darüber hinaus ist die Achtung der Werte Voraussetzung für den Beitritt zur Union (Art. 21 EUV). Außerdem kann die Nichtbeachtung zu den in Art. 7 Abs. 3 EUV vorgesehenen Sanktionen führen. *Christian Calliess*[515] bezeichnet die gemeinsamen europäischen Werte daher treffend als *„Wertefundament"* und *„Geschäftsgrundlage"* der Mitgliedschaft in der EU.

b. Art. 8 AEUV[516]

Art. 8 AEUV überträgt das oben thematisierte Ziel der Gleichstellung von Männern und Frauen aus Art. 3 Abs. 3 Uabs. 2 EUV in den politisch-operativen Teil der Verträge.[517]

In der Diskussion um die Aufnahme von ex. Art. 3 EGV in den Vertrag auf der Regierungskonferenz 1996 fand der Vorschlag, die Geschlechtergleichbehandlung auch auf politische, soziale, kulturelle und ökonomische Aspekte zu beziehen und die Gleichstellungspolitik mit einem neuen Titel in dem Vertrag zu ergänzen, keine Mehrheit.[518]

Ex. Art. 3 Abs. 2 EGV regelte, dass die Gemeinschaft, bei allen *„in diesem Artikel genannten Tätigkeiten"* darauf hinwirkt, Ungleichheiten zu beseitigen und die Gleichstellung von Männern und Frauen zu fördern. Das bedeutete, dass sich die Klausel nur auf die in Abs. 1 genannten Tätigkeiten erstreckte.[519]

---

512 *Mückenberger/Spangenberg/Warncke*, Familienförderung und Gendermainstreaming im Steuerrecht, 2007, S. 53.

513 *Graue*, Der deutsche und europäische öffentliche Dienst zwischen rechtlicher und faktischer Gleichberechtigung der Geschlechter, 2001, S. 189 ff.; *Dieball*, EuR 2000, 274, 277; *Schmidt am Busch*, BayVBl. 2000, 737, 738; *Geiger*, in ders./Khan/Korzus, Art. 3 Rn. 15; *Calliess* in *ders./Ruffert*, EUV/AEUV Art. 2 Rn. 8 m.w.N.

514 *Pechstein* in *Streinz*, Art. 3 Rn. 3.

515 *Calliess* in *ders./Ruffert*, EUV/AEUV, Art. 2 Rn. 32; *Calliess* JZ 2004, 1033, 1036, 1040.

516 Bei allen ihren Tätigkeiten wirkt die Union darauf hin, Ungleichheiten zu beseitigen und die Gleichstellung von Mann und Frau zu fördern.

517 *Schorkopf* in *Grabitz/Hilf/Nettersheim*, Art. 8 AEUV Rn. 5.

518 *Rust* in *von der Groeben/Schwarze/Hatje*, Art. 8 AEUV Rn. 4; CONF 3928/96 v. 25.09.1996 und CONF 384/97 v. 13.03.1997.

519 *Rust* in *von der Greoben/Schwarze/Hatje*, Art. 8 AEUV Rn. 10.

Den äußeren Rahmen der Zuständigkeit bilden die Aufgabenbereiche. Zu beachten ist, dass die Union aber, um Handeln zu dürfen, eine entsprechende Kompetenz auf Basis jeweils einer speziellen Kompetenznorm haben muss.[520] Als Beispiel sei hier auf die in Hinblick auf das Gleichstellungsrecht dargestellten Kompetenznormen verwiesen.[521]

Nach Art. 3 Abs. 1 AEUV hat die Union die ausschließliche Zuständigkeit in folgenden Bereichen: a) Zollunion, b) Festlegung der für das Funktionieren des Binnenmarkts erforderlichen Wettbewerbsregeln, c) Währungspolitik für die Mitgliedstaaten, deren Währung der Euro ist, d) Erhaltung der biologischen Meeresschätze im Rahmen der gemeinsamen Fischereipolitik, e) gemeinsame Handelspolitik. In diesen Bereichen kann nur die Union gesetzgeberisch tätig werden und verbindliche Rechtsakte erlassen. Die Mitgliedstaaten dürfen in einem solchen Fall nur tätig werden, wenn sie von der Union hierzu ermächtigt werden, oder um Rechtsakte der Union durchzuführen (Art. 2 Abs. 1 AEUV).

Nach Art. 4 Abs. 2 AEUV hat die von der Union mit den Mitgliedstaaten geteilte Zuständigkeit folgende Hauptbereiche: a) Binnenmarkt; b) Sozialpolitik hinsichtlich der im Vertrag genannten Aspekte, c) wirtschaftlicher, sozialer und territorialer Zusammenhalt, d) Landwirtschaft und Fischerei, ausgenommen die Erhaltung der biologischen Meeresschätze, e) Umwelt, f) Verbraucherschutz, g) Verkehr, h) transeuropäische Netze, i) Energie, j) Raum der Freiheit, der Sicherheit und des Rechts, k) gemeinsame Sicherheitsanliegen im Bereich der öffentlichen Gesundheit hinsichtlich der im Vertrag genannten Aspekte. Das heißt, die Union und die Mitgliedstaaten können in diesem Bereich gesetzgeberisch tätig werden und verbindliche Rechtsakte erlassen. Die Mitgliedstaaten nehmen ihre Zuständigkeit wahr, sofern und soweit die Union ihre Zuständigkeit nicht ausgeübt hat (Art. 2 Abs. 2 AEUV).

Der jetzige Art. 8 AEUV entspricht insgesamt Art. III-116 des gescheiterten EVV. Art. 8 AEUV verwendet allerdings nicht mehr, wie im Verfassungsvertrag, den Begriff „*Maßnahmen*", sondern „*Tätigkeit*" (im Englischen „*activities*" oder im Französischen „*les actions*").[522] Diese sprachliche Änderung ist allerdings wohl auf eine Übersetzungsungenauigkeit zurückzuführen und ohne inhaltliche Bedeutung.[523] Im Unterschied zu Art. 3 Abs. 2 EGV hat Art. 8 AEUV nunmehr

---

520 Art. 8 AEUV stellt selbst keine Kompetenznorm dar und es lassen sich keine subjektiven Rehcte daraus herleiten: *Kocher* in *Pechtstein/Nowak/Häde*, Art. 8 AEUV Rn. 19.

521 Siehe S. 116 ff.

522 *Rust* in *von der Greoben/Schwarze/Hartje*, Art. 8 AEUV Rn. 8.

523 *Rust* in *von der Groeben/Schwarze/Hatje*, Art. 8 AEUV Rn. 8; *Schorkopf* in *Grabitz/Hilf/Nettesheim*, Art. 8 AEUV, Rn. 4.

das Ziel, jedes Handeln („*bei* ***allen*** *ihren Tätigkeiten*“[524]) der Union auf der Grundlage des AEUV dergestalt zu formen, dass sich gesellschaftliche Unterschiede zwischen Männern und Frauen letztendlich ausgleichen.[525] Es handelt sich somit um eine Erweiterung des Anwendungsbereichs des Gleichstellungsgebots inkl. Förderpflicht von einem „*sektoralen Auftrag*“ hin zu einer „*echten*“ Querschnittsklausel. Die Querschnittsklausel findet also Anwendung auf alle Tätigkeiten der Union - unabhängig von ihrer Rechtsverbindlichkeit -[526], und damit auch auf solche Politiken und Maßnahmen, die auf Grundlage des EUV erlassen werden.[527] Dies ergibt sich auch aus der Entstehungsgeschichte, der Systematik (Die Norm ist eingeordnet unter der Überschrift „*Titel II. Allgemein geltende Bestimmungen*“.) und dem Wortlaut (Art. 8 AEUV spricht von der „*Union*“ in ihrer Gesamtheit als Adressatin.) der Norm.[528]

Eine nähere Konkretisierung der Anforderung des „Hinwirkens“ ermöglicht ein Vergleich der Handlungspflichten in den Querschnittsklauseln, die unter Titel II des ersten Teils des AEUV enthalten sind (Art. 7–13 AEUV). Diese sehen ein gestuftes Maß an Verbindlichkeit vor. Eine zwingende, ergebnisbezogene Pflicht *(„müssen“)* schreibt die Querschnittsklausel Umweltschutz (Art. 11 AEUV) vor. Der geringste Verpflichtungsgrad, der mit „*Rechnung tragen*“ umschrieben ist, ist in den Querschnittsklauseln Sozialer Schutz, Verbraucherschutz, Tierschutz (Art. 9, 12 und 13 AEUV) vorgesehen. „*Rechnung tragen*“ beschreibt einen Handlungsauftrag, der ausschließlich auf den Willensprozess bezogen ist und gerade kein bestimmtes Ergebnis vorschreibt. Die auf das Verfahren bezogenen Verben „*achtet*“ (Art. 7 AEUV, Kohärenzprinzip) und „*wirkt darauf hin*“(Art. 8 AEUV), geben wiederum einen bestimmten Zustand als Ergebnis vor.[529] „*Darauf hinwirken*“ verpflichtet somit zu einem „*Prozess der allmählichen Annäherung an diesen regulatorischen Idealzustand*“.[530]

Art. 8 AEUV betont ferner die Rechtmäßigkeit positiver Maßnahmen, also politischer und rechtlicher Maßnahmen, die Frauen gegenüber Männern in Gesellschaftsbereichen gezielt bevorzugen, in denen sie nicht in dem Maß wie Männer vertreten sind.[531] Hierunter kann man sich etwa spezifische

524 Hervorhebung durch Verfasserin.
525 *Schorkopf* in *Grabitz/Hilf/Nettersheim*, Art. 8 AEUV, Rn. 2.
526 *Rust* in *von der Groeben/Schwarze/Hatje*, Art. 8 Rn. 23.
527 *Coen* in *Lenz/ Borchardt*, Art. 8 AEUV Rn. 1.
528 Siehe hierzu auch *Schorkopf* in *Grabitz/Hilf/Nettersheim*, Art. 8 AEUV Rn. 20.
529 Unterteilung nach *Schorkopf* in *Grabitz/Hilf/Nettersheim*, Art. 8 AEUV Rn. 5.
530 *Schorkopf* in *Grabitz/Hilf/Nettersheim*, Art. 8 AEUV Rn. 24.
531 *Schorkopf* in *Grabitz/Hilf/Nettesheim*, Art. 8 AEUV Rn. 4.

Vergünstigungen, gegenwärtige gezielte Ungleichbehandlung aufgrund des Geschlechts mit dem Ziel, zurückliegende Diskriminierungen zu kompensieren, vorstellen. Dies wird durch das Argument der effektiven Gewährleistung der vollen Gleichstellung von Männern und Frauen gerechtfertigt.[532]

Außerdem begründet Art. 8 AEUV aber auch eine Befassungs- und Begründungspflicht.[533] Die Rechtmäßigkeit einer Tätigkeit der Union im Sinne von Art. 8 AEUV beurteilt sich letzten Endes anhand der Begründung, also der Erwägungsgründe regulatorischen Handelns.[534] Es handelt sich bei Art. 8 AEUV mithin um ein politisches Handlungsgebot gegenüber den Unionsorganen.[535] Es besteht aber ein weiter Handlungsspielraum der Organe.[536] Art. 8 AEUV beschränkt sich auf die Pflicht, die Gleichstellung von Männern und Frauen überhaupt zu berücksichtigen.[537] Daher ist die äußere Grenze zu bestimmen, wann Nichthandeln zur Verletzung von Art. 8 AEUV führt. Nach *Rust*[538] ist diese überschritten, wenn im Vorfeld die dann im Ergebnis nachteiligen Folgen nicht einmal betrachtet worden sind. Außerdem ist zumindest dann eine Verletzung des Gebots aus Art. 8 AEUV anzunehmen, wenn die Unionsorgane bei der Wahrnehmung ihrer Aufgaben gar nicht mehr auf die Gleichstellung hinwirken.[539]

Von der rechtspolitischen Zielsetzung ist auch ein Verschlechterungsverbot gegenüber dem Stand des Inkrafttretens des Vertrages von Amsterdam bzw. Lissabon gedeckt. Es ist nur fraglich, wie der Status der Gleichstellung messbar sein soll, und damit also, wie der Nachweis der Verschlechterung der Gleichstellungssituation durch eine konkrete Maßnahme geführt werden könnte.[540]

Das sog. *„objektive Gleichstellungsgebot"* aus Art. 8 AEUV, aus dem keine unmittelbaren subjektiven Rechte (weder ein Recht auf Gleichstellung als solches, noch ein Recht auf Tätigwerden im Sinne einer Beseitigungs- oder

532 *Schorkopf* in *Grabitz/Hilf/Nettesheim*, Art. 8 AEUV Rn. 28.
533 *Schorkopf* in *Grabitz/Hilf/Nettesheim*, Art. 8 AEUV Rn. 27.
534 *Schorkopf* in *Grabitz/Hilf/Nettesheim*, Art. 8 AEUV Rn. 26.
535 *Schorkopf* in *Grabitz/Hilf/Nettesheim*, Art. 8 AEUV Rn. 5.
536 *Kotzur* in *Geiger/Khan/ders.*, Art. 8 AEUV Rn. 1; *Rossi* in *Calliess/Ruffert*, Art. 8 AEUV Rn. 5.
537 *Rossi* in *Calliess/Ruffert* Art. 8 AEUV Rn. 5.
538 *Rust* in *von der Groeben/Schwarze/Hatje*, Art. 8 Rn. 23; *Schorkopf* in *Grabitz/ Hilf/ Nettesheim*, Art. 8 AEUV Rn. 30.
539 *Rossi* in *Calliess/Ruffert*, Art. 8 AEUV Rn. 5.
540 *Rossi* in *Calliess/Ruffert*, Art. 8 AEUV Rn. 5.

Förderpflicht)[541] hergeleitet werden können, wird ergänzt durch das „*Sicherstellungsgebot*“ aus Art. 23 Abs. 1 GRC und Art. 157 AEUV, aus denen hingegen subjektive Rechte hergeleitet werden können.[542]

Art. 19 AEUV (entsprechende Kompetenzzuweisung an den Rat außerhalb des Beschäftigungsbereichs), Art. 151 und Art. 157 AEUV (in Hinblick auf Arbeits- und Beschäftigungsfragen) sind die hierzu korrespondierenden Kompetenzvorschriften.[543]

c. *Art. 10 AEUV*

Während Art. 8 AEUV ausschließlich bezogen auf Männer und Frauen die Beseitigung von Ungleichheiten und die Förderung der Gleichstellung fokussiert, stellt Art. 10 AEUV eine Art „*Diskriminierungsbekämpfungsgebot*“, bezogen auf die Diskriminierungsmerkmale Geschlecht, Rasse ethnische Herkunft, Religion, Weltanschauung, Behinderung, Alter und sexuelle Ausrichtung auf.

Auch Art. 10 AEUV überträgt das gezielt aus Art. 3 Abs. 2 Uabs. 2 EUV in den politisch operativen Teil der Verträge und konkretisiert damit die Werteklausel des Art. 2 EUV, indem die wertenden Merkmale „*Gerechtigkeit*“ und „*Nichtdiskriminierung*“ um ein rechtlich bindendes, gleichwohl aber politisches Handlungsgebot gegenüber den Unionsorganen ergänzt werden.[544] Die Bekämpfung der Diskriminierung ist damit horizontal als Querschnittsaufgabe der Union verankert.[545] Art. 10 AEUV entspricht wortgleich Art. III-118 VVE und ist durch den Vertrag von Lissabon erstmals in das Unionsrecht aufgenommen worden.[546]

Art. 10 AEUV richtet seinen Handlungsauftrag an die Union,[547] also ihre Organe und Institutionen. Jedes Organ hat das Gebot im Rahmen seiner Aufgaben und Zuständigkeiten zu verfolgen, indem es bei der Planung und

541 *Rossi* in *Calliess/Ruffert*, Art. 8 AEUV, Rn. 6; *Frenz*, Handbuch Europarecht, Bd. 4, 2009, Rn. 3363; *Kotzur* in *Geiger/Khan/ders.*, Art. 8 Rn. 1.

542 *Coen* in *Lenz/Borchardt*, Art. 8 AEUV Rn. 3.; *Rust* in *von der Groeben/Schwarze/Hatje*, Art. 8 Rn. 19; *Rossi* in *Calliess/Ruffert*, Art. 8 AEUV Rn. 6; ähnlich wohl *Frenz*, Handbuch Europarecht, Bd. 4, 2009, Rn. 3363.

543 *Schorkopf* in *Grabitz/Hilf/Nettersheim*, Art. 8 AEUV Rn. 5.

544 *Schorkopf* in *Grabitz/Hilf/Nettersheim*, Art. 10 AEUV Rn. 7.

545 *Rust* in *von der Groeben/Schwarze/Hatje*, Art. 10 AEUV Rn. 14.

546 *Rust* in *von der Groeben/Schwarze/Hatje*, Art. 10 AEUV Rn. 2.

547 *Rust* in *von der Groeben/Schwarze/Hatje*, Art. 10 AEUV Rn. 18.

Durchführung von Maßnahmen das Ziel berücksichtigt. Für den Gerichtshof heißt dies, dass das Gebot Auslegungs- und Anwendungsmaßstab ist.[548]

Mit der Formulierung *„bei der Festlegung und Durchführung“* stellt die Klausel die Anforderung, dass bei einzelnen Maßnahmen die Wirkung dieser in Hinblick auf das Ziel der Querschnittsklausel (Diskriminierungsabbau) prognostizieren werden muss (sog. Mainstreaming-Ansatz).[549]

Mit der Formulierung *„Politiken und Maßnahmen“* verwendet Art. 10 AEUV eine andere Formulierung als Art. 8 AEUV *(„Tätigkeiten“)*. Unter Maßnahmen sind die Handlungsformen, die die Verträge vorsehen, zu verstehen, d.h. etwa Verordnungen, Richtlinien, Beschlüsse, Empfehlungen, Stellungsnahmen, Durchführungsrechtsakte.[550] Im Unterschied zu der Verwendung des Begriffs *„Tätigkeiten“* in Art. 8 AEUV handelt es sich allerdings lediglich um ein Übersetzungsproblem (siehe Art. 8 AEUV[551]).

Während Art. 8 AEUV die Förderung der Gleichstellung und die Bekämpfung von Ungleichheiten verlangt, fordert Art. 10 AEUV ein *„abzielen auf“* Diskriminierungsbekämpfung. *„Zielt drauf ab“* ist eine weiche Formulierung, die den Adressaten zwar einen Handlungsspielraum zugesteht, allerdings dennoch ein bestimmtes Regelungsziel erwartet.[552] Die Formulierung entspricht inhaltlich der auch auf das Verfahren bezogenen Formulierung aus Art. 8 AEUV *„wirkt darauf hin“*. Beide Formulierungen setzten jedoch bestimmte Ziele voraus.[553] Art. 10 AEUV stellt mithin ein Ziel auf, das die Union bei allen Tätigkeiten beachten muss[554] und bildet damit einen Maßstab, an dem neue Unionsakte zu überprüfen sind.[555] Subjektive Rechte ergeben sich nicht aus Art. 10 AEUV. Die Verpflichtung der Unionsorgane aus Art. 10 AEUV bedarf allerdings einer weiteren Konkretisierung, fordert weitere Vollzugsregeln[556] und räumt den Unionsorganen einen weiten, aber dennoch nicht unbegrenzten Anwendungs- bzw. Ermessensspielraum ein.[557] Art. 10 AEUV gibt nur vor, dass Diskriminierungen

---

548 *Schorkopf* in *Grabitz/Hilf/Nettersheim*, Art. 10. AEUV Rn. 25; *Rust* in *von der Groeben/Schwarze/Hatje*, Art. 10 AEUV Rn. 31.

549 *Rust* in *von der Groeben/Schwarze/Hatje*, Art. 10 AEUV Rn. 29.

550 *Schorkopf* in *Grabitz/Hilf/Nettersheim*, Art. 10.AEUV Rn 24.

551 Siehe S. 108 ff.

552 *Schorkopf*, in *Grabitz/Hilf/Nettersheim*, Art. 10 AEUV Rn. 16.

553 *Schorkopf* in *Grabitz/Hilf/Nettersheim*, Art. 10 AEUV Rn 16.

554 *Lenz* in *ders./Borchardt*, Art. 10 AEUV Rn. 3.

555 *Rust* in *von der Groeben/Schwarze/Hatje*, Art. 10 AEUV Rn. 40.

556 *Rust* in *von der Groeben/Schwarze/Hatje*, Art. 10 AEUV Rn. 31.

557 *Krebber/Rossie* in *Calliess/Ruffert*, Art. 10 AEUV Rn. 5.

überhaupt bekämpft werden müssen (Frage nach dem „*ob*"). Die Frage nach dem „*wie*" wird von Art. 10 AEUV nicht beantwortet.[558]

Die Einhaltung des Gender-Mainstreaming-Ansatzes ist überprüfbar, da sich aus Art. 294 Abs. 2 AEUV eine Begründungspflicht ergibt. Die Nichteinhaltung dieser Begründungspflicht kann die Aufhebung der unzureichend begründeten Maßnahme zur Folge haben.[559] Es muss allerdings nur eine überhaupt nachvollziehbare Begründung für eine bestimmte Maßnahme geliefert werden.[560]

Genau wie Art. 8 AEUV bewirkt auch Art. 10 AEUV ein Verschlechterungsverbot.[561] Ein Verschlechterungsverbot im Vergleich zu dem Stand vor Amsterdam ist wegen der schwierigen Messbarkeit fraglich, ist aber von den rechtspolitischen Zielen gedeckt sein.[562]

2. Kompetenznormen

Die folgenden Kompetenznormen sind erforderliche „*Ermächtigungsgrundlagen*" für das Tätigwerden der Union im Bereich des Gleichstellungsrechts.

In Bezug zu den Handlungsfeldern der Union ist immer eine konkrete Kompetenznorm erforderlich, damit die Union in einem Handlungsfeld die Kompetenz hat und damit tatsächlich handeln darf.

a. Art. 19 AEUV

Art. 19 AEUV zielt auf die Bekämpfung bestimmter Erscheinungsformen der Diskriminierung ab. Das bedeutet, dass sowohl die Abschaffung bestehender, als auch die Verhütung künftiger Diskriminierungen Ziele der Norm sind. Dieses Ziel der Union (Art. 3 Abs. 3 UAbs. 2 EUV) verfolgt auch die Querschnittsklausel des Art. 10 AEUV. Art. 19 AEUV ist die diesen Zielbestimmungen entsprechende Kompetenznorm.

---

558 *Krebber/Rossie* in *Calliess/Ruffert*, Art. 10 AEUV Rn. 5.

559 *Rust* in *von der Groeben/Schwarze/Hatje*, Art. 10 AEUV Rn. 34; so *Gellermann*, in *Streinz*, Art. 296 AEUV, Rn. 16; EuGH Urt. V. 20.02.1997 C 166/95 P, Slg. 1997, I-983 Rn. 24; EuGH Urt. V. 02.04.1998 C-367/95 P, Slg. 1998, I-1719 Rn. 67.

560 *Krebber/Rossie* in *Callies/Ruffert*, Art. 10 AEUV Rn. 5; *Lenz* in *ders./Borchard*, Art. 10 AEUV Rn. 3.

561 *Rust* in *von der Groeben/Schwarze/Hatje*, Art. 10 AEUV Rn. 40.

562 *Krebber/Rossie* in *Calliess/Ruffert*, Art. 10 AEUV Rn. 5.

Aus Art. 19 AEUV lassen sich kein unmittelbares Diskriminierungsverbot[563] oder gar subjektive Rechte entnehmen.[564] Es handelt sich lediglich um eine Kompetenzzuweisungsnorm.[565] Der hierfür erforderliche materielle Diskriminierungsschutz ist nicht in Art. 19 AEUV zu suchen[566], sondern etwa in Art. 21 GRC.[567] Ein unmittelbares oder implizites Diskriminierungsverbot aus Art. 19 AEUV wurde in Betracht gezogen, mit dem Argument, dass die Ermächtigung zur Bekämpfung von Diskriminierungen das Bestehen eines Diskriminierungsverbots voraussetze.[568] Der Rat solle nur die effektive Durchsetzung des aus der Regelung folgenden Diskriminierungsverbots sicherstellen. Dies würde auch bedeuten, dass der Bürger sich zumindest gegenüber der Union unmittelbar auf Art. 19 AEUV berufen könnte.[569] *Epiney*[570] führt überzeugend gegen ein unmittelbar aus Art. 19 AEUV zu entnehmendes Diskriminierungsverbot an, dass durch eine unmittelbare Anwendbarkeit die Vorgaben von Art. 19 AEUV (nämlich die einstimmige Beschlussfassung) gerade umgangen würde.

Art. 19 AEUV erlaubt Vorschriften zum Schutz natürlicher Personen, ungeachtet der Staatsangehörigkeit[571], und juristischer Personen[572]. Im Rahmen des

563 *Grabenwater* in Das Recht der Europäischen Union, Art. 19 AEUV Rn. 6.

564 *Blanck-Putz/Köchle* in *Holoubek/Lienbacher*, GRC-Kommentar, Art. 21 GRC Rn. 11; *Epiney* in *Calliess/Ruffert* Art. 19 AEUV Rn. 1; *Khan* in *Geiger/ders./Kotzur*, Art. 19 Rn. 3 aA *Holoubekin Schwarze*, EU-Kommentar, Art. 19 AEUV Rn. 4.

565 *Khan* in *Geiger/ders./Kotzur*, Art. 19 Rn. 2.

566 *Khan* in *Geiger/ders./Kotzur*, Art. 19 AEUV Rn. 2; *Streinz* in *ders.* Art. 19 AEUV Rn. 1 f; *Grabenwarter* in *Grabitz/Hilf/Nettesheim* Art. 19 AEUV Rn. 6; *Rust* in *von der Groeben/Schwarze/Hatje,* Art. 19 AEUV Rn. 100; *Epiney* in *Calliess/Ruffert* Art. 19 AEUV Rn. 1 mwN; ausdrücklich auch: EuGH Urt. V. 11.07.2006 – C-13/05, ECLI: EU:456 Rn. 54 – Chaon Navas.

567 *Triebel*, ZESAR 2007, 211, 212 (der das Art. 19 AEUV angeblich zugrundeliegende, ungeschriebene Diskriminierungsverbot nun in Art. 21 Abs. 1GR-Charta kodifiziert sieht, jedoch die unmittelbare Anwendbarkeit von Art. 19 AEUV verneint.)

568 Vgl. Nur *Cirkel*, NJW 1998, 3332, 3333; *Holoubek* in *Schwarze*, EU-Kommentar, Art. 19 Rn. 4; *Lenghauer* ARIEL 3, 369, 380 f.

569 Vgl. Nur *Cirkel*, NJW 1998, 3332, 3333; dies implizierend *Holoubek* in *Schwarze*, EU-Kommentar, Art. 13 Rn. 3; *Lenghauer* ARIEL 3, 369, 380 f.

570 *Epiney* in Callies/Ruffert Art. 19 AEUV Rn. 1.

571 *Streinz* in ders. Art. 19 AEUV Rn. 18; Arg. Der Wortlaut ist offen; so auch *Khan* in *ders./Geiger/Kotzur*, Art. 19 Rn. 5.

572 Arg. Auch hier wieder der Wortlaut; im Falle der Religion oder Weltanschauung dafür: *Grabenwarter* in *Grabitz/Hilf/Nettesheim*, Art. 19 AUEV, Rn. 23; aA *Khan* in *ders./Geiger/Kortzur*, Art. 19 AUEV Rn. 3., der sagt, dass die Diskriminierungsgründe an menschliche Eigenschaften anknüpfen. Das ist allerdings zumindest für die Merkmale bei Religion und Weltanschauung nicht nachzuvollziehen.

Art. 19 AEUV ist die Anknüpfung an das Geschlecht[573] weit auszulegen, so dass auch Transsexuelle, Transvestiten, Personen, die sich einer Geschlechtsumwandlung unterzogen haben und Hermaphroditen (Zwitter) erfasst sind.[574] Abzugrenzen hiervon sind jedoch Diskriminierungen aufgrund von Homosexualität als Tatbestand der sexuellen Ausrichtung.[575]

Als *„geeignete Vorkehrungen“* im Sinne von Art. 19 Abs. 1 AEUV sind die gesamten Rechtssetzungsinstrumentarien des Art. 288 AEUV anzusehen.[576] Dies sind zum einen verbindliche Rechtsakte wie Verordnungen, Richtlinien, Beschlüsse, aber auch nicht verbindliche Rechtsakte, wie Empfehlungen, Stellungnahmen und Programme.[577]

Sowohl in Hinblick auf Mittel und Inhalt (Frage des *„wie“*), als auch in Hinblick auf die Entscheidung eines Tätigwerdens überhaupt (Frage des *„ob“*), kommt dem Rat jedoch Handlungsermessen zu. Dies ergibt sich aus dem Wortlaut der Norm (*„kann“*).[578]

Nach Art. 19 Abs. 1 AEUV darf der Rat nicht unbegrenzt, sondern nur im Rahmen der durch den Vertrag auf die Union übertragenen Zuständigkeiten tätig werden. Abs. 1 enthält in Hinblick auf das Gesetzgebungsverfahren darüber hinaus einen Verweis auf das besondere Gesetzgebungsverfahren nach Art. 289 Abs. 2 AEUV.[579] Hierbei sind die beschriebenen Kompetenzausübungsschranken und der Verhältnismäßigkeitsgrundsatz zu beachten.

---

573 Siehe S. 13 ff.

574 Vgl. EuGH Urt. V. 30.04.1996 - C-13/94 - Slg. 1996, I-2143Rn. 20 ff. - P./S. und Cornwall County Council, EuGH Urt. V. 29.04.2004 –C- 482/01, Slg. 2004, I-541 Rn. 33 ff. unter Hinweis auf EGMR-Urt. V. 11.07.2002 - 56811/00, - Goodwin/VK; EuGH Urt. V. 17.2.1998 - C-249/96, Slg. 1998, I-612 Rn. 47 ff. - Grant; EuGH Urt. V. 07.01.2004 - Rs. C-117/01, Slg. 2004, I-00 541 - K.B.; EuGH Urt. V. 27.04.2006 - C 423/04, Slg. 2006, I-03 585,0385 Rn. 23 - Richards; *Grabenwarter* in *Grabitz/Hilf/Nettesheim*, Art. 19 AEUV Rn. 30; Lengauer, ARIEL, 3, 386.

575 *Streinz* in *ders.* Art. 19 AEUV Rn. 7; kritisch dazu: *Grabenwater* in *Grabbitz/Hilf/Nettesheim*, Art. 19 AEUV Rn. 30.

576 *Streinz*, in ders. Art. 19 AEUV Rn. 20.

577 *Streinz*, in ders. Art. 19 AEUV Rn. 20.

578 *Grabenwater* in *Grabitz/Hilf/Nettesheim*, Art. 19 AEUV Rn. 6.

579 *Kaufmann-Bühler* in *Lenz/Borchardt*, Art. 19 AEUV Rn. 22.

b. Art. 153 AEUV und Art. 157 AEUV

Weitere Kompetenzen der Union bezüglich des Merkmals Geschlecht – konkretisiert auf die Gleichstellung im Erwerbsleben – regeln Art. 153 Abs. 1 Lit. i AEUV und Art. 157 Abs. 3 AEUV.

Während Art. 157 Abs. 1 und Abs. 2 AEUV die Verpflichtung der Mitgliedstaaten regeln, gleiches Entgelt für Männer und Frauen bei gleicher oder gleichwertiger Arbeit sicherzustellen, erlaubt Art. 157 Abs. 3 AEUV dem Europäischen Parlament und Rat gemeinsam zu beschließende Maßnahmen zu Gewährleistung des Grundsatzes der Chancengleichheit und Gleichbehandlung von Männern und Frauen in Arbeits- und Beschäftigungsbedingungen.

Mit Art. 153 Abs. 1 Lit. i AEUV (ex. Art. 137 EGV/Amsterdam [ursprüngliche Vorschrift]; ex. Art. 118a EGV/Maastricht) erhielt die Union erstmals eine umfassende Zuständigkeit für die Chancengleichheit von Männern und Frauen auf dem Arbeitsmarkt und die Gleichbehandlung am Arbeitsplatz.[580]

Der mit dem Vertrag von Amsterdam neu eingeführte Art. 141 Abs. 3 EGV (jetzt Art. 157 Abs. 3 AEUV) regelt eine demgegenüber eigenständige Ermächtigung zum Erlass von Maßnahmen zur Verwirklichung der Gleichbehandlung von Männern und Frauen.[581]

Urspünglich wurde Art. 153 AEUV (ex. Art. 137 EGV) mitunter als die *„zentrale Kompetenzvorschrift“*[582] oder *„bedeutendste Ermächtigungsgrundlage“*[583] der Sozialvorschriften im AEUV bezeichnet. Dem ist nicht mehr so. Sie ist aber in Hinblick auf die die Chancengleichheit auf dem Arbeitsmarkt und die Gleichbehandlung am Arbeitsplatz bedeutungslos geworden, seit Art. 157 Abs. 3 AEUV mit dem Vertrag von Amsterdam eingefügt wurde.

Art. 157 Abs. 3 AEUV und Art. 153 Abs. 1 Lit. i AEUV benennen zunächst den *„Regelungsbereich“* etwas unterschiedlich. Art. 153 AEUV spricht von *„Chancengleichheit auf dem Arbeitsmarkt und Gleichbehandlung am Arbeitsplatz“* und Art. 157 AEUV vom *„Grundsatzes der Chancengleichheit und der Gleichbehandlung von Männern und Frauen in Arbeits- und Beschäftigungsfragen“*.

Während Art. 153 Abs. 1 Lit. i AEUV die Schaffung von Mindestvorschriften in Form von Richtlinien, die die Chancengleichheit von Männern und Frauen

---

580 *Langer* in *von der Groeben/Schwarze/Hatje*, Art. 153 AEUV Rn. 37.

581 *Langenfeld* in *Grabitz/Hilf/Nettesheim*, Art. 157 AEUV Rn. 79.

582 *Langer* in *von der Groeben,/Schwarze/Hatje* Art. 153 AEUV Rn. 1; *Kotzur*, in *Geiger/Khan/ders.* Art. 153 AEUV Rn. 1.

583 *Krebber* in *Calliess/Ruffert*, Art. 153 AEUV Rn. 1.

auf dem Arbeitsmarkt und die Sicherung der Gleichbehandlung am Arbeitsplatz sichern, erlaubt (vgl. Art. 153 Abs. 2 Lit. b AEUV):

> *„[...] durch* ***Richtlinien***[584] *Mindestvorschriften erlassen, die schrittweise anzuwenden sind. [...]"),*

sieht hingegen Art. 157 Abs. 3 AEUV

> *„**Maßnahmen**[585] zur Gewährleistung der Anwendung des Grundsatzes der Chancengleichheit und Gleichbehandlung von Männern und Frauen in Arbeits- und Beschäftigungsfragen, einschließlich des Grundsatzes des gleichen Entgelts bei gleicher oder gleichwertiger Arbeit"*

vor.[586]

Insoweit reicht Art. 157 Abs. 3 AEUV also weiter. Während sich Art. 153 Abs. 1 Lit. i AEUV als Regelungsinstrument auf Richtlinien beschränkt, kann auf Art. 157 Abs. 3 AEUV („*Maßnahmen*") die ganze Bandbreite an Rechtssetzungsinstrumentarien des Art. 288 AEUV gestützt werden, also zum einen verbindliche Rechtsakte wie Verordnungen, Richtlinien, Beschlüsse, aber auch nicht verbindliche Rechtsakte, wie Empfehlungen, Stellungnahmen und Programme. Auch hier geht Art. 157 Abs. 3 AEUV also weiter.

Vom Wortlaut der Formulierungen beider Vorschriften ist sogar die *„**Gewährleistung** der Anwendung des Grundsatzes der Chancengleichheit"*[587] in Art. 157 Abs. 3 AEUV stärker als die Formulierung des in Art. 153 Abs. 1 Lit. i AEUV, die denn lautet *„**Unterstützung und Ergänzung** der Tätigkeit der Mitgliedstaatenstaaten auf dem Gebiet der Chancengleichheit von Männern und Frauen auf dem Arbeitsmarkt und Gleichbehandlung am Arbeitsplatz"*.[588]

Insgesamt ist ein über Art. 157 Abs. 3 AEU hinausgehender Regelungsgehalt des Art. 153 Abs. 1 Lit. i AEUV nicht erkennbar.[589]

Demnach ist Art. 153 Abs. 2 AEUV die richtige Grundlage zur Schaffung von Mindestvorschriften für Richtlinien. Alle sonstigen Maßnahmen (auch

---

584 Hervorhebung durch Verf.

585 Hervorhebung durch Verf.

586 Vgl. hierzu auch *Benecke* in *Grabitz/Hilf/Nettesheim*, Art. 153 AEUV Rn. 2.

587 Hervorhebung durch die Verf.

588 Hervorhebung durch die Verf.

589 *Langer* in von der *Groeben/Schwarze/Hatje*, Art. 153 Rn. 37; so auch *Kotzur* in *Geiger/Khan/ders.*, Art. 153 AEUV Rn. 12, der eine Anwendbarkeit der Reglung des Art. 153 Abs. 1 Lit. i AEUV nur in Zusammenhang mit weiteren nach Art. 153 AEUV zu erlassenden Regelungen sieht.

Richtlinien) sind auf Art. 157 Abs. 3 AEUV zu stützen.[590] So bezweifelt *Eichenhofer*[591] treffend, dass die der Chancengleichheit und Gleichbehandlung dienenden Normen als Mindestnormen verabschiedet werden können: „*Denn wenn Gleichheit zu sichern ist, dann ist sie auch zu gewährleisten: Mindestvorschriften sind dafür untunlich*".

Art. 153 AEUV bleibt in der Rechtswirkung mithin hinter Art. 157 AEUV zurück und stellt sogar noch höhere Anforderungen an das „Gesetzgebungsverfahren". Die Norm ist daher entbehrlich.[592] Art. 157 AEUV ist ferner spezieller, und somit die maßgebende Norm.[593]

c. Das Verhältnis der Kompetenznormen zueinander

Diese Frage nach dem Verhältnis der Kompetenznormen zueinander ist entscheidend für das Verfahren des Erlasses von Maßnahmen.

Im Rahmen des Art. 19 Abs. 1 AEUV kann der Rat alleine einstimmig und nach Zustimmung des Europäischen Parlaments agieren, während nach Art. 157 Abs. 3 AEUV das Europäische Parlament und der Rat gemeinsam Maßnahmen gemäß dem ordentlichen Gesetzgebungsverfahren beschließen müssen. In Art. 19 Abs. 2 AEUV ist dies ebenfalls angeordnet. Aus dem Wortlaut des Art. 19 AEUV (*„unbeschadet der sonstigen Bestimmungen dieser Verträge")* ergibt sich nach *Khan*[594] dennoch keine Subsidiarität der Klausel gegenüber *„sonstigen Bestimmungen"*, zum einen, weil mit Art. 19 AEUV ein umfassendes Antidiskriminierungsregime ermöglicht werden sollte, und zum anderen wegen Wortlautdifferenzen in verschiedenen Übersetzungen.

Art. 157 AEUV ist aber im Verhältnis zu Art. 19 AEUV spezieller.[595]

Streinz[596] geht davon aus, dass Art. 19 AEUV ausschließlich zum Erlass von Vorschriften außerhalb des Bereichs des Art. 157 AEUV ermächtigt. Als Argument hierfür führt er an, dass Art. 19 AEUV Diskriminierung aus Gründen des Geschlechts ohne weitere Spezifizierung nennt und Art. 157 Abs. 3 AEUV

---

590 *Langenfeld* in *Grabitz/Hilf/Nettesheim*, Art. 157 AEUV Rn. 79; *Krebber* in *Calliess/Ruffert*, Art. 157 AEUV Rn. 90.

591 *Eichenhofer* in *Streinz*, EUV/AEUV, Art. 153 AEUV Rn. 24.

592 *Eichenhofer*, in *Streinz*, EUV/AEUV, Art. 153 AEUV Rn. 24., so auch *Krebber* in *Calliess/Ruffert*, Art. 153 AEUV Rn. 97.

593 *Eichenhofer* in *Streinz*, EUV/AEUV, Art. 153 AEUV Rn. 24.

594 *Khan* in *Geiger/Khan/Kotzur*, Art. 19 AUEV Rn. 2.

595 *Eichenhofer* in *Streinz*, Art. 157 AEUV Rn. 4; *Krebber* in *Calliess/Ruffert*, Art. 157 AEUV Rn. 91.

596 *Streinz* in *ders.*, Art. 19 AEUV Rn. 7.

daher aus Gründen der Spezialität Vorrang zu gewähren ist.[597] Dies ist für den Bereich „*Beschäftigung*“ nachvollziehbar. In Hinblick auf darüber hinaus reichende Bereiche greift allerdings Art. 19 AEUV. Deshalb ist zum Beispiel die RL 2004/113/EG des Rates vom 13.12.2004 zur Verwirklichung des Grundsatzes der Gleichbehandlung von Männern und Frauen beim Zugang zu und bei der Versorgung mit Gütern und Dienstleistungen[598] zu Recht auch auf Art. 19 AEUV gestützt worden.[599]

Mit Art. 153 Abs. 1 Lit. i AEUV und Art. 157 Abs. 3 AEUV hat die Union keine umfassende Kompetenz für den Erlass von Maßnahmen zur Verwirklichung der Gleichberechtigung von Männern und Frauen, denn sie wird ausdrücklich auf solche Maßnahmen beschränkt, die den Arbeitsmarkt und den Arbeitsplatz betreffen.[600]

3. Art. 23 GRC – Das Sicherstellungsgebot

> „*Die Gleichheit von Männern und Frauen ist* ***in allen Bereichen****, einschließlich der Beschäftigung, der Arbeit und des Arbeitsentgelts, sicherzustellen*“.

Nach Art. 6 Abs. 1 S. 1 AEUV ist die Grundrechtecharta gleichrangig mit den Verträgen. Art. 23 GRC enthält „*ein umfassendes Grundrecht der Gleichbehandlung von Frauen und Männern*“[601], mit dem der Grundsatz der Geschlechtergleichberechtigung nochmals besonders hervorgehoben wird.[602] Art. 23 GRC

---

597 *Streinz* in *ders.*, Art. 19 AEUV Rn. 7; *Lenz* in *ders./Borchardt*, Art. 13 AEUV Rn. 8; *Grabenwarter* in Das Recht der Europäischen Union, Art. 19 AEUV Rn. 19. „Art. 19 AEUV enthält entgegen der Auffassung von GA in Trstenjak keine umfassende Regelungskompetenz für das Antidiskriminierungsrecht (SA v. 16.06.2011 C-123/10, Brachner, Slg. 2011, I-0000, Rn. 51) und vielleicht auch des Rates („alle Formen von Diskriminierung“-Entschließung des Rates und der im Rat vereinigten Vertreter der Regierungen der MS zur aktiven Eingliederung von jungen Menschen: Bekämpfung von Arbeitslosigkeit und Armut – 2010/C 137/01, Nr. 3, 3. Anstrich; Politischer Hintergrund Nr. 8)“, keine Kompetenz hinsichtlich Maßnahmen zur Bekämpfung von Diskriminierungen wegen der Berufskategorie oder des Arbeitsortes: EuGH Urt. v. 07.07.2011 – C-310/10 Slg. 2011, I-0000, Rn. 35 – Agafitei; beachte auch Art. 8, 18, 153, 157 AUEV; ebenso *Langenfeld*, in *Grabitz/Hilf/Nettesheim*, Art. 157 AEUV Rn. 80; *Rebhahn* in *Schwarze*, Art. 157 AEUV Rn. 38.

598 Abl. 2004 L 373/37:

599 *Lenz* in *ders./Borchardt*, Art. 19 AEUV Rn. 8.

600 So auch *Langer* in *von der Groeben*, Art. 153 AEUV Rn. 38.

601 *Jarass*, Art. 23 GRC Rn. 2.

602 *Rademacher*, Diskriminierungsverbot und „Gleichstellungsauftrag“, 2004, S. 300.

wird laut Charta-Erläuterungen auf Art. 3 EUV und Art. 8, 157 Abs. 1 und 3 AEUV sowie auf Art. 2 Abs. 4 AEUV[603] gestützt. Abs. 2 wird auf Art. 157 Abs. 4 AEUV gestützt.[604] Ferner knüpft die Charta hier an Art. 2 Abs. 4 der RL 76/207 EWG[605] und an die RL 2004/113 EG an.[606] Art. 23 Abs. 1 GRC ist auf Art. 14 EMRK, Art. 3 Abs. 4 der Erklärung der Grundrechte und Grundfreiheiten des Europäischen Parlaments, Art. 2 der AEMR, Art. 3 des IPbpR und des IPwskR sowie auf Art. 7 Lit. 1 Z des IPwstKR zurückzuführen.[607]

a. Inhalt

Neben dem oben schon beschriebenen Diskriminierungsverbot regelt Art. 23 GRC auch ein Sicherstellungsgebot. Bei dem Sicherstellungsgebot des Art. 23 GRC handelt es sich nicht bloß um ein abwehrrechtliches Diskriminierungsverbot, sondern um einen expliziten Sicherstellungsauftrag, der positive Schutzpflichten einschließt.[608] Hinsichtlich des Merkmals *„sicherstellen"* ist anzunehmen, dass Grundrechtsverpflichtete im Rahmen ihrer Zuständigkeit geschlechtsbezogenen Ungleichbehandlungen zumindest entgegentreten müssen.[609] *Jarass*[610] betont, dass *„sicherstellen"* dem *„fördern"* aus Art. 3 Abs. 3 Uabs. 2 EUV und Art. 8 EUV entspräche. Damit stellt die Charta der Grundrechte in Bezug auf die Gleichberechtigungsfrage einerseits einen weiten Rahmen für zulässige Maßnahmen zur Förderung der faktischen Gleichberechtigung auf.[611] Andererseits stellt sie zugleich aber auch einen weiten Spielraum für die Union bzw. die Mitgliedstaaten zur Verfügung.[612] Sie geht über die Zielrichtung der Regelungen hinaus, die schon mit dem Amsterdamer Vertrag in das Primärrecht eingeführt wurden.[613] Der Gesetzgeber kann hierbei schrittweise handeln, muss

---

603 Siehe S. 107 ff.

604 *Jarass*, Art. 23 GRC Rn. 1.

605 *Jarass*, Art. 23 GRC Rn. 1.

606 *Jarass*, Art. 23. GRC Rn. 8a.

607 *Blauensteiner/Oswald/Weinhandl* in *Holoubek/Lienbacher*, GRC-Kommentar, Art. 23 Rn. 7.

608 *Blauensteiner/Oswald/Weinhandl* in *Holoubek/Lienbacher*, GRC-Kommentar, Art. 23 Rn- 14.

609 *Jarass*, Art. 23 GRC Rn. 14; *Kugelmann*, in *Merten/Papier*, § 160 Rn. 67; *Frenz*, Handbuch Europarecht, Bd. 4, 2009, Rn. 3406.

610 *Jarass*, Art. 23 GRC Rn. 14.

611 *Rademacher*, Diskriminierungsverbot und „Gleichstellungsauftrag", 2004, S. 300.

612 *Blauensteiner/Oswald/Weinhandl* in *Holoubek/Lienbacher*, GRC-Kommentar, Art. 23 Rn. 16; *Ross* in Schwarze, Art. 23 GRC Rn. 6; *Jarass*, Art. 23 GRC Rn. 14.

613 *Rademacher*, Diskriminierungsverbot und „Gleichstellungsauftrag", 2004, S. 300.

aber kohärent vorgehen.[614] Außerdem ist den Freiheitsrechten der Privaten ausreichend Rechnung zu tragen, daher haben Grundrechtsverpflichtete erhebliche Spielräume.[615] Als obere Grenze der Handlungspflicht sind somit konkurrierende Grundrechte Dritter zu nennen.[616] Lediglich eine völlige Untätigkeit oder eine den Sicherstellungsauftrag evident mißachtende Tätigkeit der Union oder der Mitgliedstaaten würde einen Verstoß gegen Art. 23 I GRC darstellen.[617]

b. Adressaten

Die Union und ihre Stellen, sowie die Mitgliedstaaten bei der Ausführung von Unionsrecht sind bei allen rechtssetzenden Tätigkeiten (wie um Beispiel bei Erlass und Umsetzung von Sekundärrecht) sowie vollziehenden und rechtsprechenden Maßnahmen Adressaten der Norm.[618] Art. 23 GRC schützt nicht nur Frauen, sondern kommt in gleicher Weise Männern zugute, sofern und soweit sie benachteiligt werden.[619] Während natürliche Personen von Art. 23 Abs. 1 GRC geschützt sind, sind juristische Personen, Personenvereinigungen, bspw. Verbände, die sich für die Gleichberechtigung einsetzen, nicht erfasst.[620] Privatpersonen untereinander dürfen im Bereich des Art. 23 GRC nicht unmittelbar verpflichtet werden[621], auch wenn der EuGH in Hinblick auf Art. 157 AEUV eine unmittelbare Bindung Privater annimmt.[622] Eine mittelbare Grundrechtsbindung von Privatpersonen durch Regelungen zur Umsetzung positiver Pflichten und durch grundrechtskonforme Auslegung (auch) privatrechtlicher Vorschriften ist aber anzunehmen.[623]

---

614 *Jarass*, Art. 23 GRC Rn. 14; EuGH Urt. v. 01.02.2011 – C 236/09, Rn. 20f – ECLI: EU: C:2011:100 – Test Achats.

615 *Jarass*, Art. 23 GRC Rn. 14.

616 *Jarass*, Art. 23 GRC Rn. 14.

617 *Blauensteiner/Oswald/Weinhandl* in *Holoubek/Lienbacher*, GRC-Kommentar, Art. 23 Rn. 16; *Ross* in *Schwarze*, EU-Kommentar, Art. 23 GRC Rn. 6.

618 *Jarass*, Art. 23 GRC Rn. 5.

619 *Jarass*, Art. 23 GRC Rn. 2; *Frenz*, Handbuch Europarecht, Bd. 4, 2009, Rn. 3402; *Eichenhofer* in *Streinz*, Art. 157 AEUV Rn. 7.

620 *Jarass*, Art. 23 GRC Rn. 9.

621 *Jarass*, Art. 23 GRC Rn. 6.

622 EuGH Urt. v. 27.04.1994 – C 28/93, Slg. 1994, I-4527 Rn. 21 – Akker; EuGH Urt. v. 04.06.2002 – C 400/93, Slg. 2002, I- 7325 Rn. 13 – Specialarbeiderforbundet – Lawrence.

623 Siehe *Jarass*, Art. 23 GRC Rn. 6; EuGH Urt. v. 01.03.2011 – C-236/09, ECLI: EU: C:2011:100 Rn. 32 – Test Achats.

c. *Durchsetzbarkeit*

Fraglich ist, ob und wieweit Art. 23 ein (einklagbares) Recht oder einen bloßen Chartagrundsatz im Sinne des Art. 52 Abs. 5 darstellt bzw. darstellen kann.[624] Gegen die Annahme eines einklagbaren Rechtes spricht zunächst der Wortlaut, der von einem Grundsatz spricht.[625] Systematische Argumente sprechen aber für die Annahme eines subjektiven Rechts. Das belegt der Blick auf Art. 157 AEUV, in dem in Hinblick auf die Entgeltgleichheit auch „nur" von einem Grundsatz die Rede ist. Dennoch handelt es sich um ein einklagbares Recht.[626] Gegen eine Auslegung als *„Grundsatz"* spricht die *„prominente Verankerung in den Verträgen"* (Argument: Systematik).[627] Daher ist davon auszugehen, dass es sich um ein echtes, einklagbares Recht handelt.[628] Hervorzuheben ist allerdings, dass die Schutzverpflichtung aus Art. 23 Abs. 1 GRC zwar grundsätzlich ein einklagbares Recht[629] in Hinblick auf Gleichbehandlung enthält; in Hinblick auf Besserstellung gilt allerdings Abs. 2 und hierbei handelt es sich um einen bloßen Grundsatz.[630] Insbesondere besteht kein Anspruch auf Erlass von Vergünstigungen iSv Abs. 2.[631]

Ein subjektives Recht auf eine bestimmte Maßnahme aus Art. 23 Abs. 2 GRC besteht mithin nicht.[632]

4. Sekundärrecht

Das Gleichstellungsrecht der EU ist geprägt vom Richtlinienrecht. Die erste Richtlinie zur Gleichbehandlung und Gleichberechtigung von Frauen und

---

624 *Jarass*, Art. 23 GRC Rn. 3.

625 *Jarass*, Art. 23 GRC Rn. 3.

626 *Jarass*, Art. 23 Rn. 1 GRC; *Eichenhofer* in *Streinz*, Art. 157 AEUV Rn. 7; *Frenz*, Handbuch Europarecht, Bd. 4, 2009, Rn. 3377.

627 *Jarass*, Art. 23 GRC Rn. 3, *Blauensteiner/Weinhandl* in *Holoubek/Lienbacher* Art. 23 Rn. 24.

628 *Jarass*, Art. 23 GRC Rn. 3; ebenso: *Frenz*, Handbuch Europarecht, Bd. 4, 2009, Rn. 3388.

629 *Jarass*, Art. 23 GRC Rn. 14; *Frenz*, Handbuch Europarecht, Bd. 4, 2009, Rn. 3407; *Hölscheidt* in *Meyer* Art. 23 Rn. 23 hebt hervor, dass es sich hierbei nichtum einen subjektivrechtlichen Anspruch auf eine bestimmte Maßnahme handelt.

630 *Jarass*, Art. 23 GRC Rn. 14.

631 *Jarass*, Art. 23 GRC Rn. 4; *Blauensteiner/Oswald/Weinhandel* in *Holoubek/Lienbacher* Art. 23 Rn. 17.

632 *Jarass*, Art. 23 GRC Rn. 4; *Blauensteiner/Oswald/Weinhandel*, in *Holoubek/Lienbacher* Art Art. 23 Rn. 17.

Männern ist auf Basis der allgemeinen Auffangkompetenz erlassen worden. Die Richtlinie 2002/73/EG[633] zur Änderung der Richtlinie 76/207/EWG ist auf der Grundlage von Art. 157 Abs. 3 AEUV erlassen worden.[634]

Der Rat erließ, gestützt auf die Kompetenz des Art. 19 AEUV ex Art. 13 EGV, drei Mindestvorschriftenrichtlinien:

- die Richtlinie 2000/43/EG[635] des Rates vom 29. Juni 2000 zur Anwendung des Gleichbehandlungsgrundsatzes ohne Unterschied der Rasse oder der ethnischen Herkunft;
- die horizontale Richtlinie 2000/78/EG[636] des Rates vom 27. November 2000 zur Festlegung eines allgemeinen Rahmens für die Verwirklichung der Gleichbehandlung in Beschäftigung und Beruf, die sich auf **nicht** geschlechtsbezogene Diskriminierungen beschränkt;
- die Richtlinie 2004/113/EG[637] des Rates vom 13. Dezember 2004 zur Verwirklichung des Grundsatzes der Gleichbehandlung von Männern und Frauen beim Zugang zu und bei der Versorgung mit Gütern und Dienstleistungen.[638]

---

633 RL 2002/73/EG des Europäischen Parlaments und des Rates vom 23.09.2002 zur Änderung der RL 76/207/EWG des Rates zur Verwirklichung des Grundsatzes der Gleichbehandlung von Männern und Frauen hinsichtlich des Zugangs zur Beschäftigung, zur Berufsbildung und zum beruflichen Aufstieg sowie in Bezug auf die Arbeitsbedingungen; ABl. 2002 L 269, S. 15; Zur Entstehungsgeschichte, vgl. Rust, Änderungsrichtlinien 2002 zur Gleichbehandlungsrichtlinie von 1976, NZA 2003, 72-77.

634 *Langer* in *von der Groeben/Schwarze/Hatje*, Art. 153 AEUV Rn. 37.

635 ABl. 2000 L 180 S. 22.

636 ABl. 2000 L 303, S. 16.

637 ABl. 2004 L 373, S. 37.

638 Darüber hinaus sind folgende Richtlinien erlassen worden:
- RL 75/117/EWG (ABl. 1975 L 45/19) konkretisiert das Gebot der Entgeltgleichheit
- RL 76/207/EWG (ABl. 1976 L 39/40) Gleichbehandlung der Geschlechter beim Zugang in Beschäftigung, Berufsausbildung und beruflichen Aufstieg
- RL 79/7/EWG (Abl. 1979 L 225/40) Gleichbehandlung von Männern und Frauen in der sozialen Sicherheit
- RL 86/378/EWG (Abl. 1986 L 225/40) Gleichbehandlung von Männern und Frauen bei der betrieblichen Sicherheit
- RL 97/80/EG (Abl. 1998 L 14/16) Beweislastverteilung beim Nachweis von Diskriminierung durch das Geschlecht (Diskriminierung muss nur glaubhaft gemacht werden, dann muss Gegenseite begründete Vermutung durch vollen Gegenbeweis entkräften)
- RL 2010/18/EU überarbeitete Rahmenvereinbarung über den Elternurlaub und zur Aufhebung der RL 96/34/EG vom 08.03.2010 (ABl. L 68/13)

Diese Richtlinien führten in den erfassten Bereichen ein umfassendes Diskriminierungsverbot bzw. Gleichbehandlungsgebot in den privatrechtlichen Rechtsbereichen ein, *„dessen Tragweite wohl einer horizontalen Wirkung des grundrechtlich verankerten Gleichbehandlungsgrundsatzes kaum nachstehen dürfte"*.[639]

Alle drei Richtlinien sind in Deutschland mit dem Allgemeinen Gleichbehandlungsgesetz vom 14.08.2006[640] umgesetzt worden.

Darüber hinaus existiert ein Vorschlag für eine Richtlinie des Rates zur Anwendung des Grundsatzes der Gleichbehandlung, ungeachtet der Religion oder der Weltanschauung, einer Behinderung, des Alters oder der sexuellen Ausrichtung, die sog. Gleichstellungsrichtlinie.[641] Diesen Vorschlag billigte das Europäische Parlament mit Änderung vom 02.04.2009, zuletzt in leicht geänderter Fassung. Eine Annahme des Rates erfolgte immer noch nicht.[642] Für die genannten Diskriminierungsgründe, für die bisher allein der Diskriminierungsschutz nur für Beschäftigung und Beruf greift (also Religion oder der Weltanschauung, Behinderung, Alter und sexuelle Ausrichtung) soll der Diskriminierungsschutz auf alle Lebensbereiche ausgeweitet werden.[643] Dies ist begrüßenswert, weil hierdurch der Eindruck einer *„Rangordnung"* unter den geschützten Merkmalen vermieden wird. Ziel des Vorschlages ist laut KOM[644] die Anwendung des Grundsatzes der Gleichbehandlung, ungeachtet der Religion oder der Weltanschauung, einer Behinderung, des Alters oder der sexuellen Ausrichtung außerhalb des Arbeitsmarktes als ein einheitliches Mindestschutzniveau.

- RL 2010/41/EU des Europäischen Parlaments und des Rates zur Verwirklichung des Grundsatzes der Gleichbehandlung von Mann und Frau die eine selbstständige Erwerbstätigkeit ausübe und zur Aufhebung der RL 86/6/3/EWG des Rates vom 07.07.2010 (Abl. L 180/1).

639 *Epiney* in *Calliess/Ruffert*, Art. 19 AEUV, Rn. 13.

640 BGBl 2006 I 1897; zuletzt geändert durch Gesetz vom 03.04.2013 BGBl 2013 I 610.

641 KOM (2008) 426 endg.

642 Zur Frage der Tauglichkeit der Regelung zur Erreichung der gesetzten Ziele, allgemein kritisch Dauses, EuZW 2007, 129.

643 *Khan* in *Geiger/ders./Kotzur*, Art. 19 AUEV, Rn. 12.

644 Nichtdiskriminierung und Chancengleichheit: Erneuertes Engagement, KOM (2008), 420 Endg.

a. Art. 20 der Richtlinie Nr. 2006/54/EG

Im Zentrum der Untersuchung der sekundärrechtlichen Rechtsgrundlagen steht Art. 20 der Richtlinie Nr. 2006/54/EG des Europäischen Parlaments und des Rates vom 05. Juli 2006 zur Verwirklichung des Grundsatzes der Chancengleichheit und Gleichbehandlung von Männern und Frauen in Arbeits- und Beschäftigungsfragen (Neufassung) des Europäischen Parlaments und des Rates vom 05.06.2006.[645] Die Richtlinie ist eine Zusammenfassung und Konsolidierung der Richtlinien RL Nr. 76/207/EWG sowie RL Nr. 75/117/EWG, RL Nr. 86/207/ EWG, RL Nr. 97/80/EG. Die Zusammenfassung der wichtigsten Bestimmungen in diesem Gebiet wurde aus Gründen der Übersichtlichkeit vorgenommen. Darüber hinaus wurde die Entwicklung der Rechtsprechung des EuGH eingearbeitet.[646] Art. 20 der Richtlinie normiert eine Verpflichtung zur Einrichtung sog. Stellen zur Förderung der Gleichbehandlung. und lautet:

Stellen zur Förderung der Gleichbehandlung:

(1) Jeder Mitgliedstaat bezeichnet eine oder mehrere Stellen, deren Aufgabe darin besteht, die Verwirklichung der Gleichbehandlung aller Personen ohne Diskriminierung aufgrund des Geschlechts zu fördern, zu analysieren, zu beobachten und zu unterstützen. Diese Stellen können Teil von Einrichtungen sein, die auf nationaler Ebene für den Schutz der Menschenrechte oder der Rechte des Einzelnen verantwortlich sind.

(2) Die Mitgliedstaaten stellen sicher, dass es zu den Befugnissen dieser Stellen gehört,

a) unbeschadet der Rechte der Opfer und der Verbände, Organisationen oder anderer juristischer Personen nach Artikel 17 Absatz 2 die Opfer von Diskriminierungen auf unabhängige Weise dabei zu unterstützen, ihre Beschwerde wegen Diskriminierung zu verfolgen;

b) unabhängige Untersuchungen zum Thema der Diskriminierung durchzuführen;

c) unabhängige Berichte zu veröffentlichen und Empfehlungen zu allen Aspekten vorzulegen, die mit diesen Diskriminierungen in Zusammenhang stehen;

d) auf geeigneter Ebene mit entsprechenden europäischen Einrichtungen, wie beispielsweise einem künftigen Europäischen Institut für Gleichstellungsfragen verfügbare Informationen auszutauschen.

---

645 Abl. 2006 L 204/ 23.

646 Vgl. Erwägung (1) der Richtlinie Nr. 2006/54/EG des Europäischen Parlaments und des Rates vom 05. Juli 2006.

b. Art. 12 der Richtlinie 2004/113/EG

Die Richtlinie 2004/113/EU dehnte 2004 für das Merkmal Geschlecht den Schutz über den Bereich der Erwerbsarbeit hinaus auch auf die Waren- und Dienstleistungsgeschäfte aus.[647]

Kapitel III der Richtlinie lautet:

MIT DER FÖRDERUNG DER GLEICHBEHANDLUNG BEFASSTE STELLEN
Artikel 12

(1) Jeder Mitgliedstaat bezeichnet eine oder mehrere Stellen, deren Aufgabe darin besteht, die Verwirklichung der Gleichbehandlung aller Personen ohne Diskriminierung aufgrund des Geschlechts zu fördern, zu analysieren, zu beobachten und zu unterstützen und trifft die erforderlichen Vorkehrungen. Diese Stellen können Teil von Einrichtungen sein, die auf nationaler Ebene die Aufgabe haben, für den Schutz der Menschenrechte, für die Wahrung der Rechte des Einzelnen oder für die Verwirklichung des Grundsatzes der Gleichbehandlung einzutreten.

(2) Die Vertragsstaaten stellen sicher, dass es zu den Zuständigkeiten der in Absatz 1 genannten Stellen gehört,
  - *a) unbeschadet der Rechte der Opfer und der Verbände, der Organisationen oder anderer juristischer Personen nach Artikel 8 Absatz 3 die Opfer von Diskriminierungen auf unabhängige Weise dabei zu unterstützen, ihrer Beschwerde wegen Diskriminierung nachzugehen;*
  - *b) unabhängige Untersuchungen zum Thema Diskriminierung durchzuführen;*
  - *c) unabhängige Berichte zu veröffentlichen und Empfehlungen zu allen Aspekten vorzulegen, die mit diesen Diskriminierungen in Zusammenhang stehen.*

Es zeigt sich also, dass bei beiden Richtlinien nahezu gleiche Anforderungen geschaffen wurden. Lediglich ergänzt Art. 12 Abs. 1 S. 1 der RL 2004/113/EG: „[…] und trifft die erforderlichen Vorkehrungen" und S. 2 enthält den Zusatz „oder für die Verwirklichung des Grundsatzes der Gleichbehandlung einzutreten". Außerdem enthält Art. 20 Abs. 2 lit. d der RL 2006/54/EG die Anforderung, dass die Stelle auf geeigneter Ebene mit entsprechenden europäischen Einrichtungen, wie beispielsweise einem künftigen Europäischen Institut für Gleichstellungsfragen, verfügbare Informationen austauschen soll.

5. Zusammenfassung

Art. 2 i.V.m. Art. 3 Abs. 3 EUV normieren einen für alle Organe der Union verbindlichen Handlungsauftrag, im Rahmen der jeweiligen Zuständigkeit die

647 *Liebscher* in *Foljanty/Lembke*, Feministischer Rechtswissenschaft, 2012, S. 114, Rn. 11.

tatsächliche Gleichstellung von Mann und Frau zu fördern. Art. 8 AEUV kodifiziert ein Gleichbehandlungsgebot und Art. 10 AEUV regelt ein Diskriminierungsbekämpfungsgebot. Es handelt sich hierbei nicht um Kompetenznormen, sondern um Normen, die regeln, wie die EU-Organe im Rahmen ihrer Kompetenzen handeln müssen. Die Kompetenz zum Treffen von geeigneten Vorkehrungen und damit eine „Diskriminierungsbekämpfungskompetenz" normiert Art. 19 Abs. 1 AEUV. In Hinblick auf die Entgeltgleichheit und Chancengleichheit von Männern und Frauen am Arbeitsmarkt finden sich die spezielleren Kompetenznormen in Art. 153 Abs. 1 Lit. i und Art. 157 Abs. 1 und Abs. 2 AEUV.

Art. 2 Abs. 1 GRC beinhaltet nicht nur ein umfassendes Grundrecht der Gleichbehandlung von Männern und Frauen, sondern auch eine positive Schutzpflicht für die Union. Ein subjektives Recht auf eine konkrete Maßnahme oder gar Institution lässt sich hieraus allerdings auch nicht herleiten. Einzig in Art. 20 der RL 2006/54/EG finden sich konkrete Anforderungen, zur Einrichtung einer Institution, die sich an die Mitgliedstaaten richtet. Die Richtlinie ist auf Basis von ex. Art. 141 Absatz 3 EGV, der dem jetzigen Art. 157 AEUV entspricht, als Kompetenznorm erlassen worden und durch die Mitgliedstaaten umzusetzen. Ob der deutsche Gesetzgeber die Vorgaben erfüllt hat, soll in Teil D. dieser Arbeit näher untersucht werden.

Art. 20 der Richtlinie Nr. 2006/54/EG und Art. 12 der Richtlinie 2004/113/EG normieren eine konkrete Verpflichtung zur Einrichtung sog. Stellen zur Förderung der Gleichbehandlung für die Bereiche Arbeits- und Beschäftigungsfragen und Waren- und Dienstleistungsgeschäfte. Die Umsetzung dieser Richtlinienvorgaben durch die Antidiskriminierungsstelle des Bundes soll in Teil 4 dieser Arbeit untersucht werden.

III. Verfassungsrechtliche Handlungsanforderungen – Art. 3 GG

Es stellt sich die Frage, ob aus der Verfassung eine Art Mindeststandard für Gleichstellungsinstitutionen hergeleitet werden kann. Danach ist zu prüfen, ob und unter welchen Voraussetzungen ein Abbau des Niveaus der Institutionalisierung verfassungsrechtlich zulässig wäre.

Welche Bedeutung und Reichweite der Förderauftrag diesbezüglich hat, soll im folgenden Abschnitt geprüft werden. Der Gleichberechtigungssatz und das Diskriminierungsverbot als Basis des Geschlechtergleichstellungsauftrags sind bereits in Teil 1 behandelt worden. Deren reale Umsetzung ist Aufgabe und damit Inhalt des Förderauftrags.[648]

---

648 Die folgenden Ausführungen beschränken sich auf die Vorgaben von Art. 3 GG.

1. Inhalt

1994 ergänzte der Verfassung gebende Gesetzgeber auf Vorschlag der gemeinsamen Verfassungskommission von Bundestag und Bundesrat, Art. 3 Abs. 2 GG[649] um folgenden Satz 2[650]:

> *„Der Staat fördert die tatsächliche Durchsetzung der Gleichberechtigung von Frauen und Männern und wirkt auf die Beseitigung bestehender Nachteile hin".*[651]

Mit Art. 3 Abs. 2 S. 1 GG war bereits der sogenannte Gleichberechtigungssatz normiert, wohingegen in Art. 3 Abs. 2 S. 2 GG das sog. Fördergebot nunmehr seine gesetzliche Grundlage findet. Der Einfügung von Satz 2 waren erhebliche Auseinandersetzungen in der GVK voraus gegangen.[652]

Die Ergänzung von Art. 3 Abs. 2 S. 2 GG knüpft an die Rechtsprechung des BVerfG an, da diese schon in Art. 3 Abs. 2 GG einen Regelungsauftrag zur Schaffung von tatsächlicher Gleichberechtigung, also einen gesellschaftsbezogenen Gehalt, hineininterpretiert hatte,[653] und damit ein über den Gleichberechtigungssatz hinausgehendes Gleichstellungsgebot in Art. 3 Abs. 2 GG a.F. gesehen hatte.

Wie bereits im Fall der Einführung von Art. 3 Abs. 2 S. 1 GG führte der Protest in der Öffentlichkeit, namentlich der der Frauen und Frauenverbände, zu der Bereitschaft, eine Ergänzung des Art. 3 Absatzes 2 GG (a.F.) um Satz 2 vorzunehmen.[654] Das Ziel war es, dem bereits in Art. 3 Abs. 2 S. 1 GG verankerten

---

649 42. Gesetz zur Änderung des Grundgesetzes: Gesetz vom 27.10.1994, BGBl 1994 I 3146.

650 Art. 1 Nr. 1 a) des42. Gesetz zur Änderung des Grundgesetzes vom 27.10.1994, BGBl. I, 3146.

651 42. Gesetz zur Änderung des Grundgesetzes: Gesetz zum 27.10.1994, BGBl 1994 I 3146.

652 *Langenfeld* in *Maunz/Düring*, Art. 3 Abs. 2 GG Rn. 2: Ausf. Dokumentiert bei *Limbach/Eckerts-Höfer*, Frauenrechte im Grundgesetz des geeinten Deutschlands, 1993; vgl. Zur Entstehungsgeschichte auch *Sacksofsky*, Das Grundrecht auf Gleichberechtigung, 1996, 323 ff.

653 Vgl. Fn. 356.

654 *Langenfeld* in *Maunz/Düring*, Art. 3 Abs. 2 GG Rn. 2 unter Verweis *Düring/Scholz* in *Maunz/Düring* (Grundwerk) Art. 3 Abs. 2 GG Rn. 58a.; Vgl. Zur Entstehungsgeschichte: ausführlich: *Vogel*, FS Benda, 1995, S. 295 (408, f.) und *Bumke*, in Der Staat, 1993,117; Scholz, ZG 1994, 1, 23; *Isensee*, NJW 1993, 2583, 2585; *Jahn*, DVBl. 1994, 177, 183; *Vogel*, FS *Benda*, 1995, S. 295 (408, f.); *Pfarr*, NZA 1995, 809; *Sannwald*, NJW 1994, 3331; *Hofmann*, FamRZ 1995, 257.

Gleichberechtigungsgebot zur besseren Durchsetzung in der Lebenswirklichkeit zu verhelfen.[655]

Nunmehr stellt sich nicht mehr die Frage[656], *ob* der Gesetzgeber verfassungsrechtlich verpflichtet ist, die faktische/tatsächliche Gleichberechtigung zu fördern, sondern *„nur noch, wie“*.[657] Ziel des folgenden Abschnitts ist es demnach, eine Art Untermaß und eine Konkretisierung des Inhalts für das Tätigwerden des Staates zur Erfüllung und damit den Gehalt von Art. 3 Abs. 2 S. 2 GG zu ermitteln, bzw. einen Rahmen für die Einschätzungsprärogative.

Hierzu ist zunächst der genaue Inhalt der Norm durch Auslegung zu ermitteln und eine rechtliche Einordnung der Formulierung vorzunehmen, um sodann mit den klassischen Auslegungsmethoden zu erarbeiten, welche konkreten Anforderungen an den Staat aus Art. 3 Abs. 2 S. 2 GG hergeleitet werden können, um darauf aufbauend prüfen zu können, welche Anforderungen in Hinblick auf die Institutionalisierung zu unternehmen sind.

a. Faktische Gleichberechtigung

Zunächst einmal ist das Ziel, das durch das Tätigwerden erreicht werden soll, zu bestimmen. Art. 3 Abs. 2 S. 2 GG wird auch als *„Verfassungsauftrag zur Durchsetzung der Gleichstellung in der gesellschaftlichen Wirklichkeit“*[658] bezeichnet. Das Ziel von Art. 3 Abs. 2 S. 2 GG ist dem Wortlaut nach die *„faktische Gleichberechtigung“*. Doch was genau ist darunter zu verstehen? Das in Art. 3 Abs. 2 S. 2 GG enthaltene Gleichberechtigungsgebot[659] verpflichtet den Staat bindend, die tatsächliche Durchsetzung der Gleichberechtigung/faktischen Gleichberechtigung zu fördern bzw. durchzusetzen.[660] Hiervon sind auch Ungleichheiten, die auf Private zurückgehen umfasst,[661] da die Norm *„auf eine Angleichung der*

---

655 *Langenfeld* in *Maunz/Düring*, Art. 3 Abs. 2 GG Rn. 2; BverfG Beschl.. v. 16.11.1993 1 BvR 258/86 = BverfGE 89, 276 (285); BverfG Urt. V. 28.1.1992 Az. 1 BvR 1025/82, 1 BvL 16/83 und 10/91 = BverfGE 85, 191 (206 f.); BverfG Beschl. V. 05.03.1991 1 BvL 83/86 und 24/88 = BverfGE 84, 9 (16); Abschlussbericht und die Empfehlungen der gemeinsamen Verfassungskommission, BT-Drs. 12/6000 und BR.-Drs. 800/93.

656 Wie damals zu Art. 3 Abs. 2 a.F.

657 Vgl. Auch *Rademacher*, Diskriminierungsverbot und „Gleichstellungsauftrag“, 2004, S. 29.

658 *Langenfeld* in *Maunz/Düring*, Art. 3 GG, Rn. 55.

659 BverfG Beschl. V. 18.11.2003 Az. 1 BvR 302/96 = BverfGE 109, 64, 89; BverfG Beschl. V. 05.04.2005 Az. 1 BvR 774/02 = BverfGE 113, 1, 15.

660 BverfG Beschl. V. 18.11.2003 1 BvR 302/96 = BverfGE 109, 64, 89.

661 *Jarass*, in *ders./Pieroth*, Art. 3 GG Rn. 114 (wobei Privatpersonen nicht unmittelbar gebunden warden, aber Art. 3 Abs. 2 GG hat eine Ausstrahlungswirkung).

Lebensverhältnisse“ zwischen Frauen und Männern zielt.[662] Gemeint ist hiermit ferner ein Abbau gesellschaftlicher Benachteiligungen und nicht nur rechtlicher Diskriminierung.[663] Das bedeutet auch, dass es möglich sein muss, Familientätigkeit und Erwerbsarbeit aufeinander abzustimmen,[664] und dass Frauen die gleichen Erwerbschancen wie Männer haben müssen.[665] Daher haben Gesetze zur Gleichstellung von Mann und regelmäßig Vorrang vor der Vertragsfreiheit.[666]

Nach überwiegender Auffassung wird eine Beschränkung der Norm allerdings auf die (auch tatsächliche) Chancengleichheit und nicht auf Ergebnisgleichheit angenommen.[667] Dem ist zuzustimmen: Chancengleichheit meint ein materielles Verständnis von Gleichheit, welches es ermöglicht, dass sich die Teilhabechancen von Männern und Frauen in ihrer Vielfalt in allen gesellschaftlichen Bereichen faktisch und nicht nur theoretisch verwirklichen.[668] Eine solche Freiheit gibt der Entscheidungsfreiheit und -vielfalt der Individuen Raum und negiert geschlechtsspezifische Unterschiede nicht.[669] Dennoch ist der Staat verpflichtet, unter Berücksichtigung dieser Faktoren konkrete Fördermaßnahmen für das jeweils unterrepräsentierte Geschlecht durchzuführen, insbesondere vor dem Hintergrund teilweise nur vermeintlich freier Entscheidungen über Lebensentwürfe, die nur allzu häufig geprägt sind von vorherrschenden Rollenvorstellungen (wie bspw. die Mutter ist das Beste für das Kind; der Mann hat vor allem finanziell für das Wohlergehen der Familie zu sorgen) oder faktischen Hindernissen, wie z. B. fehlenden Kinderbetreuungsmöglichkeiten durch Dritte oder einem schon vor der Geburt von Kindern geringeren Einkommen der Frau.[670]

Die Durchsetzung der Chancengleichheit und damit der Verwirklichung der Zielvorgabe des Art. 3 Abs. 2 S. 2 GG kann daher als ein auf ein konkretes

---

662 BverfG Beschl. V. 16.11.1993 Az. 1 BvR 302/86 = BverfGE 89, 276, 285.

663 BverfG Beschl. V. 18.11.2003 Az. 1 BvR 302/96 = BverfGE 109, 64, 89.

664 BverfG Beschl. V. 10.03.1998 Az. 1 BvR 178/97 = BverfGE 97, 332, 348.

665 BverfG Beschl. V. 18.11.2003 Az. 1 BvR 302/96 = BverfGE 109, 64, 89.

666 *Jarass* in *ders./Pieroth*, Art. 3 GG Rn. 114.

667 Vgl. Statt vieler: *Heun* in *Dreier*, Art. 3 Rn. 103; *Langenfeld* in *Maunz/Dürin, g* Art. 3 Abs. 2 Rn. 286b; *Nußberger* in *Sachs*, Art. 3 Rn. 282; *Lewalter*, Geschlechtergleichstellung und Handlungsoptionen aus rechtlicher Sicht, 2015, S. 203.

668 *Lewalter*, Geschlechtergleichstellung bei Privatisierungen, 2015, S. 203.

669 *Rademacher*, Diskriminierungsverbot und „Gleichstellungsauftrag“, 2004, S. 122.

670 *Schweizer*, Der Gleichberechtigungssatz – neue Form, alter Inhalt?, 1998, S. 64 ff.; *Rademacher*, Diskriminierungsverbot und „Gleichstellungsauftrag“, 2004, S. 122; *Jarass* in *ders./Pieroth* Art. 3 Abs. 2 Rn. 112; *Langenfeld* in *Maunz/Düring* Art. 3 Abs. 2 GG Rn. 58.

Ergebnis ausgerichteter Prozess beschrieben werden.[671] Somit kann die ergebnisorientierte Chancengleichheit[672] als reale Möglichkeit bezeichnet werden, *„faktische Gleichberechtigung“* zu erreichen.[673]

b. Rechtliche Einordnung

Die Gemeinsame Verfassungskommission ging einhellig davon aus, dass es sich bei der Norm um eine Staatszielbestimmung handele.[674]

Es konnte sich lediglich die Formulierung als Staatsziel durchsetzen, weil diese gerade keinen Individualanspruch auf ein bestimmtes staatliches Handeln einräumt, aber dennoch einen verbindlichen Handlungsauftrag an den Staat schafft.[675] Es geht auch nicht um eine Einrichtungsgarantie. Einrichtungsgarantien *„sind Verfassungsbestimmungen, die ein Bestehen einzelner Normkomplexe in ihren wesensprägenden Grundstrukturen garantieren und den Gesetzgeber an der Antastung dieses Wesenskerns hindern“*[676]. Zum einen handelt es sich bei dem Ziel *„faktische Gleichberechtigung“* nicht um ein Rechtsinstitut, sondern um einen gesellschaftlichen Zustand,[677] und zum anderen ist dieser gerade noch nicht erreicht.[678] Darüber hinaus garantiert die Norm das zielführende Handeln,[679] durch das das Erreichen und Erhalten des Zieles irgendwann erreicht werden soll. Der gesellschaftliche Zustand an sich wird aber nicht garantiert.[680]

Staatszielbestimmungen *„sind Verfassungsätze, welche die Staatsgewalt auf die Verfolgung eines bestimmten Ziels rechtsverbindlich verpflichten, ohne konkrete*

---

671 *Rademacher*, Diskriminierungsverbot und „Gleichstellungsauftrag“, 2004, S. 122.

672 *Rademacher*, Diskriminierungsverbot und „Gleichstellungsauftrag“, 2004, S. 123: 5. Öffentliche Sachverständigenanhörung der GVK am 05.11.1992, zitiert nach Limbach/Eckertz-Höfer, Frauenrechte im Grundgesetz des geeinten Deutschland, 1993, S. 126 ff..

673 *Rademacher*, Diskriminierungsverbot und „Gleichstellungsauftrag“, 2004, S. 122, 123.

674 *Rademacher*, Diskriminierungsverbot und „Gleichstellungsauftrag“, 2004, S. 91; Abschlussbericht der Gemeinsamen Verfassungskommission BT-Drs. 12/6000, S. 50.

675 *Sacksofsky* in *Umbach/Clemens, GG*, Art 3 Abs. 2, 3 Rn. 288; BT-Drs. 12/6000, S. 50.

676 *Rademacher*, Diskriminierungsverbot und „Gleichstellungsauftrag“, 2004, S. 95; vgl. Sachs, Verfassungsrecht II Grundrechte, 2017, A 4 Rn. 66.

677 *Rademacher*, Diskriminierungsverbot und „Gleichstellungsauftrag“, 2004, S. 95; Vgl. Auch Befund im Abschlussbericht der Gemeinsamen Verfassungskomission, BT-Drs. 12/6000, S. 50, die Einfügung des Art. 3 Abs. 2 S. 2 GG stelle weniger den Versuch der Lösung eines rechtlichen, denn eines gesellschaftlichen Problems dar.

678 *Rademacher*, Diskriminierungsverbot und „Gleichstellungsauftrag“, 2004, S. 96.

679 *Rademacher*, Diskriminierungsverbot und „Gleichstellungsauftrag“, 2004, S. 96.

680 *Rademacher*, Diskriminierungsverbot und „Gleichstellungsauftrag“, 2004, S. 96.

Mittel zur Zielerreichung vorzugeben und ohne dem Bürger subjektive Rechte zu gewähren".[681] Staatszielbestimmungen sind Verfassungsnormen mit rechtlich bindender Wirkung. Der Staat ist mit allen drei Gewalten zu deren fortdauernder Beachtung und Erfüllung verpflichtet.[682]Es handelt sich gerade nicht um – unverbindliche – Programmsätze. Progammsätze sind reine politische Absichtserklärungen, die keine Verbindlichkeit haben und deren Bedeutung daher als „äußerst gering" einzustufen ist.[683] Staatszielbestimmungen stellen im Gegensatz zu bloßen Programmsätzen verbindliche Rechtsnormen dar.[684] Schon der Wortlaut, „fördert" und „wirkt hin" zeigt die Verbindlichkeit an, mit der diese Norm formuliert ist. Inhaltlich ist dies gleichbedeutend mit etwa „muss fördern/hinwirken". Einschränkungen sind dem Wortlaut nicht zu entnehmen. Auch ist die Möglichkeit, Untätig zu bleiben, vom Wortlaut ausgeschlossen. Art. 3 Abs. 2 S. 2 GG verpflichtet den Staat zu einem Tätigwerden in Hinblick auf das umschriebene Ziel.[685] Andernfalls hätte der Verfassungsgeber Formulierungen wie „darf/kann fördern/hinwirken" verwenden können. Eine solche Formulierung würde für eine Einordnung als Kompetenzzuweisungsnorm sprechen. Formell-rechtliche Kompetenznormen räumen den Staatsorganen lediglich die Handlungsoption ein, enthalten aber materiell-rechtlich keine Vorgaben für deren Wahrnehmung.[686] Staatszielbestimmungen hingegen setzen Handlungskompetenz des Gesetzgebers voraus und gestalten die Zielrichtung des Handelns.[687] Staatszielbestimmungen postulieren eine echte Rechtspflicht, die jeweilige Zielbestimmung zu verfolgen. Lediglich bei der Wahl der Mittel zur Zielerreichung besteht ein Gestaltungsspielraum für den Staat.[688] Während beim

---

681 *Rademacher*, Diskriminierungsverbot und „Gleichstellungsauftrag", 2004, S. 92; Sommermann, Staatsziele und Staatszielbestimmungen, 1997, S. 5.

682 *Epiney* in *Mangoldt/Klein/Starck*, Art. 20a GG Rn. 43; Grundlegend zu Staatszielbestimmungen, siehe *Scheuner* FS *Forstthoff*, 1974, S. 325–346 und *Sommermann*, Staatsziele und Staatszielbestimmungen, 1997.

683 *Rademacher*, Diskriminierungsverbot und „Gleichstellungsauftrag", 2004, S. 94.

684 *Rademacher*, Diskriminierungsverbot und „Gleichstellungsauftrag", 2004, S. 91.

685 *Rademacher*, Diskriminierungsverbot und „Gleichstellungsauftrag", 2004, S. 94.

686 *Rademacher*, Diskriminierungsverbot und „Gleichstellungsauftrag", 2004, S. 94; Sommermann, Staatsziele und Staatszielbestimmungen, 1997, S. 366; *Merten*, DÖV 1993, 368, 371.

687 *Rademacher*, Diskriminierungsverbot und „Gleichstellungsauftrag", 2004, S. 94; *Sommermann*, Staatsziele und Staatszielbestimmungen, 1997, S. 366; *Merten*, DÖV 1993, 368, 371.

688 *Epiney* in *Mangoldt/Klein/Starck*, Art. 20a GG Rn. 45.

Gesetzgebungsauftrag einmaliges staatliches Tätigwerden ausreichen kann, ist bei Staatszielbestimmungen permanente staatliche Aktivität gefordert.[689]

Gesetzgebungsaufträge richten sich (wie es sich schon aus dem Wortlaut ergibt) ausschließlich an den Gesetzgeber (und sind von Rechtsprechung und Verwaltung nur bei Ermessensentscheidungen und bei der Auslegung von Gesetzestexten zu berücksichtigen), während Staatszielbestimmungen als unmittelbare Adressaten auch Rechtsprechung und Verwaltung mit einbezögen.[690] Weder hat Art. 3 Abs. 2 S. 2 GG einen hohen Konkretisierungsgrad – im Gegenteil, es ist gerade erst zu ermitteln, inwieweit sich die so weit gefasste Norm durch Auslegung konkretisieren lässt – noch richtet sich die Norm ausschließlich an den Gesetzgeber, sondern vielmehr an den *„Staat“*. Daher handelt es sich nicht um einen Gesetzgebungsauftrag.[691] Es lässt sich also festhalten, dass die gemeinsame Verfassungskommission eine Staatszielbestimmung geschaffen hat.

Alle drei staatlichen Gewalten, Legislative, Exekutive und Judikative sind somit auf allen drei Ebenen, Bundes-, Landes- und kommunaler Ebene zur Förderung der tatsächlichen Durchsetzung der Gleichberechtigung von Frauen und Männern in allen staatlichen und gesellschaftlichen Bereichen rechtlich verpflichtet. Es ist eine permanente zukunftsbezogene staatliche Aktivität gefordert, die tatsächliche Gleichbereichtigung der Geschlechter durchzusetzen.[692] Diese zukunftsorientierte Dynamik soll sich auf alle staatlichen und gesellschaftlichen Bereiche richten.[693] Ein einmaliges Tätigwerden ist nicht ausreichend.[694] Es ist vielmehr eine zukunftsorientierte Dynamik – der Prozess der Chancengleichheit – mit dem Ziel der Herstellung von faktischer Gleichberechtigung gefordert.[695] Der Staat ist verpflichtet, die Gleichstellungssituation effektiv und ergebnisorientiert zu verbessern.[696] Eine Verschlechterung der Gleichstellungssituation darf das staatliche Handeln nicht herbeiführen.[697]

---

689 *Lewalter*, Gleichstellung bei Privatisierungen, 2015, S. 222 .

690 *Rademacher*, Diskriminierungsverbot und „Gleichstellungsauftrag“, 2004, S. 89; *Sommermann*, Staatsziele und Staatsbestimmungen, 1997, S. 363, *Scheuner*, FS *Forsthoff*, 1974, 325, 334 f.

691 So auch *Rademacher*, Diskriminierungsverbot und „Gleichstellungsauftrag“, 2004, S. 98.

692 *Lewalter*, Geschlechtergleichstellung bei Privatisierungen, 2015, S. 202; vgl auch: *Nußberger* in *Sachs* Art. 3 GG Rn. 232, 262; *Jarass* in *ders./Pieroth*, Art. 3 Rn. 112.

693 *Lewalter*, Geschlechtergleichstellung bei Privatisierungen, 2015, S. 202.

694 *Lewalter*, Geschlechtergleichstellung bei Privatisierungen, 2015, S. 202.

695 *Lewalter*, Geschlechtergleichstellung bei Privatisierungen, 2015, S. 202.

696 *Lewalter*, Geschlechtergleichstellung bei Privatisierungen, 2015, S. 222.

697 *Lewalter*, Geschlechtergleichstellung bei Privatisierungen, 2015, S. 222.

c. *Konkretisierung der Staatszielbestimmung Gleichstellung*

Es wurde gezeigt, dass der Staat permanent tätig werden muss, um das Ziel der Chancengleichheit bzw. faktischen Gleichberechtigung zu erreichen. Es stellt sich daher nunmehr die Frage nach einer inhaltlichen Konkretisierung und einer Art Untermaß der staatlichen Förderpflicht. Wie ist das Tätigwerden auszugestalten, also welche inhaltlichen Anforderungen sind an die Handlungen, die dem Untermaßverbot[698] genüge tragen, zu stellen? In der Literatur wird es -wie oben gezeigt-[699] als ausreichend angesehen, dass der Gesetzgeber mehr als nichts tut, und dass die Tätigkeit, nicht evident untauglich ist. Mit einer näheren Konkretisierung befasst sich der folgende Abschnitt.

aa. *Konkretisierung anderer Staatsziele*

Durch Übertragung der erfolgten Konkretisierung anderer Staatsziele auf das Staatziel aus Art. 3 Abs. 2 S. 2 GG könnte auch Asrt. 3 Abs. 2 S. 2 GG insbesondere in Hinblick auf die Frage zur Pflicht der Institutionalisierung näher konkretisierbar sein.

Neben dem Staatsziel Gleichstellung sind im Grundgesetz folgende weitere Staatsziele verankert:

- Verwirklichung eines geeinten Europas, Art. 23 Abs. 1 GG,
- Staatsziel Umweltschutz und Tierschutz, Art. 20 a GG, und
- Gesamtwirtschaftliches Gleichgewicht, Art. 109 Abs. 2 GG.

Ein Vergleich mit den Staatszielen aus Art. 23 Abs. 1 GG und Art. 109 Abs. 2 GG wäre aufgrund der staatsorganisationsrechtlichen bzw. volkswirtschaftlichen Ausrichtung nicht zielführend.

Lewalter[700] stellt zunächst fest, dass die ersten Ansätze einer Konkretisierung und Konturierung des Staatsziels Gleichstellung aus Art. 3 Abs. 2 S. 2 GG relativ abstrakt bleiben, und erläutert, dass eine darüberhinausgehende Konkretisierung einer Staatszielbestimmung möglich sei, was ein Blick auf das Staatsziel Umweltschutz zeige.[701] Hierbei bezieht sie sich auf den Ansatz von *Epiney*,

---

698 *Klein*, JuS 2006, 960; *Grzeszick* in *Maunz/Düring*, GG, Art. 20 Rn. 126-128.

699 Vgl. Statt vieler: *Jarass* in *ders./Pieroth*, Art. 3 Rn. 113 unter Verweis auf BverfG 28.11.2003 Az. 1 BvR 302/96 = BverfGE 109, 64/90.

700 *Lewalter*, Geschlechtergleichstellung bei Privatisierungen, 2015, S. 202 ff.

701 *Lewalter*, Geschlechtergleichstellung bei Privatisierungen, 2015, S. 202 ff.

die die Konturen der Staatszielbestimmung Umweltschutz herausgearbeitet hat.[702]

Dieser Ansatz, einer analog zur Umweltverträglichkeitsprüfung durchzuführenden Geschlechtergleichstellungsverträglichkeitsprüfung, ist in Hinblick auf die von *Lewalter* aufgeworfene Gleichstellungsfrage bei Organisationsprivatisierungen innovativ und passend, nicht aber in Hinblick auf die Frage der Institutionalisierung. Eine Art „Geschlechtergerechtigkeitsverträglichkeitsprüfung", wie *Lewalter* ihn für Abbaus des Niveuas des Gleichstellungsschutzes bei Privatisierungen entwickelt hilft für die Frage des Vorhaltens von Institutionen nicht weiter, da ein Auf- oder Ausbau immer eine Verbesserung und ein Abbau immer eine Verschlechterung der des Niveaus darstellt. Es klärt nicht die Frage, unter welchen Voraussetzungen eine Verschlechterung erlaubt ist.

bb. Auslegung von Art. 3 Abs. 2 S. 2 GG im Lichte von CEDAW

Eine Auslegung von Art. 3 Abs. 2 S. 2 GG im Lichte von CEDAW ist, wie oben gezeigt, geboten.

(1) „Positive Maßnahmen"

Bei für Männer belastenden positiven Maßnahmen könnte die Verfassung im Lichte von CEDAW ausgelegt werden und im Rahmen der Verhältnismäßigkeitsprüfung könnte der materielle asymmetrische Ansatz von CEDAW berücksichtigt werden. Im Ergebnis müssten dann niedrigere Anforderungen an die Rechtfertigung gestellt werden. Da dies aber zu einer Grundrechtsverkürzung der Männer führen würde, ist fraglich, ob hier nicht die untere Grenze der völkerrechtsfreundlichen Auslegung überschritten wäre (siehe oben „Görgülü"[703]).[704] Dies soll hier aber nicht weiter vertieft werden, weil es gerade ein Vorzug der Institutionalisierung ist, ohne Grundrechtsverkürzung Dritter einen Beitrag zum Fortschritt der Gleichstellung zu leisten.

---

702 *Lewalter*, Geschlechtergleichstellung bei Privatisierungen, 2015, S. 206 ff.; *Epiney* in *Mangoldt/von Klein/Starck*, Art. 20a GG Rn. 58 ff.; a.A. *Scholz* in *Maunz/Düring* Art. 20a GG Rn. 35.

703 BverfG Beschl. V. 14.10.2004, Az. 2 BvR 1481/04 Rn. 90 = BverfGE 111, 307, 332, 317f („Görgülü"; S.

704 *König/Schadendorf*, DÖV 2014, 853, 858.

(2) Institutionalisierung

Es stellt sich nunmehr die Frage, ob im Wege einer rechtssystematischen Auslegung der Förderpflicht eine Konkretisierung in Hinblick auf die Institutionalisierung vorgenommen werden kann, insbesondere hinsichtlich der Anforderungen, die die CEDAW hinsichtlich Institutionalisierung an die Vertragsstaaten stellt.

cc. Urteil des Schweizer Bundesgerichts vom 21.11.2011

So hat das Schweizer Bundesgericht (ein mit dem Bundesverfassungsgericht vergleichbares Gericht) mit Urteil vom 21.11.2011 zur Nichtfortführung einer Kommission für Chancengleichheit von Mann und Frau im Kanton Zug mit Urteil vom 21.11.2011 entschieden, dass der Kanton Zug gemäß Art. 8 Abs. 3 S. 2 BV[705] iVm § 5 Abs. 2 KV/ZG[706] und Art. 2 lit. 1 CEDAW verpflichtet ist, einen Ersatz für die bisherige Kommission für Gleichstellung bzw. die Chancengleichheit von Mann und Frau vorzusehen.[707] Wie dieser Ersatz ausgestaltet sein müsse, sei aber dem Kanton überlassen.

Art. 8 der Schweizer Bundesverfassung lautet:

> **„Rechtsgleichheit**
>
> (1) Alle Menschen sind vor dem Gesetz gleich.
> *(2) Niemand darf diskriminiert werden, namentlich nicht wegen der Herkunft, der Rasse, des Geschlechts, des Alters, der Sprache, der sozialen Stellung, der Lebensform, der religiösen, weltanschaulichen oder politischen Überzeugung oder wegen einer körperlichen, geistigen oder psychischen Behinderung.*
> *(3) Mann und Frau sind gleichberechtigt. Das Gesetz sorgt für ihre rechtliche und tatsächliche Gleichstellung, vor allem in Familie, Ausbildung und Arbeit. Mann und Frau haben Anspruch auf gleichen Lohn für gleichwertige Arbeit.*
> *(4) Das Gesetz sieht Massnahmen zur Beseitigung von Benachteiligungen der Behinderten vor."*

---

705 Art. 8 Abs. 3 S. 1 und S. 2 der Schweizerischen Bundesverfassung lauten: Mann und Frau sind gleichberechtigt. Das Gesetz sorgt für ihre rechtliche und tatsächliche Gleichstellung, vor allem in Familie, Ausbildung und Arbeit.

706 § 5 Abs. 2 KV/ZG verpflichtet den Kanton, die tatsächliche Gleichstellung von Mann und Frau zu fördern und lautet exakt: (1) Alle Bürgerinnen und Bürger sind vor dem Gesetz gleich. (2) Der Kanton fördert die Verwirklichung der tatsächlichen Gleichstellung von Mann und Frau.

707 Schweizer Bundesgericht Urt. V. 21.22.2011, Az. 1C_549/2010; abrufbar unter: https://www.bger.ch/ext/eurospider/live/de/php/aza/http/index.php?highlight_docid=aza%3A%2F%2F21-11-2011-1C_549-2010&lang=de&type=show_document&zoom=YES&; zuletzt abgerufen am 16.07.2018.

§ 5 KV/ZG lautet:

> „(1) *Alle Bürgerinnen und Bürger sind vor dem Gesetz gleich.*
> (2) *Der Kanton fördert die Verwirklichung der tatsächlichen Gleichstellung von Mann und Frau.*“

Im Vergleich dazu lautet Art. 3 des deutschen Grundgesetzes:

> „(1) *Alle Menschen sind vor dem Gesetz gleich.*
> (2) *Männer und Frauen sind gleichberechtigt. Der Staat fördert die tatsächliche Durchsetzung der Gleichberechtigung von Frauen und Männern und wirkt auf die Beseitigung bestehender Nachteile hin.*
> (3) *Niemand darf wegen seines Geschlechtes, seiner Abstammung, seiner Rasse, seiner Sprache, seiner Heimat und Herkunft, seines Glaubens, seiner religiösen oder politischen Anschauungen benachteiligt oder bevorzugt werden. Niemand darf wegen seiner Behinderung benachteiligt werden.*“

Es zeigt sich also, dass der allgemeine Gleichbehandlungssatz (gleichermaßen jeweils in Abs. 1 normiert) exakt gleichlautend ist. Die Gleichberechtigung von Männern und Frauen ist in Art. 3 Abs. 2 S. 1 GG im Plural formuliert, während Art. 8 Abs. 3 Schweizer Bundesverfassung im Singular formuliert. Von besonderem Interesse ist die Förderverpflichtung, die im deutschen Grundgesetz in Art. 3 Abs. 2 S. 2 GG geregelt ist und in der Schweizer Bundesverfassung in Art. 8 Abs. 3 S. 2 normiert ist. Hier gibt es deutliche Wortlautunterschiede, wohingegen der Wortlaut des § 5 Abs. 2 KV/ZG fast gleichlautend ist mit Art. 3 Abs. 2 S. 2 GG.

Der Kanton fördert die Verwirklichung der tatsächlichen Gleichstellung von Mann und Frau. Hier zeigen sich feinere Unterschiede im Wortlaut:

- „Verwirklichung der tatsächlichen Gleichstellung“ vs. „Durchsetzung der Gleichberechtigung“,
- Plural vs. Singular,
- „wirkt auf die Beseitigung bestehender Nachteile hin“ fehlt in § 5 Abs. 2 KV/BV.

Das Schweizer Bundesgericht legt Art. 8 Abs. 3 S. 2 BV so aus, dass es einen Auftrag zur Schaffung tatsächlicher Gleichheit in der sozialen Wirklichkeit beinhaltet und somit Stereotype und diskriminierende Strukturen abzubauen sind. Nach Auslegung des Schweizer Bundesgerichts richtet sich dieser Gleichstellungsauftrag an alle Stufen des Bundesstaats, d.h. den Bund, die Kantone und die Gemeinden. Ferner sind auch die rechtsanwendenden Behörden dem Gleichstellungsauftrag verpflichtet (Nr. 3.1. des Urteils). Hier zeigt sich also, dass die Auslegung dem deutschen Gleichstellungsauftrag aus Art. 3 Abs. 2 S. 2 GG sehr viel näher kommt als ein abstrakter Vergleich des Wortlauts es zunächst vermuten lässt.

Vor diesem Hintergrund ist zu prüfen, ob eine Übertragung der Argumentation auf Art. 3 Abs. 2 S. 2 GG denkbar und vertretbar ist.

Dem Sachverhalt des genannten Urteils zufolge war im Jahr 1991 im Kanton Zug erstmals ein *„Büro für die Gleichstellung von Mann und Frau“* eingeführt und 1995 wieder abgeschafft worden. Sodann ist 1998 eine zunächst auf vier Jahre befristete *„Kommission für die Gleichstellung von Frau und Mann“* geschaffen worden und 2002 und 2006 um jeweils vier Jahre verlängert wurde. Am 28.10.2010 ergab eine Schlussabstimmung im Kantonsrat, dass die Weiterführung der *„Kommission für die Gleichstellung von Mann und Frau“* ersatzlos abgelehnt wird.

Im Kanton Zug gibt es nach dieser faktischen Abschaffung keine Institutionen mehr, die einen konkreten Gleichstellungsauftrag haben. Es existieren lediglich Stellen, deren Kompetenz zwar auch zugunsten von Frauen eingesetzt werden kann, aber deren originärer Zweck nicht die Förderung der Gleichstellung ist. Darüber hinaus gibt es einen privaten Verein zum Zwecke der Frauenförderung.[708]

In Art. 16 des Schweizer Bundesgesetzes vom 24.03.1995 über die Gleichstellung von Frau und Mann ist zwar ein Eidgenössisches Büro für die Gleichstellung von Frau und Mann vorgesehen, nicht aber für die Kantone.[709]

Die Schweiz ist – anders als Deutschland – nicht an Art. 20 RL 2006/54 EG gebunden.

Gegen die Nichtfortführung der Gleichstellungskommission haben verschiedene Personen und Personengruppen eine sog. *„Beschwerde in öffentlich-rechtlichen Angelegenheiten eventualiter subsidiäre Verfassungsbeschwerde“*[710] erhoben. Sie begründeten ihre Beschwerde maßgeblich damit, dass der Kanton Zug verpflichtet sei,

---

708 Schweizer Bundesgericht Urt. V. 21.22.2011, Az. 1C_549/2010 Ziff. 5.3; abrufbar unter: https://www.bger.ch/ext/eurospider/live/de/php/aza/http/index.php?highlight_docid=aza%3A%2F%2F21-11-2011-1C_549-2010&lang=de&type=show_document&zoom=YES&; zuletzt abgerufen am 16.07.2018.

709 Schweizer Bundesgericht Urt. V. 21.22.2011, Az. 1C_549/2010 Ziff. 5; abrufbar unter: https://www.bger.ch/ext/eurospider/live/de/php/aza/http/index.php?highlight_docid=aza%3A%2F%2F21-11-2011-1C_549-2010&lang=de&type=show_document&zoom=YES&; zuletzt abgerufen am 16.07.2018.

710 Die prozessualen Einzelheiten können hier außer Betracht bleiben.

„*den in Art. 8 Abs. 3 S. 3 BV sowie in § 5 Abs. 2 der Verfassung des Kantons Zug vom 31. Januar 1894 (KV/ZG) statuierten Gleichstellungsauftrag zur Förderung und Verwirklichung der tatsächlichen Gleichberechtigung von Mann und Frau zu erfüllen und die völkerrechtliche Verpflichtung aus Art. 2 Lit. 1 Zweiter Halbsatz des UNO-Übereinkommens zur Beseitigung jeder Form von Diskriminierung der Frau […]*[711] *sowie die Empfehlungen des CEDAW-Ausschusses umzusetzen, indem er die entsprechenden gesetzlichen Grundlagen weiterführt bzw. schafft und eine dafür angemessene Kommission und/oder Fachstelle einsetzt*".

Sie beziehen sich hierbei insbesondere auf die allgemeine Empfehlung Nr. 28 des CEDAW-Ausschusses zu Art. 2 CEDAW.

Das Schweizer Bundesgericht zieht zur Auslegung des Art. 8 BV die Praxis des Deutschen Bundesverfassungsgerichts heran:

„*[…] wenn sich die verfassungsrechtliche Rechtssetzungspflicht einem subjektiven Anspruch des Einzelnen auf positives Handeln nähere und die Verfassung ausnahmsweise Gesetzgebungsaufträge derart präzise umschreibe, dass der Richter mit seinen Mitteln überprüfen könne, ob der Gesetzgeber seinen Pflichten in verfassungswidriger Weise nicht nachgekommen sei*".[712]

„*[…] nähere sich also einem subjektiven Anspruch des Einzelnen auf positives Gesetzgeberisches Handeln, so müsse die Justiziabilität bejaht werden*".[713]

Es konstatiert weiter, dass sich eine konkrete Handlungspflicht für den Gesetzgeber auch aus der Auslegung von Grundrechten ergeben kann. Hierzu ist es allerdings erforderlich, dass die öffentliche Gewalt überhaupt keine Schutzvorkehrungen getroffen hat oder die getroffenen Schutzmaßnahmen offensichtlich gänzlich ungeeignet und völlig unzugänglich sind. Es zieht hierzu die Rechtsprechung des BVerfG zu den Schutzpflichten des Gesetzgebers hinsichtlich Fluglärm[714], Waffenlagerung und -transport[715] und Baugenehmigung für ein Atommüllendlager[716] heran (Nr. 2.3. des Schweizer Urteils). Das BVerfG nimmt

---

711 Auslassung durch Verf.

712 Schweizer Bundesgericht Urt. V. 21.22.2011, Az. 1C_549/2010 Ziff. 2.1.2; abrufbar unter: https://www.bger.ch/ext/eurospider/live/de/php/aza/http/index.php?highlight_docid=aza%3A%2F%2F21-11-2011-1C_549-2010&lang=de&type=show_document&zoom=YES&; zuletzt abgerufen am 16.07.2018.

713 Schweizer Bundesgericht Urt. V. 21.22.2011, Az. 1C_549/2010 Ziff. 2.2; abrufbar unter: https://www.bger.ch/ext/eurospider/live/de/php/aza/http/index.php?highlight_docid=aza%3A%2F%2F21-11-2011-1C_549-2010&lang=de&type=show_document&zoom=YES&; zuletzt abgerufen am 16.07.2018.

714 BverfG Beschl. V. 14.01.1981 Az. 1 BvR 612/72 = BverfGE 56, 54, 71, 80 ff.

715 BverfG Beschl. V. 29.10.1987 Az. 2 BvR 624, 1080, 2029/83 = BverfGE 77, 170, 214 ff.

716 BverfG Urt. V. 26.01.1988 Az. 1 BvR 1561/82 = BverfGE 77, 381, 405.

hier eine Begrenzung der Kontrolle auf die evidente Verletzung von Schutzpflichten vor. Es begründet dies damit, dass die regelmäßig komplexen Fragen, wie positive staatliche Schutz- und Handlungspflichten durch aktive gesetzgeberische Maßnahmen zu verwirklichen seien, nach dem Grundsatz der Gewaltenteilung und dem Demokratieprinzip in der Verantwortung des Gesetzgebers als dem vom Volk unmittelbar demokratisch legitimiertem Organ lägen.[717]

Das Schweizer Bundesgericht stellt zwar fest, dass die Schaffung besonderer Fachstellen (Gleichstellungsbüros) oder Kommissionen ein weitverbreitetes und zweckmäßiges Mittel ist, es kommt aber auch zu dem Schluss, dass eine wirksame Ausführung des Gleichstellungsauftrags auch ohne Schaffung solcher speziellen Stellen denkbar wäre. Es ist also zu prüfen, ob eine Konkretisierung des Verfassungsauftrags durch CEDAW erfolgt, die den dargelegten Anforderungen entspricht.

Das Schweizer Bundesgericht nimmt Bezug auf die Allgemeinen Empfehlungen Nr. 6 (7. Session 1988) Ziff. 1. und Nr. 28 Ziff. 28. Hinsichtlich der Rechtsverbindlichkeit der allgemeinen Empfehlungen geht es von Unverbindlichkeit aus, weil die Vertragsstaaten keine entsprechende Autorität an den CEDAW-Ausschuss übertragen haben. Es legt sodann die einschlägigen Empfehlungen (und abschließenden Bemerkungen für die Schweiz, die hier allerdings außer Betracht bleiben sollen) dahingehend aus, dass sich daraus keine verbindlichen Vorgaben für eine bestimmte organisatorische Einheit finden lassen. Es stellt zum einen auf den Wortlaut der Empfehlungen ab. Der Wortlaut divergiert: nationale Mechanismen, Institutionen, Vorkehrungen auf hoher Regierungsebene, gefestigte und zielgerichtete Organismen; ein nationales Dispositiv für die Förderung der Stellung der Frau (Ziff. 6.6. des Urteils). Ferner lasse sich nach dem Sinn und Zweck des Übereinkommens, namentlich einer möglichst effektiven Umsetzung der Konvention auf allen Ebenen und in allen Lebensbereichen, auch nicht auf eine bestimmte Organisations- und Handlungsform schließen.

Aus dem Wortlaut von Art. 2 CEDAW ergebe sich vielmehr, dass den Vertragsstaaten die Wahl der hierfür am besten geeigneten Mittel obliegt (Nr. 6.6 des Urteils). Dennoch kommt das Schweizer Bundesgericht in Nr. 6.6 des Urteils zu folgendem Schluss:

> *„Die oben zitierten allgemeinen Empfehlungen und abschließenden Bemerkungen des Ausschusses bestätigen, dass alle Ebenen des Staates, d.h. nicht nur der Bund, sondern auch alle Kantone verpflichtet sind, die Konvention umzusetzen und hierfür geeignete organisatorische Vorkehrungen zu treffen. Sie müssen über Stellen mit den notwendigen*

---

717 BverfG Beschl. V. 14.01.1981 Az. 1 BvR 612/72 = BverfGE 56, 64, 81.

Fachkenntnissen, Kompetenzen und Ressourcen verfügen, um die von der Konvention verlangte Aufgabe wirksam wahrnehmen zu können."

Allerdings gibt es eben keine Vorgaben hinsichtlich einer bestimmten organisatorischen Einheit, sodass die Justiziabilität im Ergebnis abzulehnen war. Immerhin: Ersatz muss es geben. Welche organisatorische Ausgestaltung der Ersatz annimmt, ist offen.

In den Worten des Schweizer Bundesgerichts:

„(...) ist der Kanton Zug gemäß Art. 6 Abs. 3 S. 2 BV iVm § 5 Abs. 2 KV/ZGund Art. 2 Lit. a CEDAW verpflichtet, einen Ersatz für die bisherige Kommission für die Gleichstellung bzw. Chancengleichheit von Frau und Mann vorzusehen. Dagegen lässt sich aus den genannten Bestimmungen keine Verpflichtung zu einer bestimmten institutionellen Maßnahme ableiten. Die Wahl derselben steht vielmehr im Ermessen des Kantons. Dieser ist daher nicht verpflichtet, eine Kommission oder Fachstelle zu schaffen, sondern kann die Umsetzung des Gleichstellungsauftrags auch mit anderen Mitteln verfolgen"[718]

dd. Übertragbarkeit auf Deutschland

Der deutsche Staat ist verfassungsrechtlich verpflichtet, die tatsächliche Durchsetzung der Gleichberechtigung zu fördern. Die Wahl der Mittel liegt in der Einschätzungsprärogative des Gesetzgebers. Das Grundgesetz ist völkerrechtsfreundlich auszulegen. Eine Auslegung kann im Lichte der einschlägigen allgemeinen Empfehlungen und abschließenden Bemerkungen erfolgen. Dann müsste der Förderpflicht aus Art. 3 Abs. 2 S. 2 GG gegebenenfalls auch durch Institutionen nachgekommen werden muss. Hier geben die Normen etwas präzisere Anforderungen[719] vor, als von dem Schweizer Bundesgericht angenommen. Die allgemeinen Empfehlungen und abschließenden Bemerkungen sind Soft Law und können - müssen aber nicht - bei der Auslegung vom Verfassungsrecht berücksichtigt werden. Es kann also eine Auslegung vorgenommen und vertreten werden, die besagt, dass sich aus Art. 3 Abs. Abs. 2 S. 2 GG in Verbindung mit der Allgemeinen Empfehlung Nr. 28 Ziff. 28 und den weiteren Empfehlungen eine Pflicht des Staates ergibt, die tatsächliche Durchsetzung der Gleichberechtigung auch durch Institutionen zu erfüllen, die den Anforderungen der benannten allgemeinen Empfehlungen Rechnung tragen.

---

718 Schweizer Bundesgericht Urt. V. 21.22.2011, Az. 1C_549/2010 Ziff. 7; abrufbar unter: https://www.bger.ch/ext/eurospider/live/de/php/aza/http/index.php?highlight_docid=aza%3A%2F%2F21-11-2011-1C_549-2010&lang=de&type=show_document&zoom=YES&; zuletzt abgerufen am 16.07.2018.

719 Siehe S. 95 ff. Und insbes. S. 105 und 106.

Zumindest aber ist anzunehmen, dass die ersatzlose Abschaffung oder rechtliche Einschränkung bestehender Gleichstellungsinstitutionen (so wie sie in der Schweiz im Kanton Zug erfolgte) einer Auslegung von Art. 3 Abs. 2 S. 2 GG in Verbindung mit den einschlägigen Allgemeinen Empfehlungen und abschließenden Bemerkungen zuwiderläuft, solange nicht nachweisbar das Staatsziel der tatsächlichen Gleichberechtigung erreicht ist.

Für eine solche Auslegung spricht darüber hinaus eine höhere Rechtssicherheit, die durch einen weiteren Konkretisierungsgrad erreicht wird, sowie eine effizientere Umsetzung und Durchsetzbarkeit der völkerrechtlichen Verträge. Die Rechtsprechung ist zwar aufgrund der Soft Law-Qualität „nur" verpflichtet, sich in gutem Glauben mit den allgemeinen Empfehlungen und abschließenden Bemerkungen argumentativ auseinanderzusetzen. Wie aber ein Abbau von Institutionen bei einem Stillstand oder Rückschritt der tatsächlichen Chancengleichheit erklärt werden kann, ist fraglich.

Zumindest kann also – ohne Vorliegen der tatsächlichen Chancengleichheit – von einer Art Rückschrittsverbot ausgegangen werden.

Dies deckt sich auch mit den Wertungen, die das BVerfG hinsichtlich der KRK und der BRK und den dazu einschlägigen allgemeinen Empfehlungen annimmt. Zwar beziehen sich die Urteile auf die Auslegung des grundrechtlichen Schutzes vor Eingriffen und Art. 3 Abs. 2 S. 2 GG schafft eine Handlungspflicht. Es geht aber bei allen Grundrechten um dieselbe Dogmatik hinsichtlich des Gebots der völkerrechtsfreundlichen Auslegung.

2. Durchsetzbarkeit/subjektiv-rechtlicher Gehalt

Grundrechtsträger sind Männer und Frauen[720] als Individuen bzw. natürliche Personen. Juristische Personen können sich nicht auf Art. 3 Abs. 2 GG berufen.[721] Es muss eine Benachteiligung wegen der Eigenschaft als Mann oder Frau vorliegen.[722] Die neutrale Formulierung von Art. 3 Abs. 2 S. 1 GG sowie die Bestätigung durch Art. 3 Abs. 3 S. 1 GG zeigen[723], dass sowohl Männer als auch

720 *Baer/Markard* in v. *Mangoldt/Klein/Starck*, Art. 3 GG Rn. 360; BverfG Beschl. V. 31.03.1971 Az. 1 BvL 6/68 = BverfGE 31, 1, 4; BverfG Beschl. V. 13.11.1979 Az. 1 BvR 631/78 = BverfGE 52, 369, 373 ff.; BverfG Beschl. V. 24.01.1995 Az. 1 BvL 18/93 und 5,6,7/94, 1 BvR 403, 569/94 = BverfGE 92, 91, 109 ff.; *Lenz*, in *Hamann/ders.*, Grundgesetz, Art. 3, Anm. B 5e mwN.

721 *Baer/Markard* in *v. Mangoldt/Klein/Starck* Art 3 GG Rn. 360.

722 *Jarass* in *ders./Pieroth*, Art. 3 GG Rn. 107.

723 *Jarass* in *ders./Pieroth*, Art. 3 GG Rn. 102; BverwG Urt. V. 21.03.1972 Az. I C 13.71 = BverwGE 40, 17, 24.

Frauen die Gleichstellung gegenüber dem jeweils anderen Geschlecht verlangen können.

a. Wortlaut

Unmittelbar aus dem Wortlaut lässt sich kein subjektives Recht entnehmen.

b. Historie

Die Gegner einer subjektivrechtlichen Komponente stellen vor dem Hintergrund der Genese von Art. 3 Abs. 2 S. 2 GG auf eine lediglich klarstellende Funktion[724] der Förderpflicht ab, mit der gerade kein subjektives Recht korrespondieren sollte.[725]

Verfassungspolitisch sei zwar vielfach ein Grundrecht auf reale Gleichstellung gefordert worden.[726] Dies habe sich jedoch nicht durchgesetzt. So geht aus dem Bericht der gemeinsamen Verfassungskommission hervor, dass diese gerade keinen Individualanspruch einräumen wollte:

> *„Dabei wird durch die Formulierung deutlich, dass kein Individualanspruch auf ein bestimmtes staatliches Handeln eingeräumt werden soll."*[727]

Die Entscheidung über konkrete Maßnahmen, ihre aktuelle Erforderlichkeit sowie Geeignetheit im Einzelnen obliege dem einfachen Gesetzgeber. Die Verfassung sage hierzu im Einzelnen nichts aus.[728]

---

724 *Langenfeld* in *Maunz/Düring*, Art. 3 Abs. 2 GG Rn. 2; BverfG Beschl. V. 05.04.2005 Az. 1 BvR 774/02 Rn. 53 = BverfGE 113, 1, 15; BverfG Beschl. V. 18.11.2003 1 Az. BvR 302/96 = BverfGE 109, 64 89; BverfG Urt. V. 30.01.2002 Az. 1 BvL 23/96 = BverfGE 104, 373, 393; BverfG Beschl. V. 24.01.1995 Az. 1 BvL 18/93 und 5,6,7/94, 1 BvR 403, 569/94 = BverfGE 92, 91, 109; ausdrückliche Bezugnahme auf BverfG Beschl. V. 28.01.1987 1 BvR 445/82 = BverfGE 74, 163, 179 f.; BverfG Urt. V. 28.01.1992 1 BvR 1025/82, 1 BvL 16/83 und 10/91 = BverfGE 85, 191, 207 im Bericht der gemeinsamen Verfassungskomission, BT-Drs. 12/6000, 29.„Darüber herrschte in der gemeinsamen verfassungskommission Einigkeit": BverfG Beschl. V. 18.07.1973 Az. 1 BvR 23, 155/73 = BverfGE 35, 382, 408; BT-Drs. 12/6000, 49, 50.

725 *Langenfeld* in *Maunz/Düring*, Art. 3 Abs. 2 GG Rn. 2.

726 *Langenfeld* in *Maunz/Düring*, Art. 3 GG Rn. 55 unter Verweis auf *Düring/Scholz* in *Maunz/Düring* (Grundwerk) Art. 3 Abs. 2 Rn. 60.

727 BT-Drs. 12/6000, S. 50.

728 *Jarass* in *ders./Pieroth*, Art. 3 Rn. 113 aE.

c. Praktikabilität

Die Gegner eines subjektiven Gehalts argumentieren weiter, es sei folgerichtig und verfassungssystematisch korrekt, aufgrund der Vielfalt und Unterschiedlichkeit der konkreten Problemlagen einen subjektiven Gehalt abzulehnen. Da diese nicht überschaut werden könnten, könne von Verfassungs wegen schon kein Regelungs- oder Korrekturrezept vorgegeben werden.[729]

Als Argument gegen einen derartigen Anspruch wird auch angeführt, dass er praktisch gar nicht durchsetzbar wäre, da lediglich Maßnahmen zur Förderung der tatsächlichen Herstellung der Gleichberechtigung gefordert sind, aber die konkrete Ausgestaltung in den Beurteilungs- und Handlungsspielraum der Staatsorgane fiele.[730]

Dieses Argument kann jedoch kaum gegen einen subjektiven Anspruch dem Grunde nach herhalten. Auch von der einen subjektiven Gehalt bejahenden Auffassung wird dem Gesetzgeber ein weiter Spielraum eingeräumt, weil aufgrund der Einschätzungsprärogative des Gesetzgebers nur selten ein Anspruch auf eine bestimmte Maßnahme oder Forderung bestehen könne.[731]

d. Systematik

Grundrechte sind subjektive Rechte und enthalten nach einhelliger Auffassung auch objektive Wertentscheidungen (sog. Doppelcharakter von Grundrechten).[732] Selbiges kann auch auf den Förderauftrag des Art. 3 Abs. 2 S. 2 GG übertragen oder ausgedehnt werden. Dieser vermittelt ebenfalls ein subjektives Recht hinsichtlich des Auftrags an den Staat zur Angleichung der Lebensverhältnisse.[733] Die Förderverpflichtung aus Art. 3 Abs. 2 S. 2 GG richtet sich an den Staat, also an den Gesetzgeber und jegliche andere staatliche Gewalt. Wie es auch bei anderen Grundrechten mit Auftragsgehalt angenommen wird, korrespondiert die objektivrechtliche Verpflichtung auch mit einem subjektiven Recht. Allerdings besitzt der Staat bei der Durchführung einen so großen Spielraum, so dass sich nur selten ein Anspruch auf eine bestimmte Maßnahme herleiten

---

729 *Langenfeld* in *Maunz/Düring*, Art. 3 Abs. 2 GG Rn. 55 unter Verweis auf *Düring/Scholz* in *Maunz/Düring* (Grundwerk) Art. 3 Abs. 2 Rn. 61.

730 *Rademacher*, Diskriminierungsverbot und „Gleichstellungsauftrag", 2004, S. 101, 102.

731 Vgl. Nur *Jarass*, in *ders./Pieroth*, Art. 3 Rn. 113 („erheblicher Spielraum"); *Sachs*, HBStR Bd. VIII § 182 Rn. 139.

732 Vgl. Nur BverfG Urt. V. 24.07.1963 Az. 1 BvL 101/58 = BverfGE 17, 38; BverfG Beschl. V. 21.05.1974 Az. 1 BvL 22/71 und 21/72 = BverfGE 37, 217, 259ff.

733 *Jarass* in *ders./Pieroth*, Art. 3 Rn. 113.

lässt. Das ist zuzugestehen: *„Der Gesetzgeber kann im Rahmen seines Gestaltungsermessens entscheiden, wie er dem Gebot des Art. 3 Abs. 2 GG nachkommt“.*[734]

Zumindest stufte das BVerfG die Schaffung von Kindergartenplätzen als Ausfluss der Schutzpflicht ein:[735]

> *„Auch insofern befolgt der Staat ein grundrechtliches Schutzgebiet, gem. Art. 3 Abs. 2 S. 2 GG muss er dafür Sorge tragen, dass Familientätigkeit und Erwerbstätigkeit aufeinander abgestimmt werden können und die Wahrnehmung der familiären Erziehungsaufgabe nicht zu beruflichen Nachteilen führt.“*[736]

Auch nach *Sachs*[737] sind gerade Unterscheidungsverbote, wie Art. 3 Abs. 2 S. 1 GG eines anordnet, spezieller Ausdruck grundsätzlicher (Wert-)Entscheidungen, auch wenn sie einen sehr präzisen Regelungsgehalt haben. Der hier vermittelte Wert ist der gleiche Geltungsanspruch jeder Person (als Ausdruck der Menschenwürde des Individuums) gegenüber historisch belegten Formen diskriminierender Missachtung. Diese Unterscheidungsverbote sind nicht weniger als andere Grundrechtsbestimmungen für eine flankierende Absicherung durch nur grundsätzlich verpflichtende, den strikten abwehrrechtlichen Grundrechtsschutz verstärkende Zusatzwirkung tragfähig. Dieser flankierenden Absicherung entspricht auch eine subjektive Grundrechtsberechtigung. Dies natürlich nur in geeigneten Fällen und im Umfang des entsprechenden Verpflichtungsgehalts. Das gilt auch, soweit solche Grundrechtsgehalte in Art. 3 Abs. 2 S. 2 GG explizit angesprochen sind.

In anderen Worten: Auch bei Gleichheitsgrundrechten ist eine flankierende Absicherung durch eine „Zusatzwirkung“, also eine Art Schutzgebot, dem auch eine subjektive Grundrechtsberechtigung entspricht, gegeben. Dem steht auch Art. 3 Abs. 2 S. 2 GG nicht entgegen.

Aufgrund ihrer hohen Allgemeinheit ist die Verfassung in besonders hohem Maße auslegungsbedürftig.[738] Bei der Interpretation der Verfassung spielen oftmals nicht nur rein rechtliche Gedanken sondern auch politische Folgebetrachtungen eine Rolle.[739] Daher ist es bei der Verfassungsinterpretation nicht nur besonders wichtig, Widersprüche zu anderen Verfassungsnormen,

---

734 BverfG Beschl. V. 18.11.2003 Az. 1 BvR 302/96 = BverfGE 109, 64.

735 Jarass in ders./Pieroth, GG, Art. 3 Rn. 113; implizit BverfG Beschl. V. 16.11.1993 1 BvR 258/86 = BverfGE 89, 276, 285.

736 BverfG Beschl. V. 10.03.1998 Az. 1 BvR 178/97 = BverfGE 97, 332/348.

737 *Sachs*, HBStR Bd. VIII § 182 Rn. 137.

738 *Schwacke*, Juristische Methodenlehre, 2011, S. 116.

739 *Schwacke*, Juristische Methodenlehre, 2011, S. 116.

fundamentalen Strukturen und Wertentscheidungen zu vermeiden[740], sondern es entspricht dem besonderen Rang des Grundgesetzes, bei Verfassungsnormen immer derjenigen Deutung Vorrang zu gewähren, die „die juristische Wirkungskraft der betreffenden Norm am stärksten entfaltet".[741] Besteht zumindest ein potentieller subjektiver Anspruch, der gerichtlich durchsetzbar wäre, ist die Bereitschaft, von vorne herein der Norm entsprechend zu handeln, sicherlich erhöht. Es geht schon denklogisch mit der Förderpflicht des Staates ein korrespondierendes Recht des Einzelnen einher, das sich in Spielraum und Weite komplementär zu der Pflicht verhält. Würde aus Art. 3 Abs. 2 S. 2 GG kein subjektives Recht hergeleitet, könnte Art. 3 Abs. 2 S. 2 GG ins Leere laufen, ohne dass sich je jemand dagegen wehren könne. Diese Folge widerspräche dem oben beschriebenen Auslegungsgrundsatz, bei der Auslegung von Grundrechten immer derjenigen Ausgelgung Vorrang einzuräumen, die die juristische Wirkungskraft der Norm am stärksten entfaltet.

Für die Interpretation eines Gesetzes ist nach dem BVerfG[742] zwar grundsätzlich der im Wortlaut des Gesetzes zum Ausdruck kommende *„objektivierte Wille des Gesetzgebers"* maßgebend[743], so wie er sich *„aus dem Wortlaut der Gesetzesbestimmung, dem Sinnzusammenhang, in den die fragliche Vorschrift hineingestellt ist, sowie dem erkennbaren Zweck der Vorschrift ergibt"*.[744]

Ist allerdings klar erkennbar, welche Intention der Gesetzgeber für eine Regelung hatte und von welchen Wertvorstellungen sie getragen ist, kann die Auslegung wie bei einem hinreichend klaren Wortlaut nicht davon abweichen.[745] Bei älteren Gesetzen kann jedoch die subjektive Theorie weiter in den Hintergrund treten. Es sind dann die gewandelten Verhältnisse und Vorstellungen in die Auslegung mit einzubeziehen.[746] Dies gilt umsomehr bei der bei der „atmenden" Verfassung. Art. 3 Abs. 2 S. 2 GG kann also ein mit der Pflicht kongruenter subjektiver Anspruch entnommen werden.

---

740 *Schwacke*, Juristische Methodenlehre, 2011, S. 116.

741 *Schwacke*, Juristische Methodenlehre, 2011, S. 117; BverfG Beschls. V. 15.12.1976 Az. 2 BvR 841/73 = BverfGE, 43, 154, 167.

742 BverfG Beschl. V. 23.11.1988 Az. 2 BvR 1619, 1628/83 = BverfGE 79, 106, 121.

743 BverfG Beschl. V. 23.11.1988 Az. 2 BvR 1619, 1628/83 = BverfGE 79, 106, 121.

744 BverfG Beschl v. 17.05.1960 Az. 2 BvL 11/59, 11/60 = BverfGE 11, 126, 130; BverfG Beschl. V. 22.10.1985 A. 1 BvL 44/83 = BverfGE 71, 81, 106.

745 *Schwacke*, Juristische Methodik, 2011, S. 98.

746 *Schwacke*, Juristische Methodik, 2011, S. 88; BverfG Beschl. V. 14.02.1973 Az. 1 BvR 112/65 = BverfGE 34, 269, 288 ff.; BverfG Beschl. V. 11.06.1988 Az. 1 PbvU 1/79 = BVerfGE 54, 277, 298.

3. Zusammenfassung

Aus Art. 3 Abs. 2 S. 2 GG ergibt sich zunächst eine allgemeine Förderpflicht für den Staat. Die Wahl der Mittel steht in der Einschätzungsprärogative des Gesetzgebers. Eine Auslegung im Lichte von CEDAW in Verbindung mit den einschlägigen allgemeinen Empfehlungen und abschließenden Bemerkungen für Deutschland kann eine Konkretisierung dahingehend ergeben, dass eines der Mittel, die grundsätzlich in der Wahl des Gesetzgebers stehen, die Institutionalisierung ist. Art. 3 Abs. 2 S. 2 GG kann also im Lichte von CEDAW in Verbindung mit den einschlägigen allgemeinen Empfehlungen und abschließenden Bemerkungen für Deutschland ein Mindestmaß vorgeben, dass mehr ist als „mehr als nichts". Das „mehr" kann durch die Anforderungen der CEDAW in Verbindung mit den einschlägigen allgemeinen Empfehlungen und abschließenden Bemerkungen für Deutschland konkretisiert werden. Die Institutionen sollen – wie oben gezeigt – die Situation von Frauen analysieren und auf sie aufmerksam machen. Sie sollen die Vertragsstaaten überwachen und sie bei der Umsetzung von CEDAW unterstützen. In den abschließenden Bemerkungen zum 6. periodischen Staatenbericht Deutschlands und zum kombinierten 7. und 8. periodischen Staatenbericht fordert der CEDAW-Ausschuss neben der Umsetzung der CEDAW auf allen politischen Ebenen, insbesondere in den Bundesländern, unabhängige Antidiskriminierungsstellen einzurichten.

Eine gebotene völkerrechtsfreundliche Auslegung gibt bei stagnierender oder gar rückschrittlicher Gleichstellungssituation ein Rückschrittsverbot hinsichtlich der Institutionalisierung vor. Das bedeutet, dass, solange nicht die tatsächliche gesellschaftliche Situation dem Staatsziel der tatsächlichen Gleichberechtigung oder Chancengleichheit entspricht, eine Verschlechterung der Rechtslage in Hinblick auf die Institutionalisierung nicht vorgenommen werden darf. Dies bezieht sich auf alle politischen Ebenen.

Da Art. 3 Abs. 2 S. 2 GG auch einen subjektiv-rechtlichen Gehalt hat, wäre ein solcher Anspruch – unter Hinzutreten weiterer Voraussetzungen – unter Umständen auch gerichtlich durchsetzbar.

Die Anforderungen der abschließenden Empfehlungen an die Antidiskriminierungsstelle des Bundes sollen im nächsten Kapitel näher betrachtet werden.

Teil 4: Eine innerstaatliche Umsetzung – Die Antidiskriminierungsstelle des Bundes

Anhand der Antidiskriminierungsstelle des Bundes kann nunmehr dargestellt werden, wie eine solche Institution rechtlich ausgestaltet sein kann (Abschnitt I.: Einrichtung und Abschnitt II.: Aufgaben). Ferner soll überprüft werden, inwiefern die ADS den Anforderungen höherrangigen Rechts entspricht (Abschnitt III.: Die Unabhängigkeit). Außerdem soll überprüft werden, inwieweit den völkerrechtlichen Anforderungen Rechnung getragen wird (Abschnitt IV.: Übereinstimmung mit CEDAW und den Pariser Prinzipien).

Aufgrund der EU-Antidiskriminierungsrichtlinien war der deutsche Gesetzgeber unter anderem verpflichtet, eine oder mehrere Stellen zu bezeichnen, deren Aufgabe darin besteht, die Verwirklichung des Grundsatzes der Gleichbehandlung aller Personen ohne Diskriminierung aufgrund der Rasse[747] oder der ethnischen Herkunft zu fördern (Art. 13 RL 2000/43/EG), und die Verwirklichung der Gleichbehandlung aller Personen ohne Diskriminierung aufgrund des Geschlechts zu fördern, zu analysieren, zu beobachten und zu unterstützen (Art. 12 2004/113/EG; Art. 20 RL 2006/54/EG). Im Jahr 2006 ist daher mit Inkrafttreten des AGG die Antidiskriminierungsstelle des Bundes (ADS) als zentrale Stelle zur Förderung einer diskriminierungsfreien Gleichbehandlung beim Bundesministerium für Familie, Senioren, Frauen und Jugend (BMFSFJ) errichtet worden.

Ein erster Aufschlag zur Umsetzung der Richtlinien war der Diskussionsentwurf eines Gesetzes zur Verhinderung von Diskriminierungen im Zivilrecht vom 10.12.2001.[748] Es sah zunächst vornehmlich Änderungen des BGB vor. Das Arbeitsrecht sollte separat in einem Gleichbehandlungsgesetz erfasst

---

747 Die Verwendung des Begriffs "Rasse" ist an die Terminologie der Richtlinie angelehnt und impliziert nicht die Akzeptanz oder Toleranz solcher Theorien, mit denen versucht wird, die Existenz verschiedener menschlicher Rassen zu belegen. Diese sind vielmehr aufs Schärfste zurückzuweisen. Auch in Gesetzestexten sollte der Begriff vermieden werden.

748 Diskussionsentwurf eines Gesetzes zur Verhinderung von Diskriminierungen im Zivilrecht vom 10.12.2001; Abrufbar unter: https://www.zaar.uni-muenchen.de/download/doku/gesetzgebung/antidiskriminierung/adg_diskussionsentw.pdf; zuletzt abgerufen am 16.08.2018.

werden.[749] Eine Antidiskriminierungsstelle war hier noch nicht vorgesehen und auch von der sog. Rahmenrichtlinie (RL 2000/78/EG) noch nicht gefordert. Erst mit Art. 8a RL 2002/73/EG ist eine Stelle gefordert worden, die in Art. 20 RL 2006/54EG übernommen wurde. Ergänzend findet sich in Art. 12 RL 2004/113/EG eine Regelung über eine solche Stelle. Der nächste Gesetzesentwurf folgte erst Ende 2004 mit dem Entwurf eines Gesetzes zur Umsetzung europäischer Antidiskriminierungsrichtlinien vom 15.12.2004 (ADG).[750] Hierin findet sich auch erstmals die Antidiskriminierungsstelle in den Regelungen der §§ 26–31 ADG.

Erst am 29.06.2006 beschloss der Bundestag das AGG, welches am 14.08.2016 als *„Gesetz zur Umsetzung Europäischer Richtlinien zur Verwirklichung des Grundsatzes der Gleichbehandlung“* (AGG) verabschiedet wurde. Es trat am 18.08.2006 – einen Tag nach der Verkündung im Bundesgesetzblatt – in Kraft.[751] Vom ADG zum AGG fand neben einer Änderung der Nummerierung der Paragraphen (§§ 26–31 ADG und §§ 25 –30 AGG) im Wesentlichen nur eine Änderung statt. Anstelle des Bundespräsidenten (§ 27 ADG) ernennt nunmehr nach § 26 Abs. 1 S. 1 AGG die Bundesministerin oder der Bundesminister für Familie, Senioren, Frauen und Jugend die Leiterin oder den Leiter der Antidiskriminierungsstelle des Bundes.

I. Die Einrichtung der Antidiskriminierungsstelle des Bundes

§ 25 Abs. 1 AGG regelt die Errichtung der Antidiskriminierungsstelle des Bundes beim Bundesministerium für Familie, Senioren, Frauen und Jugend (BMFSFJ). Wie auch die Regelungen in § 27 Abs. 2 S. 3 und Abs. 3 und 4 AGG klarstellen, lässt die Einrichtung der Antidiskriminierungsstelle die Zuständigkeiten anderer Beauftragter des Deutschen Bundestages oder der Bundesregierung unberührt. Dies ergibt sich aus dem Wortlaut des § 25 Abs. 1 AGG (*„unbeschadet der Zuständigkeit der Beauftragten des Deutschen Bundestages und der Bundesregierung“*).

Neben der ADS existieren Beauftragte des Deutschen Bundestages oder der Bundesregierung, die ebenfalls unter anderem gegen Diskriminierungen bestimmter Personengruppen vorgehen können. Eine Liste der Beauftragten wird beim Ministerium für Inneres geführt, vgl. § 21 Abs. 3 GGO. Beauftragte der Bundesregierung sind v.a. der/die Beauftragte für: *„Migration, Flüchtlinge*

749 Zu der damals teilweise heftig geführten Diskussion vgl. nur Eggert-*Weyand*, Belästigung am Arbeitsplatz, 2010, S. 39 ff. m.w.N.

750 BT-Drs. 15/4538.

751 BGBl 2006 I 1897.

und Integration“, „Belange behinderter Menschen“ und *„Aussiedlerfragen und nationale Minderheiten“*. Als Beauftragte des Bundestages ist vor allem der/die Wehrbeauftragte zu nennen.[752]

Durch die Regelung des § 25 Abs. 1 AGG sollen, entsprechend der Intention des Gesetzgebers laut Gesetzesbegründung,[753] Doppelzuständigkeiten und damit verbundener Mehraufwand vermieden werden.[754]

II. Die Aufgaben der Antidiskriminierungsstelle des Bundes

Nach Art. 20 Abs. 1 S. 2 der RL 2006/54/EG sollen die Stellen unter anderem auf geeigneter Ebene mit entsprechenden europäischen Gleichstellungsinstitutionen, wie beispielsweise dem Europäischen Institut für Gleichstellungsfragen verfügbare Informationen austauschen.

Zu den Hauptaufgaben der Stellen soll es aber gehören, Opfer von Diskriminierungen auf unabhängige Weise dabei zu unterstützen, ihrer Beschwerde nachzugehen.[755] Ferner soll die Stelle unabhängige Untersuchungen zum Thema Diskriminierung durchführen und unabhängige Berichte und Empfehlungen zu allen mit Diskriminierung zusammenhängenden Aspekten veröffentlichen.[756] Der Ansatz der Richtlinie geht in drei Richtungen: Unterstützung, Untersuchungen, Empfehlungen.

1. Unterstützung bei Diskriminierung

Einerseits kann die ADS selbst Unterstützung anbieten oder sie kann Opfer von Diskriminierung an andere Stellen weitervermitteln, die diese dann unterstützen.

---

752 *Hühn* in *Rudolf/Mahlmann*, Gleichbehandlungsrecht, 2007, § 9 Rn. 3.

753 BR-Drs. 329/06, 54, BT- Drs. 16/1780 S. 49;

754 *Ernst* in *Däubler/Bertzbach*, AGG, § 25 Rn. 5.a.A.: *Bauer* in *ders./Krieger*, AGG,§§ 25-30 Rn. 4., der bezweifelt, dass dieses Ziel mit dieser Anordnung erreicht werden kann, ebenso wie *Adomeit* in in *ders./Mohr*, AGG, §§ 25-30 Rn. 4., der die Schaffung von Spezialzuständigkeiten zu diesem Zweck näherliegend gefunden hätte.

755 Der Rechtsschutz aus anderen Möglichkeiten (Verbände etc.) soll hier aber nicht behandelt werden.

756 Vgl. Art. 12 2004/113/EG; Art. 20 RL 2006/54/EG.

a. *Unterstützung durch die Antidiskriminierungsstelle des Bundes*

Jeder, der sich diskriminiert fühlt, kann sich an die Antidiskriminierungsstelle des Bundes wenden.[757] Die Antidiskriminierungsstelle des Bundes soll als gesetzlich vorgesehene Anlaufstelle für Diskriminierungsopfer dienen.[758] Betroffenen soll eine möglichst einfach zu erreichende Unterstützung zur Verfügung gestellt werden, also ein niedrigschwelliger Zugang.[759] Die Inanspruchnahme der Bundesstelle ist nicht davon abhängig, dass ein Lebenssachverhalt, eine Anfrage oder Beschwerde zugrunde liegt, die in den sachlichen Anwendungsbereich des AGG fällt.[760] Vielmehr ist jede Person anrufungsberechtigt, die meint, aus einem der in § 1 AGG genannten Gründen benachteiligt zu sein.[761] Es ist ausreichend, dass Betroffene einen als benachteiligend empfundenen Sachverhalt vorbringen.[762] Eine Benachteiligung muss nicht objektiv vorliegen oder nachgewiesen werden.[763] Es wird somit ausschließlich auf subjektive Wahrnehmung abgestellt.

Die Anrufung kann formlos, also etwa mündlich, telefonisch oder schriftlich oder auch auf elektronischem Weg erfolgen.[764] Die Gesetzesbegründung hebt hervor, dass sie insbesondere auch an keine Frist gebunden ist.[765] Das trägt der oft schwierigen psychischen Situation und den differierenden Verarbeitungsprozessen nach einer Diskriminierungserfahrung Rechnung.

Beteiligte sind die Personen, die sich an die Stelle wenden, und die natürlichen oder juristischen Personen, gegen die der Vorwurf der Benachteiligung erhoben wird, also Arbeitgeber oder Anbieter von Waren und Dienstleistungen.[766]

Wie mit Personen zu verfahren ist, die sich diskriminiert fühlen, regelt § 27 Abs. 2 Satz 2 AGG, der beispielhaft die Unterstützungsaufgaben der ADS

---

757 *Ernst* in *Däubler/Bertzbach*, AGG § 27 Rn. 1.

758 *Wendeling-Schröder* in *ders./Stein*, AGG, §§ 25-30 Rn. 2.

759 *Ernst* in *Däubler/Bertzbach*, AGG § 27 Rn. 1.

760 Ebenso *v. Roetteken* in *ders.*, AGG, § 27 Rn. 34; kritisch hierzu unter Verweis auf die Beschränkung der Zuständigkeit der Antidiskriminierungsstelle des Bundes gemäß § 25 Abs. 1: *Adomeit* in *ders./Mohr*, AGG, §§25-30 Rn. 8.

761 *Ernst* in *Däubler/Bertzbach*, AGG, § 27 Rn. 2.

762 BT-Drs. 16/1780 S. 50.

763 *Bauer* in *ders./Krieger*, AGG, § 26 Rn. 11.

764 *Ernst* in *Däubler/Bertzbach*, AGG, § 27 Rn. 2.

765 BR-Drs. 329/06, S. 54 ff.

766 BT-Drs. 16/1780 S. 50; *Bauer* in *ders./Krieger*, AGG, § 26 Rn. 13.

benennt.[767] Die Aufzählung ist nicht abschließend. Dies zeigt die Verwendung des Wortes „*insbesondere*".[768]

Ein Großteil der Anfragen an die Antidiskriminierungsstelle betrifft den Bereich des Arbeitslebens (41 Prozent der Anfragen), gefolgt von den Bereichen Güter und Dienstleistungen (18 Prozent) und Ämter und Behörden (16 Prozent).[769] Bezogen auf die einzelnen Diskriminierungsmerkmale steht das Merkmal Behinderung mit 27 Prozent an erster Stelle, danach kommen Anfragen zum Merkmal Rasse/Ethnische Herkunft mit 27 Prozent und zum Merkmal Geschlecht mit 24 Prozent.[770]

Gem. § 27 Abs. 2 Nr. 1 AGG unterstützt die Antidiskriminierungsstelle Betroffene bei der Durchsetzung ihrer Rechte zum Schutz vor Benachteiligungen, insbesondere durch Informationen über deren Ansprüche und die Möglichkeiten des rechtlichen Vorgehens im Rahmen gesetzlicher Regelungen. Obwohl die ehemalige Leiterin die ADS beschreibt, dass einige Petentinnen und Petenten die Erwartung haben, dass die Antidiskriminierungsstelle quasi als Rechtsvertreterin für sie auftrete[771], meint sie, dass die Beratungspraxis gezeigt habe, dass eine gerichtliche Verfolgung der Ansprüche durch die Betroffenen oftmals gar nicht gewollt ist, da ein Gerichtsprozess als sehr belastend empfunden werde.[772]

Die einvernehmliche Konfliktbereinigung wird in der Gesetzesbegründung[773] als im Interesse der Beteiligten liegend begründet. So empfänden insbesondere die Betroffenen von Benachteiligungen die gerichtlichen Auseinandersetzungen oftmals als belastend und ihnen sei die konkrete und praktische Verbesserung ihrer Situation durch eine fortan benachteiligungsfreie Behandlung wichtiger als ein möglicherweise langwieriger Rechtsstreit mit unsicherem Ausgang.[774]

---

767 *Laskowski* in *Schiek*, AGG, § 27 Rn. 2; *Wendeling-Schröder* in *ders./Stein*, AGG, §§ 25-30 Rn. 4; *Ernst* in *Däubler/Bertzbach*, AGG, § 27 Rn. 4; aA *Adomeit* in *ders./Mohr*, AGG, §§ 25-30, Rn. 9; *Forst* in *Hey/Forst*, AGG, §§ 25-30 Rn. 36.

768 *Ernst* in *Däubler/Bertzbach*, AGG, § 27 Rn. 4.

769 Diskriminierung in Deutschland. Dritter Bericht der Antidiskriminierungsstelle des Bundes und der in ihrem Zuständigkeitsbereich betroffenen beauftragten der Bundesregierung und des deutschen Bundestages, S 17.

770 Diskriminierung in Deutschland. Dritter Bericht der Antidiskriminierungsstelle des Bundes und der in ihrem Zuständigkeitsbereich betroffenen beauftragten der Bundesregierung und des deutschen Bundestages, S. 17.

771 *Köppen*, NZA 2008, 91, 92.

772 *Köppen*, NZA 2008, 91, 93.

773 BT-Drs. 16/1780, S. 50.

774 So auch *Raasch*, ZESAR 2005, 209, 210 die sich deshalb für ein Verbandsklagerecht ausspricht;vgl.dazu auch *Ernst* in *Däubler/Bertzbach*, AGG § 27 Rn. 7.

Die Antidiskriminierungsstelle des Bundes fordert allerdings nunmehr im dritten Bericht[775], die Reaktionsressourcen Betroffener auszuweiten und eine Prozessstandschaft oder Verbandsklage für Beratungsstellen zu kodifizieren. Hier zeigt sich also ein Meinungsumschwung.

Eine Prozessvertretung oder gar Prozessstandschaft übernimmt die Antidiskriminierungsstelle des Bundes nicht.[776] Auch den Antidiskriminierungsverbänden, die nach § 23 AGG gerichtliche Verfahren als Beistand unterstützen dürfen, steht kein Verbandsklagerecht zu. So können Verbände, welche die besonderen Interessen von benachteiligten Personen und Personengruppen wahrnehmen, für diese nicht vor Gericht auf Feststellung eines AGG-Verstoßes klagen.[777]

Gem. § 27 Abs. 2 Nr. 1 AGG kann die Antidiskriminierungsstelle Personen allgemein und umfassend über etwaige Ansprüche und Möglichkeiten der Rechtsdurchsetzung informieren. Eine Rechtsberatung im Einzelfall durch die Antidiskriminierungsstelle ist allerdings nicht vom Gesetzeswortlaut gedeckt.[778]

Die ehemalige Leiterin der Antidiskriminierungsstelle Marita Köppen spricht dennoch von einer *„umfassende[n] Erstberatung“*,[779] die die Antidiskriminierungsstelle biete. Auf ihrer Homepage[780] gibt die Antidiskriminierungsstelle die Nummer eines *„Beratungstelefons“* an. Dazu ist sie auch berechtigt: Nach § 8 Abs. 1 Nr. 2 RDG sind Rechtsdienstleistungen durch Behörden und juristische Personen des öffentlichen Rechts im Rahmen ihrer Aufgaben und ihres Zuständigkeitsbereichs erlaubt.[781] Es muss ein hinreichender innerer Zusammenhang zwischen originärer öffentlicher Aufgabe und Rechtsdienstleistung bestehen.[782]

775 Diskriminierung in Deutschland. Dritter Bericht der Antidiskriminierungsstelle des Bundes und der in ihrem Zuständigkeitsbereich betroffenen beauftragten der Bundesregierung und des deutschen Bundestages, S. 300.

776 *Bertzbach* in *Däubler/ders.* AGG § 23 Rn. 3.

777 *Köppen*, NZA 2008, 91, 93.

778 *Ernst* in *Däubler/Bertzbach*, AGG, § 27 Rn. 5; *Schleusener* in *ders./Suckow/Voigt*, AGG, § 27 Rn. 7; *Meinel/Heyn/Herms*, § 27 Rn. 4; *Bauer* in *ders./Krieger*, § 26 Rn. 12; aA *v. Roetteken*, in *ders.* § 27 Rn. 51.

779 *Köppen*, NZA 2008, 91, 92 ff.

780 www.antidiskriminierungsstelle.de.

781 So auch *Thüsing*, MüKo, § 27 Rn. 4; *Bauer/Göpfert/Krieger*, §§ 25-30 Rn. 12; *Ernst* in *Däubler/Bertzbach*, § 27 Rn. 5; a.A: *v. Roetteken*, § 27 Rn. 52, der konkrete Hinweise im Rahmen einer allgemeinen Information als akzeptabel bezeichent, aber eine Eröffnung eines Zuständigkeitsbereichs durch die Richtlinien nicht sieht; *Laskowski* in *Schiek*, AGG, 2007, § 27 Rn. 2, die meint, die Stelle sei nicht bloß auf allgemeine Informationen beschränkt.

782 Es genügt, wenn die Tätigkeit in den Aufgabenbereich der Behörde fällt: *Dux*, in *Deckenbrock/Henssler*, RDG § 8 Rn. 23.

Die Rechtsdienstleistung darf aber nicht übergeordnete Bedeutung haben.[783] Eine weitere Begrenzung[784] der Rechtsberatung lässt sich § 8 Abs. 1 Nr. 2 RDG nicht entnehmen. Was originäre Behördenaufgabe ist, unterliegt der Einzelfallprüfung.[785] Die originäre Behördenaufgabe ist also den jeweils einschlägigen Rechtsvorschriften (außerhalb des Gesetzes etwa Verwaltungsvorschriften, Vereinbarungen oder allgemeinen Grundsätzen) der Behörde zu entnehmen.[786] Es bedarf keiner eigenständig gesetzlich statuierten Pflicht zur Beratung.[787] Dieser Schwerpunkt liegt bei der Antidiskriminierungsstelle im Antidiskriminierungsrecht. Damit ist die Antidiskriminierungsstelle berechtigt, zu Fragen des Antidiskriminierungsrechts zu beraten.

Die Antidiskriminierungsstelle hat gemäß § 27 Abs. 2 Nr. 2 AGG ferner die Möglichkeit, eine Beratung durch andere Stellen zu vermitteln. Damit soll gewährleistet werden, dass die Stelle gezielte und gegebenenfalls auch einzelfallbezogene Beratung zugänglich machen und den Betroffenen die Orientierung erleichtern kann.

§ 27 Abs. 2 Nr. 3 AGG regelt, dass die Antidiskriminierungsstelle insbesondere eine gütliche Einigung mit den Beteiligten anstreben kann.

Als problematisch wird hieran angesehen, dass hierdurch aussagekräftige Musterprozesse und diesen folgende Urteile, die in der Vergangenheit häufig für Aufsehen gesorgt haben, vermieden werden.[788]

Das ist für die Allgemeinheit bedauerlich, da es nicht zu abschreckenden Urteilen mit beispielsweise hohen Schadensersatzsummen kommt, die präventive Wirkung entfalten könnten. Allerdings ist die individuelle Situation der diskriminierten Person in den Blick zu nehmen: Unter dem – oftmals noch frischen Eindruck – der wahrscheinlich belastenden Diskriminierungssitation wollen sich Perosnen, die Diskriminerung erfahren haben, nicht unbedingt noch den weiteren Belastungen eines etwaigen Musterprozesses aussetzen, um „der Allgemeinheit einen Dienst zu erweisen“. Hier zeigt sich plastisch, wie wichtig es ist,

783 *Schmidt.* in *Krenzler*, RDG § 8 Rn. 39a.

784 *Schmidt* in *Krenzler*, RDG, § 8 Rn. 39a.

785 *Schmidt* in *Krenzler*, RDG, § 8 Rn. 42.

786 *Dux* in *Deckenbrock/Hennsler*, RDG § 8 Rn. 23; *Kleine-Cosack*, RDG § 8 Rn. 13.

787 BGH Urt. v. 16.03.2000, Az. I ZR 214/97 = BGH NJW 2000, 2277; Kleine-Cosack RDG, § 8 Rn. 13.

788 *Raasch*, ZESAR 2005, 209, 210, die deshalb neue Instrumente im Diskriminierungsschutz fordert, durch welche Individualklage unterstützt und ggf. gebündelt werden können.

dass es neben dem individualrechtliche ausgestalteten Diskriminerungsschutz begleitende Maßnahmen gibt, die präventive Wirkung haben.

Gem. § 27 Abs. 2 Nr. 3 AGG kann die ADS eine gütliche Beilegung zwischen den Beteiligten anstreben. Weitergehende Befugnisse – als die Beteiligten um Stellungnahmen zu ersuchen und eine Klärung zwischen ihnen herbeizuführen – sind aus dieser Norm nicht ersichtlich. Während private Beteiligte nicht verpflichtet werden können, eine Stellungnahme abzugeben, sind öffentlichen Einrichtungen der ADS zur Auskunft verpflichtet (vgl. § 28 Abs. 2 AGG). Insbesondere hat die Antidiskriminierungsstelle keine Streitentscheidungsbefugnis.[789]

Dass die Antidiskriminierungsstelle, die zuvor gegebenenfalls eine umfassende Erstberatung[790] bzw. über Ansprüche und Möglichkeiten der Rechtsdurchsetzung informiert hat, im weiteren Verlauf eines Falles – da sie die die Rechte des Betroffenen nicht vertreten kann – in die Rolle des *„neutralen Mediators“*[791] *„wechselt“*, ist von Gesetzeswortlaut und -begründung zumindest nicht ausgeschlossen. Die Gesetzesbegründung spricht von einer *„Ombudsfunktion“*[792], obwohl die ADS keine Entscheidungsbefugnis hat. Wie die Rollen der parteilichen Beratung, bzw. Information von Diskriminierung Betroffener mit einer neutralen Mediation miteinander vereinbar sind, ist fraglich.

Es widerspricht auch dem in § 3 Abs. 2 S. 1 MediationsG niedergeschriebenen Grundsatz der Allparteilichkeit. Diesen hat jeder Mediator zu beachten. Hiernach darf als Mediator nicht tätig werden, wer vor der Mediation in derselben Sache für eine Partei tätig gewesen ist.

Das Mediationsgesetz findet nach § 1 MediationsG Anwendung, wenn eine Mediation vorliegt.[793] Eine Mediation ist ein vertrauliches und strukturiertes Verfahren, bei dem Parteien mithilfe eines oder mehrerer Mediatoren freiwillig und eigenverantwortlich eine einvernehmliche Beilegung ihres Konflikts anstreben (§ 1 Abs. 1 MediationsG). Mediator ist nach § 1 Abs. 2 MediationsG eine unabhängige und neutrale Person ohne Entscheidungsbefugnis, die die Parteien durch die Mediation führt. Einmal ganz abgesehen davon, dass die gesetzlichen Definitionen hier einen Zirkelschluss machen,[794] ist der Anwendungsbereich des

---

789 So auch *Bauer* in *ders./Krieger*, AGG, § 26 Rn. 13.

790 Siehe oben, *Köppen*, NZA 2008, 91, 92 f.

791 *Ernst* in *Däubler/Bertzbach*, AGG § 27 Rn. 9.

792 BT-Drs. 16/1780, S. 50.

793 *Risse*, SchiedsVZ 2012, 244, 245.

794 *Risse*, SchiedsVZ 2012, 244, 245.

Gesetzes damit definiert. Wenn die ADS also ein vertrauliches,[795] strukturiertes Verfahren durchführt, bei dem Parteien mithilfe eines oder mehrerer Angestellten der ADS freiwillig und eigenverantwortlich eine einvernehmliche Beilegung ihres Konflikts anstreben, dann ist die Person, die diese Mediation durchführt, Mediator und damit dem Grundsatz der Allparteilichkeit verpflichtet.

§ 3 Abs. 3 MediationsG regelt, dass eine Person nicht als Mediator tätig werden kann, wenn eine mit ihr in derselben Berufsausübungsgemeinschaft - oder Bürogemeinschaft - verbundene andere Person vor der Mediation in derselben Sache für eine Partei tätig gewesen ist.

Zu überlegen ist, ob diese Vorschrift analog auf die ADS angewendet werden könnte. Eine Regelungslücke ist offensichtlich gegeben. Von einer Planwidrigkeit ist mangels anderweitiger Anhaltspunkte und insbesondere Erwägungen im Gesetzgebungsverfahren auszugehen. Es bliebe der ADS also schließlich nur übrig, sich nach umfassender Information der Betroffenen deren Einverständnis mit der Mediation trotz Vorbefassung einzuholen (vgl. § 3 Abs. 4 MediationsG).[796] Die Gefahr, dass der Mediator sich sonst der zuvor beratenen Partei zuneigt, wäre groß.[797] Meines Erachtens soll durch diesen Grundsatz auch das Vertrauen in das Mediationsverfahren gesichert werden. Jeder Anschein einer Parteilichkeit sollte vermieden werden.

Aber auch unabhängig davon, ob dieser Grundsatz auf die *„Mediationen"* der Antidiskriminierungsstelle des Bundes Anwendung findet, ist dies eine sinnvolle Regelung, derer sich die ADS annehmen sollte, wenn sie ihrer Aufgabe nach § 28 Abs. 2 Nr. 3 AGG nachkommt und zwischen den Beteiligten eine gütliche Beilegung anstrebt.

Während § 27 AGG Aufgaben, zu denen die Antidiskriminierungsstelle verpflichtet ist, statuiert, regelt § 28 AGG Maßnahmen, zu denen sie berechtigt ist.[798] Im Einverständnis mit der Person, die sich benachteiligt fühlt, kann die Antidiskriminierungsstelle für eine gütliche Einigung im Sinne von § 27 Abs. 2 Nr. 3 AGG mit den Beteiligten Kontakt aufnehmen. § 28 Abs. 1 AGG hat das Ziel, die Ombudsfunktion der Stelle zu stärken und die Arbeit der Antidiskriminierungsstelle zu erleichtern und zu beschleunigen.[799] Nach der Gesetzesbegründung ist die Stelle vielfach auf Informationen der Beteiligten und auch auf Kontakte zu

---

795 Vgl. zu diesem Kriterium ausführlich: *Risse*, SchiedsVZ 2012, 244, 246 und § 4 MediationsG.

796 Kritisch dazu *Risse*, SchiedsVZ 2012, 244, 249.

797 Ähnlich: *Risse*, SchiedsVZ 2012, 244, 249.

798 *Bauer* in *ders./Krieger*, AGG, §§ 25-30 Rn. 18.

799 *Bauer* in *ders./Krieger*, AGG, §§ 25-30 Rn. 18.

diesen angewiesen, um den Sachverhalt aufzuklären und eine qualitativ gute und umfassende Beratung leisten zu können sowie die Möglichkeiten einer gütlichen Beilegung auszuloten. Dies ist mit der Erwartung verbunden, dass die gegenseitige Bereitschaft der Beteiligten mit der Möglichkeit, Stellungnahmen einzuholen, erhöht wird. Umgekehrt wird klargestellt, dass die Beteiligten nicht verpflichtet sind, eine Stellungnahme abzugeben. Eine Verweigerung löst keine rechtlichen Sanktionen aus.[800]

Eine Ausnahme von der Freiwilligkeit der Stellungnahme regelt § 28 Abs. 2 AGG für Bundesbehörden und sonstige öffentliche Stellen im Bereich des Bundes. Nach dem Vorbild von § 15 Abs. 3 des BGG[801] sind der Antidiskriminierungsstelle ihnen gegenüber die gleichen Auskunftsrechte eingeräumt worden, die auch der Beauftragte für die Belange behinderter Menschen hat. Ausgenommen hiervon ist das eigenständige Akteneinsichtsrecht. Da die Bestimmungen zum Schutz personenbezogener Daten unberührt bleiben, ist § 24 Abs. 4 Satz 4 BDSG auf die Verpflichtung zur Auskunftserteilung gegenüber der Antidiskriminierungsstelle des Bundes entsprechend anzuwenden, so die Gesetzesbegründung.[802] Die Auskunftspflicht gilt somit nicht, soweit ihre Erteilung die Sicherheit des Bundes oder eines Landes gefährden würde.

b. Unterstützung durch Weiterleitung an andere Stellen

Ausweislich der Gesetzesbegründung[803] ist die Weiterleitung der Anliegen an andere Stellen aus datenschutzrechtlichen Gründen von dem Einverständnis der Personen, die sich an die Antidiskriminierungsstelle des Bundes gewandt haben, abhängig zu machen. Die Gesetzesbegründung[804] verweist hier auf den/die Beauftragte/n für Migration, Flüchtlinge und Integration und den/die Beauftragte/n der Bundesregierung für Aussiedlerfragen und nationale Minderheiten sowie den/die Beauftragte/n der Bundesregierung für die Belange behinderter Menschen. Die Weiterleitung solcher Anliegen soll im Interesse der Beteiligten im Übrigen unverzüglich erfolgen.[805] Begründet wird § 27 Abs. 2 Satz 3

800 *Meinel/Heyn/Herms*, AGG, § 28 Rn. 2; *Schleusener* in *ders./Suckow/Voigt*, AGG, §§ 25-30 Rn. 21.

801 Gesetz zur Gleichstellung behinderter Menschen (BGG) vom 27.04.2002 (BGBl. 2002 I 1467).

802 BR-Drs. 329/06, S. 57.

803 BT-Drs. 16/1780, S. 50/ 51.

804 BT-Drs. 16/1780, S. 50/51.

805 BT-Drs. 16/1780, S. 51.

AGG ebenso wie § 25 Abs. 1 AGG damit, dass sichergestellt sein soll, dass die genannten Beauftragten ihre bewährte und erfolgreiche Arbeit im Rahmen ihrer Zuständigkeiten fortsetzen können, um so bürokratischen Aufwand, etwa durch Mehrfachbearbeitungen von Anträgen, zu vermeiden.[806] § 27 Abs. 5 AGG soll ferner sicherstellen, dass durch die Zusammenarbeit der horizontale Ansatz der Antidiskriminierungsstelle des Bundes nicht durch die Weiterleitungspflicht nach § 27 Abs. 2 S. 3 AGG durchbrochen wird.

2. Untersuchungen, Berichte und Empfehlungen

Die ADS soll Untersuchungen zum Thema Diskriminierung durchführen und unabhängige Berichte und Empfehlungen zu allen mit Diskriminierung zusammenhängenden Aspekten veröffentlichen. Diese Aufgaben der Stelle werden in § 27 Abs. 3 AGG (unter dem Vorbehalt der Zuständigkeit der anderen Beauftragten) benannt. Der Katalog entspricht den in den Richtlinien beispielhaft genannten Aufgaben der unabhängig arbeitenden Stelle, namentlich Öffentlichkeitsarbeit, Prävention und Durchführung wissenschaftlicher Untersuchungen.

Die Beauftragten der Bundesregierung und des Deutschen Bundestages können gemeinsam mit der Antidiskriminierungsstelle des Bundes wissenschaftliche Untersuchungen durchführen. In der Gesetzesbegründung wird ausdrücklich darauf hingewiesen, dass von diesem Recht oder dieser Pflicht der gemeinsamen Berichterstattung und der gemeinsamen Vergaben von wissenschaftlichen Untersuchungen das Recht unberührt ist, im Rahmen der jeweiligen Zuständigkeit eigene Berichte vorzulegen und eigene Empfehlungen zu veröffentlichen.[807]

Allein die zwischenzeitlich erfolgten drei Berichte der Antidiskriminierungsstelle des Bundes schaffen Wissenszuwachs an Stellen, an denen zuvor nur mit Vermutungen gearbeitet werden konnte.[808] Darüber hinaus können auf der Website der Antidiskriminierungsstelle des Bundes zahlreiche weitere Studien eingesehen werden und es wird Informationsmaterial verschiedener Art zur Verfügung gestellt.[809]

---

806 BR-Drs. 329/06, 55.

807 BR-Drs. 329/06, S. 56.

808 Bisher existiert ein erster Gemeinsamer Bericht der Antidiskriminierungsstelle des Bundes und der in ihrem Zuständigkeitsbereich betroffenen Beauftragten der Bundesregierung und des Deutschen Bundestages zum Schwerpunkt „*Mehrdimensionale Diskriminierung*“ und ein zweiter gemeinsamer Bericht über „*Diskriminierung im Bildungsbereich und im Arbeitsleben*“. Der dritte gemeinsame Bericht setzt sich umfassend mit „*Diskriminierung in Deutschland*“ auseinander.

809 Vgl. www.antidiskriminierungsstelle.de.

Nach § 27 Abs. 4 AGG hat die Antidiskriminierungsstelle die Aufgabe, alle vier Jahre dem Deutschen Bundestag einen Bericht vorzulegen, und zwar gemeinsam mit den Berichten der anderen Beauftragten der Bundesregierung und des Bundestages. Hier kann beispielsweise der Bericht der Beauftragten der Bundesregierung für Migration, Flüchtlinge und Integration nach § 94 Abs. 2 des Aufenthaltsgesetzes einbezogen werden. Gemeinsam mit den in ihrem Zuständigkeitsbereich betroffenen Beauftragten der Bundesregierung und des Deutschen Bundestages ist es Aufgabe der Antidiskriminierungsstelle, Empfehlungen zur Beseitigung und Vermeidung von Benachteiligungen aus den in § 1 genannten Gründen zu geben.

Bisher existiert ein erster Gemeinsamer Bericht der Antidiskriminierungsstelle des Bundes und der in ihrem Zuständigkeitsbereich betroffenen Beauftragten der Bundesregierung und des Deutschen Bundestages[810] zum Schwerpunkt „*Mehrdimensionale Diskriminierung*" und ein zweiter gemeinsamer Bericht über „*Diskriminierung im Bildungsbereich und im Arbeitsleben*".[811] Der dritte gemeinsame Bericht[812] setzt sich umfassend mit „*Diskriminierung in Deutschland*" auseinander.

Die wissenschaftlichen Untersuchungen können auch an Dritte wie z. B. wissenschaftliche Einrichtungen vergeben werden. Hierbei wird die Unabhängigkeit zum einen durch die Wissenschaftlichkeit und zum anderen durch die Unabhängigkeit der ADS gewährleistet.[813]

Durch die Durchführung eigener und in Auftrag gegebener wissenschaftlicher Untersuchungen kann bei der Stelle aktuelles Fachwissen gesammelt werden und dieses zur gezielten Prävention von Benachteiligungen und zur Information der Öffentlichkeit über Benachteiligungen genutzt werden.[814] Diese Aufgabenbündelung ermöglicht der Antidiskriminierungsstelle, für sie relevante

---

810 Abrufbar unter http://www.antidiskriminierungsstelle.de/SharedDocs/Downloads/DE/publikationen/BT_Bericht/Gemeinsamer_Bericht_erster_2011.pdf?__blob=publicationFile; 16.08.2018.

811 Abrufbar unter: http://www.antidiskriminierungsstelle.de/SharedDocs/Downloads/DE/publikationen/BT_Bericht/Gemeinsamer_Bericht_zweiter_2013.pdf?__blob=publicationFile; 16.08.2018.

812 Abrufbar unter: http://www.antidiskriminierungsstelle.de/SharedDocs/Downloads/DE/publikationen/BT_Bericht/Gemeinsamer_Bericht_dritter_2017.pdf;jsessionid=020B7C767558999F3B6C0AAF7C32431D.1_cid350?__blob=publicationFile&v=14; 16.08.2018. BT Drs. 18/13060.

813 *Ernst* in *Däubler/Bertzbach*, AGG, § 27 Rn. 13.

814 BR-Drs. 329/06, 55.

gesellschaftliche Entwicklungen schnell zu erkennen und aufgrund ihrer aus den wissenschaftlichen Untersuchungen gewonnenen Kompetenz auf hohem Niveau gezielte Präventions- und Öffentlichkeitsarbeit zu leisten. Nach der Gesetzesbegründung wird die Prävention gegen Benachteiligungen in den Vordergrund gestellt, da das Richtlinienziel der Diskriminierungsbekämpfung am nachhaltigsten durch Prävention gefördert werde.[815]

3. Zwischenergebnis

Im Ergebnis begegnet die Umsetzung der Aufgaben als solche in rechtlicher Hinsicht keinen Bedenken. Sie trägt den Anforderungen der Richtlinien Rechnung.

III. Die Unabhängigkeit

Anders sieht es in Hinblick auf die Frage nach der Unabhängigkeit der Aufgabenausführung aus: Die beschriebenen Aufgaben hat die Antidiskriminierungsstelle des Bundes *„auf unabhängige Weise"* (§ 27 Abs. 3 AGG) zu erfüllen.

Die Unabhängigkeit soll die Akzeptanz der ADS bei den Betroffenen fördern.[816] Die Stelle soll frei von politischen Einflüssen agieren können. Dies ist zwingend erforderlich, um etwa die Glaubwürdigkeit von Stellungnahmen oder der von der ADS in Auftrag gegebenen Studien zu sichern und hierdurch zum einen – wie in der Gesetzesbegründung hervorgehoben – die Akzeptanz bei von Diskriminierung Betroffenen zu fördern, aber auch um etwaige Informationen über Diskriminierungen in der gesamten Gesellschaft glaubwürdig zu verbreiten und damit bekannt zu machen. Die Unabhängigkeit stellt also eine wichtige Grundlage für eine erfolgreiche Arbeit der ADS dar.

Die Unabhängigkeit der Antidiskriminierungsstelle soll durch § 26 Abs. 1 S. 3 AGG, also die Unabhängigkeit der Leitung, sichergestellt werden,[817] der freilich auch für die Ausführung der Aufgaben aus § 27 Abs. 3 AGG gilt. Die Richtlinien stellen zwar das Erfordernis der Unabhängigkeit auf, konkretisieren dieses aber nicht.[818] Ein Blick ins Völkerrecht kann hier eine mögliche Auslegung von Unabhängigkeit liefern:

---

815 BR-Drs. 329/06, 55.

816 BT-Drs.- 16/1780, S. 49 und BR-Drs. 329/06, S. 54;

817 BT-Drs. 16/1780, S. 49 („Weisungsunabhängigkeit"); so auch *Bauer* in *ders./Krieger*, AGG, § 27 Rn. 7.

818 Art. 8a Abs. 2 RL 2002/73/EG; Art. 12 Abs. 2 RL 2004/113/EG; Art. 13 Abs. 2 RL 2000/43/EG.

Es stellt sich hierbei die Frage, ob eine funktionale Unabhängigkeit den Richtlinienanforderungen genügt, oder ob eine institutionelle Unabhängigkeit gefordert ist. Ferner stellen sich die Weiterleitungspflicht, das Anstreben einer gütlichen Einigung und die Personal- und Sachmittelausstattung als problematische Punkte hinsichtlich des Unabhängigkeitskriteriums heraus.

1. Weiterleitungspflicht und Anstreben einer gütlichen Einigung

Als kritisch in Hinblick auf die Unabhängigkeit der Aufgabenwahrnehmung wird zum einen die Weiterleitungspflicht an andere Stellen angesehen und das Anstreben einer gütlichen Einigung.

In der Aufgabe, eine gütliche Einigung anzustreben, sieht *Raasch*[819] (in Hinblick auf § 28 Abs. 2 ADG-E[820]) einen gewissen Eingriff in die Unabhängigkeit der Arbeit der Antidiskriminierungsstelle, da es in bestimmten Fällen durchaus im öffentlichen Interesse liegen könne, Musterprozesse zu führen.[821] Mit der Rolle des *„neutralen Mediators“*[822] oder der *„Ombudsfunktion“* der ADS geht allerdings einher, dass es den Beteiligten obliegt, zu entscheiden, ob eine gütliche Einigung angestrebt werden soll. Aus dem Gesetzeswortlaut (*„kann sie insbesondere […] eine gütliche Beilegung zwischen den Beteiligten anstreben“*) ergibt sich indes gerade keine Pflicht der ADS, eine gütliche Einigung anzustreben, sondern es handelt sich vielmehr um eine Handlungsvariante der nicht abschließenden (*„insbesondere“*) Aufzählung der Unterstützungsmöglichkeiten der von Diskriminierung Betroffenen durch die ADS.[823]

Eine außergerichtliche Beilegung von potentiellen Präzedenzfällen, durch die eine generelle Klärung in Rede stehender rechtlicher und tatsächlicher Probleme vermieden würde, wäre für die Allgemeinheit bedauerlich,[824] auch wegen der dann fehlenden öffentlichen Aufmerksamkeit für die entsprechenden Diskriminierungen. Aufgrund des INdividualrechtlichen Charakters des Diskriminerungsschutzes ist dies aber eine Folge, die es hinzunehmen gilt. Hier zeigt sich erneut, das Diskriminierungsschtz als Individualrechtsschutz nur bedingt

819 *Raasch*, ZESAR 2005, 209, 216.

820 Entwurf eines Gesetzes zur Umsetzung europäischer Antidiskriminierungsrichtlinien BT-Drs. 15/4538 vom 16.12.2004.

821 *Ernst* in *Däubler/Bertzbach*, AGG, § 27 Rn. 8.

822 *Bauer* in *ders./Göpfert/Krieger*, §§ 25-30 Rn. 13; *Ernst* in *Däubler/Bertzbach* § 27 Rn. 8.

823 *v. Roetteken* in ders. AGG, § 27 Rn. 62.

824 So auch *Wenckebach*, AuR 2008, 340, 341, die vor diesem Hintergrund auch die zentrale Bedeutung der Öffentlichkeitsarbeit der Stelle hervorhebt.

präventive Wirkung entfalten kann. Das zeigt die Wichtigkeit der Angebote der Antidirkiminiungsstelle des Bundes und anderer Gleichstellungsinstitutionen als Ergänzung zum Individualrechtsschutz.

Gemäß § 27 Abs. 2 S. 3 AGG hat die Antidiskriminierungsstelle ferner die Aufgabe, Anliegen Betroffener an den/die entsprechende/n zuständige/n Beauftragte/n des Deutschen Bundestags und der Bundesregierung weiterzuleiten.[825] *Hühn*[826] sieht in der Weiterleitungspflicht zu Recht einen Eingriff in die Unabhängigkeit der ADS, zumal nicht sichergestellt ist, dass Beauftragte, an die Anliegen weitergeleitet würden, über eine vergleichbare Unabhängigkeit wie die Antidiskriminierungsstelle verfügen.[827] Die von den Richtlinien geforderte Unabhängigkeit ist in einem „*Weiterleitungsfall*" nicht gewährleistet.

Hier bietet es sich daher an, den Wortlaut von § 27 Abs. 2 S. 3 AGG dahingehend zu beschränken, dass die Weiterleitungspflicht nur besteht, „*soweit die Unabhängigkeit der jeweiligen Stelle mit der der Antidiskriminierungsstelle des Bundes vergleichbar ist.*"

2. Personal- und Sachausstattung

§ 25 Abs. 2 S. 1 AGG ist die Grundlage für den Anspruch der Stelle auf die für die Erfüllung ihrer Aufgaben notwendige Personal- und Sachausstattung. Hierdurch wird die Unabhängigkeit der Stelle (u.a. vor politischen Einflüssen) gesichert,[828] wenn auch in einem begrenzten Kostenrahmen.

Die finanzielle Ausstattung der Stelle ist in einem eigenen Kapitel im Einzelplan des Bundesministeriums für Familie, Senioren, Frauen und Jugend auszuweisen. § 25 Abs. 2 S. 2 AGG sichert damit hinsichtlich der Entwicklung der Ausstattung die erforderliche Transparenz. Im Jahr 2017 sind 4,3 Mio. Euro ausgegeben worden.[829]

Die politische Entscheidung, in welchem Umfang Geld zur Verfügung gestellt wird, wird von § 25 Abs. 2 AGG nicht vorgegeben. Eine Art Untermaß in Hinblick auf die finanzielle Ausstattung lässt sich allerdings daraus ableiten, dass die Antidiskriminierungsstelle mit den vorgesehenen Haushaltsmitteln ihre

825 BR-Drs. 329/06, 55.

826 *Hühn* in *Rudolf/Mahlmann*, Gleichbehandlungsrecht, 2007, § 9 Rn. 21; ebenso *v. Roetteken* in: *ders.*, AGG, § 27 Rn. 24, 72, 73.

827 Vgl. hierzu auch: *Ernst* in *Däubler/Bertzbach*, AGG, § 27 Rn. 9.

828 *Bauer* in: *ders./Krieger*, AGG, §§ 25-30 Rn. 5.

829 https://www.bundeshaushalt-info.de/#/2017/soll/ausgaben/einzelplan/1715.html, 16.08.2018.

vorgegebenen Aufgaben erfüllen können muss.[830] Das bedeutet, dass ein Verstoß gegen die Richtlinienanforderungen vorläge, wenn die Mittelausstattung von vorneherein erkennen ließe, dass die Aufgabenerfüllung der ADS nicht sichergestellt ist.[831] Der CEDAW-Ausschuss forderte Deutschland 2009 auf, die Antidiskriminierungsstelle des Bundes mit ausreichend personellen und finanziellen Ressourcen auszustatten, damit sie ihren Auftrag zur Förderung der Gleichbehandlung, einschließlich der Gleichstellung der Geschlechter, wirksam erfüllen könne.[832] Die ECRI empfiehlt den deutschen Behörden darüber hinaus, die Haushaltsmittel für die Antidiskriminierungsstelle zu erhöhen, damit sie ihre Maßnahmen zur Förderung der Vielfalt am Arbeitsplatz ausweiten kann.[833]

Die Personal- und Sachmittelausstattung kann allerdings als Basis der Unabhängigkeit nur dienen, wenn die Stelle auch rechtlich unabhängig handeln kann und darf.

3. Funktionale oder institutionelle Unabhängigkeit?

Wie oben schon gesagt, ist allen Aufgaben der Stelle gemein, dass sie auf unabhängige Weise durchgeführt werden sollen. Dies stellt einen wichtigen Aspekt der erfolgreichen Diskriminierungsbekämpfung dar.

Die ADS untersteht der Dienst- und Rechtsaufsicht, nicht aber Fachaufsicht durch das BMFSFJ.[834] Die Leitung der ADS steht gemäß § 26 Abs. 1 S. 2 AGG in einem öffentlich-rechtlichen Amtsverhältnis zum Bund. *Ernst*[835] stellt heraus, dass das Amtsverhältnis ähnlich ausgestaltet ist wie beispielsweise das des/der Bundesdatenschutzbeauftragten, der Vorstandsmitglieder der deutschen Telekom bzw. des Präsidenten oder der Präsidentin der Regulierungsbehörde für Telekommunikationsarbeit und Post.

Laskowski[836] ordnet die Antidiskriminierungsstelle des Bundes richtiggehend dem der Bundesverwaltung gem. § 86 Var. 1 GG zuzurechnenden

830 *Laskowski* in *Schiek*, AGG, § 26 Rn. 6.

831 *Laskowski* in *Schiek*, AGG, § 26 Rn. 6.

832 CEDAW/C/DEU/CO/6: Abschließende Bemerkungen des Ausschusses zur Beseitigung der Diskriminierung der Frau vom 10.02.2009; Übersetzung im Auftrag des Bundesministeriums für Familie, Senioren, Frauen und Jugend.

833 CRI (2014)2: ECRI-Bericht über Deutschland (fünfte Prüfungsrunde) verabschiedet am 05.12.2013, veröffentlicht am 25.02.2014 Liste der Empfehlungen, Nr. 15 (§ 97); ECRI-Empfehlung Nr. 2, Kapitel A, Prinzip 5.1.

834 BT-Drs. 16/1780, S. 50; *Laskowski* in *Schiek*, AGG, § 25 Rn. 4.

835 *Ernst* in *Däubler/Bertzbach*, AGG, § 26 Rn. 1.

836 *Laskowski* in *Schiek*, AGG, § 25 Rn. 3.

Verwaltungstyp der ministerialfreien Verwaltungsstelle zu. Sie stellt eine dem Familienministerium als oberste Bundesbehörde ausgegliederte selbstständige Bundesoberbehörde dar.[837]

a. Amtsverhältnis an Legislaturperiode gekoppelt

Mit § 26 Abs. 3 AGG wird das Amtsverhältnis jeweils an die Dauer einer Legislaturperiode gekoppelt. Dies wird in der Literatur[838] zu Recht kritisiert, weil hierdurch eine gewisse politische Abhängigkeit von den jeweiligen parlamentarischen Mehrheitsverhältnissen geschaffen wird. Diese Regelung ermöglicht die ambivalente Situation, dass zwar de jure Weisungsunabhängigkeit besteht und dadurch eine vor allem politische Unabhängigkeit suggeriert wird. De facto könnte diese Regelung aber durch die Bindung an die Legislaturperiode quasi eine Hintertür für parteipolitische Interessenverwirklichung durch eine strategische Besetzung der Leitung der ADS sein. Es ist zumindest fraglich, ob ein solcher Gleichlauf *„über jeden Verdacht der Parteilichkeit erhaben"*[839] ist.

b. Vertrag der Leitung

Nach § 26 Abs. 4 AGG bestimmt sich das Rechtsverhältnis der Leitung zum Bund durch einen Vertrag mit dem Bundesministerium für Familie, Senioren, Frauen und Jugend (BMFSFJ), der mit Zustimmung der Bundesregierung geschlossen wird. Inhalt des Vertrages sollen laut Bundesratsdrucksache[840] Regelungen zur Bezahlung und Versorgung, Regelungen zu Nebentätigkeiten, Annahme von Belohnungen und Geschenken, Amtsverschwiegenheit, Aussagegenehmigung, Vertretungsfragen[841] und Dienst- und Rechtsaufsicht sein.

Es stellt sich die Frage, warum wichtige Regelungen, wie diese – insbesondere die Dienst- und Rechtsaufsicht – nicht öffentlich zugänglich sind. Sie könnten

---

837 *Laskowski* in *Schiek*, AGG, § 25 Rn. 3.

838 *Bauer* in *ders./Göpfert/Krieger*, AGG, §§ 25-30, Rn. 8, *Adomeit* in: *ders./Mohr*, AGG, §§ 25-30 Rn. 6; *Ernst* in: *Däubler/Bertzbach*, AGG, § 26 Rn. 4; *Meinel/Heyn//Herms*, § 26 Rn. 6; *Hühn* in *Rudolf/Mahlmann*, Gleichbehandlungsrecht, 2007, § 9 Rn. 17; krit. auch *v. Roetteken* in ders., AGG, § 26 Rn. 4 unter Verweis auf die Stellungnahme des Deutschen Frauenrats A-Drs. 15(12)435.(24), S. 3 und die Stellungnahme des Forums behinderter Juristen, A-Drs. 15(12) 435-(2), S. 3).

839 EuGH Urt. v. 09.03.2010 – C-518/07, Slg. 2010, I-1885 Rn. 36.

840 BR-Drs. 329/06, 54.

841 aA *v. Roetteken* in ders., AGG, § 26 Rn. 95, der Vertretungsfragen aufgrund des Unabhängigkeitserfordernisses nicht für der vertraglichen Ausgestaltung zugänglich hält..

immerhin auf die Frage der Unabhängigkeit der Stelle Einfluss haben und damit auf die Frage der Richtlinienkonformität der Umsetzung.

§ 26 Abs. 3 S. 2 AGG enthält für die Entlassung der Leitung einen Verweis auf die Regelungen und Voraussetzungen der §§ 21 ff. DRiG.

4. Parallelen zum Beauftragtenwesen im Datenschutz

Zur Konkretisierung des Kriteriums der Unabhängigkeit ist ein Blick auf die datenschutzrechtlichen Regelungen zur Unabhängigkeit von Kontrollinstanzen gewinnbringend.

1983 hat das BVerfG im sog. Volkszählungsurteil[842] aus dem allgemeinen Persönlichkeitsrecht (Art. 2 Abs. 1 GG i. V. m. Art. 1 Abs. 1GG) ein Recht auf informationelle Selbstbestimmung hergeleitet. Auf nationaler Ebene definiert § 1 Abs. 1 BDSG den Zweck des Bundesdatenschutzgesetzes dahingehend, dass es den Einzelnen davor schützen soll, dass er durch den Umgang mit seinen personenbezogenen Daten in seinem Persönlichkeitsrecht beeinträchtigt wird.

Obwohl mit in kraft treten der Datenschutzgrundverordnung am 25.05.2018[843] die europäischen Datenschutzrichtlinien keine Rechtswirksamkeit mehr haben, lohnt sich hier ein Blick auf die Regelungen, da eine hohe Ähnlichkeit zur ADS gegeben ist.

Art. 1 Abs. 1 der RL 95/46/EG (außer Kraft) regelt, dass unter Datenschutz insbesondere der Schutz der Privatsphäre natürlicher Personen bei der Verarbeitung personenbezogener Daten zu verstehen ist:

> *„Die Mitgliedstaaten gewährleisten nach den Bestimmungen dieser Richtlinie den Schutz der Grundrechte und Grundfreiheiten und insbesondere den Schutz der Privatsphäre natürlicher Personen bei der Verarbeitung personenbezogener Daten.“*

Auch auf völkerrechtlicher Ebene ist in Art. 1 der Europäischen Datenschutzkonvention des Europarats vom 28.01.1981 eine Verpflichtung zum Datenschutz geregelt:

> *„Zweck dieses Übereinkommens ist es, im Hoheitsgebiet jeder Vertragspartei für jedermann ungeachtet seiner Staatsangehörigkeit oder seines Wohnorts sicherzustellen, daß seine Rechte und Grundfreiheiten, insbesondere sein Recht auf einen Persönlichkeitsbereich, bei der automatischen Verarbeitung personenbezogener Daten geschützt werden ("Datenschutz").“*

---

842 BVerfG Urt. v. 15.12.1983 – 1 BvR 209/83, 1 BvR 484/83, 1 BvR 420/83, 1 BvR 362/83, 1 BvR 269/83, 1 BvR 440/83 = BVerfGE 65, 1.

843 ABl. L 127, 23.05.2018.

Art. 8 Abs. 3 GRC und Art. 16 Abs. 2 S. 2 AEUV bestimmen primärrechtlich die Überwachung der datenschutzrechtlichen Vorschriften durch unabhängige Stellen bzw. Behörden.[844]

Dies stellt einen Unterschied zum Antidiskriminierungsrecht dar, da dort die Überwachung durch unabhängige Behörden nicht im Primärrecht verankert ist.

Art. 16 Abs. 1 AEUV regelt, dass jede Person das Recht auf Schutz der sie betreffenden personenbezogenen Daten hat. Damit stellt der Schutz personenbezogener Daten in der Europäischen Union ein Grundrecht dar.

Art. 16 Abs. 2 AEUV regelt die korrespondierende Gesetzgebungskompetenz, auf deren Basis die RL 95/46 EG des Europäischen Parlaments und des Rates vom 24. Oktober 1995 zum Schutz natürlicher Personen bei der Verarbeitung personenbezogener Daten und zum freien Datenverkehr erlassen wurde.

Art. 28 Abs. 2 S. 2 der RL 95/46 (außer Kraft) regelte Folgendes[845]:

> *„Die Stellen nehmen die ihnen zugewiesenen Aufgaben in* ***völliger Unabhängigkeit***[846] *wahr."*

Auch in der Datenschutzgrundverordnung[847] wird an dem Gebot *„völliger Unabhängigkeit"* festgehalten. Art. 44 Abs. 1 DSGVO lautet:

> *„Die Aufsichtsbehörden handeln bei der Erfüllung der ihr übertragenen Aufgaben und Befugnisse* ***völlig unabhängig***[848]*."*

Die Unabhängigkeit der Datenschutzbeauftragten ist in einem eigenen Abschnitt des 6. Kapitels der DS-GVO Abschnitt 1 (Art. 51-54) normiert.

Es handelt sich bei den Datenschutzstellen um eine zusätzliche institutionelle Absicherung der bestehenden einschlägigen Grundrechte.[849] Die Datenschutzbehörden sollen den allgemeinen Stand des Datenschutzes ermitteln und die Öffentlichkeit darüber informieren sowie Individualrechte stärken.[850] Nach

---

844 Art. 39 EUV regelt den Datenschutz ausschließlich hinsichtlich der gemeinsamen Außen- und Sicherheitspolitik.

845 Am 25.04.2016 trat die EU-Datenschutz-Grundverordnung in Kraft. Sie gilt ab dem 25.02.2018 unmittelbar in allen Mitgliedstaaten.

846 Unterstreichung und Hervorhebung durch die Verfasserin.

847 Verordnung (EU) 2016/679 des Europäichen Parlaments und des Rates vom 27.04.2016 zum Schutz natürlicher Personen bei der Verarbeitung personenbezogener Daten zum freien Datenverkehr und zur Aufhebung der Richtlinie 95/46/EG (Datenschutzgrundverordnung); Abl. L 119/1.

848 Hervorhebung durch die Verf. vorgenommen.

849 EuGH Urt. v. 09.03.2010 – C-518/07 Slg. 2010, I-1885, Rn. 23.

850 Vgl. Art. 57 DGSVO und § 14 BDSG n.F.; zusammenfassend *Spiecker gen. Döhmann*, JZ 2010 787, 787.

Art. 28 Abs. 3 EG-DS-RL (außer Kraft) sollen die Kontrollstellen hierzu über Untersuchungsbefugnisse, wirksame Einwirkungsbefugnisse, ein endgültiges Verbot einer Verarbeitung, ein Klagerecht oder eine Anzeigebefugnis verfügen können. Das sind Befugnisse, die in den entsprechenden Richtlinien zur ADS nicht gefordert sind.

Das BDSG regelt den Datenschutz für Bundesbehörden und für den privaten Bereich. Für Bundesbehörden ist die Bundesbeauftragte für Datenschutz zuständig; für die Landesbehörden die Landesdatenschutzbeauftragte.

Die öffentlichen Stellen des Bundes und der Länder sind nur gegenüber dem jeweiligen Parlament rechenschaftspflichtig und unterliegen keinerlei Aufsicht, Weisungen oder sonstigem Einfluss durch die von ihnen zu kontrollierenden öffentlichen Stellen.

Ferner gibt es Datenschutzbehörden für den privaten Bereich, der Bundesbeauftragte für Datenschutz und Informationsfreiheit (§ 22–26 BDSG a.F/ab 25.05.2018: § 8–16 BDSG) und die jeweiligen Landesdatenschutzbeauftragten oder Landesbehörden, die im jeweiligen Innenministerium angesiedelt sind. Gegen die Ausgestaltung dieser Datenschutzaufsichtsbehörden für den privaten Bereich richtete sich das Vertragsverletzungsverfahren gegen Deutschland.

Der EuGH mit Urteilen vom 09.03.2010[851] und vom 26.10.2012[852] (auch) schon hier mit folgenden Argumenten entschieden, dass eine Rechtsaufsicht (2010) und eine Dienstaufsicht (2012) nicht mit der von der außer Kraft getreten Richtlinie geforderten *„völligen Unabhängigkeit“* vereinbar sind:

In der bei den EuGH-Entscheidungen geltenden Rechtslage war allen Kontrollstellengemein, dass sie der staatlichen (Rechts-)Aufsicht ausdrücklich unterworfen waren[853]

Der EuGH klärte in seinem Urteil, wie das Unabhängigkeitserfordernis nach Art. 28 Abs. 1 UAbs. 2 der RL 95/46 (außer Kraft) auszulegen ist. Hierbei ging der Gerichtshof nach den klassischen Auslegungsmethoden vor.Er widmete sich zunächst dem Wortlaut *„in völliger Unabhängigkeit“* und stellte heraus, dass der Begriff der Unabhängigkeit in Bezug auf öffentliche Stellen eine Stellung bezeichnet, in der gewährleistet ist, dass die betreffende Stelle völlig frei von Weisungen

851 EuGH Urt. v. 09.03.2010 – C 518/07 Slg. 2010, I-1885; kritisch hierzu u.a. *Frenzel*, DöV, 2010, 925-931; zustimmend u.a.: *Roßnagel*, EuZW 2010, 296-301.

852 EuGH 26.10.2012 – C 614/10.

853 EuGH Urt. v. 09.03.2010 – C-518/07 Slg. 2010, I-1885, Rn. 10.

und Druck handeln kann.[854] Hierbei stellt er heraus, dass der Begriff der Unabhängigkeit durch das Adjektiv *„völlig"* verstärkt wird und stellt fest, dass dies eine Entscheidungsgewalt impliziert, die jeglicher Einflussnahme von außerhalb, sei es mittelbar oder unmittelbar, entzogen ist.[855]

Weiter nahm der EuGH eine Auslegung nach Sinn und Zweck vor: Die Stellen sollen durch Harmonisierung der nationalen Vorschriften zum Schutz natürlicher Personen bei der Verarbeitung personenbezogener Daten den freien Verkehr dieser Daten zwischen den Vertragsstaaten gewährleisten. Das Ziel der Richtlinie ist es nach Art. 1 d. RL (außer Kraft), ein hohes Schutzniveau bei der Verarbeitung personenbezogener Daten zu schaffen.[856]

Zweck ist die Gewährleistung der wirksamen und zuverlässigen Kontrolle der Einhaltung der Vorschriften zum Schutz natürlicher Personen bei der Verarbeitung personenbezogener Daten. Die Kontrollstellen seien also die *„Hüter der Grundrechte und Grundfreiheiten"*.[857] Dies ergibt sich systematisch auch aus den Erwägungsgründen 3, 7 und 8 der RL 95/46.[858]

Nunmehr stellt sich die Frage, ob eine staatliche Aufsicht mit einem solchen Unabhängigkeitserfordernis vereinbar ist. Der EuGH hält der BRD zugute, dass sie mit der Rechtsaufsicht a priori nur sicherstellen will, dass die Kontrollstellen die einschlägigen Rechtsvorschriften einhalten, und nicht über die Kontrolle die Stellen zwingen, politische Zielsetzungen zu verfolgen.[859] Dennoch sei nicht sichergestellt, dass die Stelle zu objektivem Vorgehen in der Lage ist. Es wäre denkbar, dass die Regierung ein eigenes Interesse an der Nichteinhaltung bestimmter Vorschriften hat oder schlicht wirtschaftlichen Interessen den Vorrang einräumen will.[860] Der EuGH stellt – zu Recht – heraus, dass die bloße Gefahr politischer Einflussnahme schon zu einem vorauseilenden Gehorsam führen kann und daher ein Weisungsrecht nicht vereinbar mit der Rolle als Hüter des Rechts auf Privatsphäre ist. Ein solcher Hüter muss über jeglichen Verdacht der Parteilichkeit erhaben sein.[861]

---

854 EuGH Urt. v. 09.03.2010 – C-518/07 Fundstelle Rn. 18 des Urteils; (Die „völlige Unabhängigkeit" der Europäischen Datenschutzbeauftragten wird genauso ausgelegt; vgl. *Roßnagel*, EuZW 2010, 296 ff.).

855 EuGH Urt. v. 09.03.2010 – C-518/07 Slg. 2010, I-1885, Rn. 19.

856 EuGH Urt. v. 09.03.2010 – C-518/07 Slg. 2010, I-1885, Rn. 20-22.

857 EuGH Urt. v. 09.03.2010 – C-518/07 Slg. 2010, I-1885, Rn. 23.

858 EuGH Urt. v. 09.03.2010 – C-518/07 Slg. 2010, I-1885, Rn 20-23.

859 EuGH Urt. v. 09.03.2010 – C-518/07 Slg. 2010, I-1885 Rn. 33.

860 EuGH Urt. v. 09.03.2010 – C-518/07 Slg. 2010, I-1885 Rn. 34.

861 EuGH Urt. v. 09.03.2010 – C-518/07 Slg. 2010, I-1885 Rn. 36; zustimmend *Roßnagel*, EuZW 2010, 296, 299.

Daher kommt der EuGH entgegen den Schlussanträgen des Generalanwalts Jan Mazak zu dem Ergebnis, dass die Stelle auch institutionell unabhängig sein und frei von jeglichen Weisungen und Druck arbeiten können muss. Maßgeblich lässt sich das aus dem Wortlaut und dem Sinn und Zweck der Norm herleiten.[862]

Im Urt. v. 26.102012 Az. C 614/10 gegen die Republik Österreich stellt der EuGH zusätzlich heraus, dass sich dies nicht nur auf eine Rechtsaufsicht bezieht, sondern auch eine Dienstaufsicht dieselbe Gefahr vorauseilenden Gehorsams mit sich bringt.

Mit dem 2. Gesetz zur Änderung des Bundesdatenschutzgesetzes (Stärkung der Unabhängigkeit der Datenschutzaufsicht im Bund durch Errichtung einer obersten Bundesbehörde vom 25.02.2015)[863] hat der deutsche Gesetzgeber auf diese Rechtsprechung reagiert und folgende Änderungen im BDSG vorgenommen:

Nach § 22 Abs. 2 S. 1 BDSG a.F. ist der Amtseid des Leiters nicht mehr vor dem Bundesminister des Innern, sondern vor dem Bundespräsidenten abzuleisten. Diese Neuerung dürfte wohl vor allem symbolischen Gehalt haben.

Ferner erfolgte eine Freistellung von exekutiver Fach-, Rechts- und Dienstaufsicht. § 22 Abs. 4 S. 3 BDSG, der bisher die Rechtsaufsicht anordnete, wird gestrichen.

§ 22 Abs. 5 BDSG ist komplett neu gefasst worden. Hinsichtlich der Rechtsstellung und Unabhängigkeit sind die Regelungen, die seit 2016 – also nach den genannten EuGH-Entscheidungen – eingeführt wurden, in der ab dem 25.05.2018 geltenden Fassung inhaltlich übernommen, aber anders strukturiert worden.

Nunmehr ist die Unabhängigkeit eigens in § 10 BDSG n.F. kodifiziert:

> *„Die oder der Datenschutzbeauftragte handelt bei der Erfüllung ihrer oder seiner Aufgaben und bei der Ausübung ihrer oder seiner Befugnisse völlig unabhängig. Sie oder er unterliegt weder direkter noch indirekter Beeinflussung von außen und ersucht weder um Weisung noch nimmt er oder sie Weisung entgegen.*
> *Die oder der Bundesbeauftragte unterliegt der Rechnungsprüfung durch den Bundesrechnungshof, soweit hierdurch die Unabhängigkeit nicht beeinträchtigt wird.*"[864]

Die letzte Formulierung findet sich gleichermaßen in § 8 Abs. 3 BDSG n.F.:

862 EuGH Urt. v. 09.03.2010 – C-518/07 Slg. 2010, I-1885.
863 BGBl. 2015 I 162.
864 Unterstreichung durch die Verfasserin.

„Die oder der Bundesbeauftragte kann Aufgaben der Personalverwaltung und Personalwirtschaft auf andere Stellen des Bundes übertragen, soweit hierdurch die Unabhängigkeit der oder des Bundesbeauftragten nicht beeinträchtigt wird.“[865]

Der BfDI (Bundesbeauftragte für den Datenschutz und die Informationsfreiheit) unterliegt nunmehr ausschließlich gerichtlicher und parlamentarischer Kontrolle. Sie erhält den Status einer oberen Bundesbehörde (§ 8 Abs. 1 S. 1 BDSG n.F.). Sie wird vom Bundestag gewählt (§ 11 Abs. 1 S. 1 BDSG n.F.) und ausschließlich vom Bundestag und den Gerichten kontrolliert. Sie ist in keine exekutive Struktur mehr eingebunden.

a. Wortlaut der Richtlinie – „völlige Unabhängigkeit“ vs. „Unabhängigkeit“

Der EuGH definiert *„unabhängig“* als (völlig) *„frei von Weisungen und Druck“*.[866]

Lewinski[867] fragt zu Recht, ob der Begriff der Unabhängigkeit überhaupt einer Steigerung zugänglich ist. Im Gegenzug stellt sich die Frage, ob der Begriff der Unabhängigkeit für Relativierungen offen ist oder ob Unabhängigkeit nicht stets als absolute Unabhängigkeit zu verstehen ist. Klar ist, dass *„völlige“* als Verstärkung der Unabhängigkeit, im Sinne von *„frei von jeglichem Einfluss“*, zu verstehen ist, wie die entsprechende Regelung der Datenschutzrichtlinie auch ausgelegt wird. Aber auch *„Unabhängigkeit“* ohne relativierende Einschränkung kann nur als „frei von jeglichem Einfluss“ ausgelegt werden und nicht etwa als *„im Wesentlichen unabhängig“* oder *„unabhängig von bestimmten Einflüssen“*. Diese Einschränkungen hätten zusätzlich zu dem sprachlich alleinstehenden Merkmal der *„Unabhängigkeit“* ausdrücklich normiert werden müssen. In diesem Fall wäre selbstverständlich für die bewusst nicht eingeschränkten Bereiche wiederum eine absolute Unabhängigkeit zu fordern sein. Grammatikalisch kann die *„Unabhängigkeit“* ohne ausdrückliche Einschränkung nur als völlige, absolute oder umfassende Unabhängigkeit verstanden werden. Ferner ist in den Verträgen nur *„Unabhängigkeit“* der Stellen zum Datenschutz – und nicht eine *„völlige Unabhängigkeit“* –gefordert (vgl. Art. 16 Abs. 2 S. 3 EUV/AEUV: „Die Einhaltung dieser Vorschriften wird von unabhängigen Behörden überwacht.“).

---

865 Unterstreichung durch die Verfasserin.

866 EuGH Urt. v. 09.03.2010 – C-518/07 Slg. 2010, I-1885 Rn 18.

867 *Lewinski*, ZG 2015, 228, 229; zu der Schwierigkeit der Auslegung des Wortlauts im mehrsprachigen Rechtsraum zum Begriff „Netzwerke“: *Frenzel* in *Boysen* und andere, Netzwerke 2007, S. 252 ff.

Spiecker gen. Döhmann bezeichnet dies jedoch als ein *„lediglich redaktionelles Versehen"*.[868]

Die Datenschutzgrundverordnung fordert wiederum die völlige Unabhängigkeit (vgl. Art. 52 Abs. 1 DSGVO: *„Jede Aufsichtsbehörde handelt bei der Erfüllung ihrer Aufgaben und bei der Ausübung ihrer Befugnisse gemäß dieser Verordnung völlig unabhängig"*).

Ein weiterer Unterschied ergibt sich in den Richtlinien dadurch, dass in der Datenschutzrichtlinie die völlige Unabhängigkeit vorab für alle Tätigkeiten der Stellen geregelt ist und in der sog. Genderrichtlinie für jede Tätigkeit einzeln. Dies macht inhaltlich im Ergebnis jedoch keinen Unterschied, da sich das Kriterium jeweils auf alle Tätigkeiten bezieht.

Der EuGH hat zum Datenschutz klargestellt, dass trotz grammatikalischer Beschränkung nur auf die Handlungen eine völlige/umfassende Unabhängigkeit auch in Hinblick auf die institutionellen Aspekte gemeint ist. Die Beschränkung auf die Handlungen besteht auch bei der ADS. Anhaltspunkte, dass hier eine abweichende Auslegung angebracht ist, sind nicht ersichtlich.

Insgesamt führen diese Erwägungen nicht zu einer grundsätzlich anderen Einordnung als bei den Stellen im Bereich Datenschutz. Dennoch darf die grammatikalische Auslegung von Richtlinien – insbesondere aufgrund teilweise sogar unterschiedlicher Übersetzungen – nicht überbewertet werden. Ergänzend sind Systematik und vor allem Sinn und Zweck heranzuziehen.

b. Auslegung nach Sinn und Zweck

Der EuGH begründet die erforderliche völlige Unabhängigkeit der Kontrollstellen von staatlicher Kontrolle mit der besonderen Bedeutung des Datenschutzrechts.[869] Spiecker gen. Döhmann[870] stellt hierzu fest, dass der Datenschutz *„offenbar ein Bereich ist, in dem in besonderer Weise der Gefahr politischer Einflussnahme auf die rechtliche Entscheidung vorgebaut werden muss"* und wirft als weitere grundsätzliche Frage auf, ob Recht vor Politik geschützt werden muss, um gute oder bessere Entscheidungen treffen zu können. Sie fragt dann, welche anderen Bereiche einer politischen Einflussnahme derart ausgesetzt sind, dass ihre Ausgliederung aus dem hierarchischen Verwaltungsaufbau gerechtfertigt ist

868 *Spieker gen. Döhmann*, JZ 2010, 787, 791; spricht sich generell aber zurückhaltend gegenüber einer „Preisgabe demokratischer Grundprinzipien" aus.

869 Vgl. EuGH Urt. v. 09.03.2010 – C-518/07 Slg. 2010, I-1885 und EuGH Urt. v. 16.10.2012 – C-614/10 EU: C:2012:3801, 34.

870 *Spieker gen. Döhmann*, JZ 2010, 787, 789.

und kommt dabei auf die Rahmenrichtlinie über einen gemeinsamen Rahmen für elektronische Kommunikationsnetze und -dienste 2002/21/EG Abs. EG L 108 S. 33 v. 07.03.2002. Hierin ist zwar nur die Unabhängigkeit gefordert, nicht die völlige Unabhängigkeit. Sie bezeichnet dies jedoch als ein *„lediglich redaktionelles Versehen"*.[871]

aa. Sinn und Zweck der Datenschutzbeauftragten

Die Funktion der Stellen im Datenschutz bezeichnet der EuGH als Hüterinder Grundrechte und Grundfreiheiten. Diese Stellen haben auch Eingriffsbefugnisse (vgl. Art. 28 Abs. 3 EG-DSRL (außer Kraft)). In Deutschland sind sie zugleich auch Schützer des Allgemeinen Persönlichkeitsrechts.

bb. Sinn und Zweck der Antidiskriminierungsstelle

Die Funktion der ADS kann im Schutz und der Verwirklichung der Gleichbehandlungsgrundsätze und Diskriminierungsverbote gesehen werden. Hierbei handelt es sich gleichermaßen um Grundrechte.

cc. Übertragbarkeit

Ein Rangunterschied kann im Verhältnis der Grundrechte nicht gesehen werden. Auch die ADS muss über jeden Verdacht der Parteilichkeit erhaben sein, um die Verwirklichung dieser Grundrechte zu fördern. Die Stellen für Datenschutz können Eingriffe und Kontrollen vornehmen, während die ADS eine solche Eingriffsbefugnis nicht hat und damit auf eine Beratungs- und Informationsfunktion reduziert ist. Es stellt sich die Frage, ob dieser Unterschied zu einem anderen Ergebnis hinsichtlich der ADS führen kann als bei den Datenschutzstellen. Die Literatur fordert teilweise auch bei Beratungsfunktion eine Kontrolle in Form zumindest einer Rechtsaufsicht.[872] Allerdings lässt sich auch argumentieren, dass ein geringeres Maß an Kontrolle (Rechtsaufsicht) mit einem geringeren Maß an Einfluss (Eingriffsbefugnis) korrespondieren muss, so dass hier angenommen werden muss, dass für die ADS erst recht keine Rechtsaufsicht erforderlich ist. Gleichermaßen ist eine Beeinflussung der Stellen durch wirtschaftliche Interessen denkbar. Hier ist die Gefahr beim Datenschutz wohl als akuter einzuschätzen, weil auch die Eingriffsbefugnis größer ist. Dies spricht für eine größere Dringlichkeit der Unabhängigkeit im Bereich Datenschutz.

---

871 Siehe oben.
872 *Kruse*, Der öffentlich-rechtliche Beauftragte, 2007, S. 224.

Gegenüber den rechtsdogmatischen Erwägungen für eine auch institutionelle Unabhängigkeit fällt dieses Argument jedoch nicht ins Gewicht.

Aus dem Sinn und Zweck lassen sich mithin keine Argumente gegen eine andere Auslegung bei der ADS entnehmen.

5. Verfassungsmäßigkeit einer solchen Umsetzung

Bei der Ausgestaltung der Antidiskriminierungsstelle des Bundes war der Spagat zwischen der von der Richtlinie geforderten Unabhängigkeit der Stelle und der weitgehenden Weisungsfreiheit der Leitung und der Wahrung des verfassungsrechtlichen Prinzips der parlamentarischen Verantwortlichkeit der Regierung zu bewältigen.[873] Fasst man die Diskussion hinsichtlich der Verfassungsmäßigkeit des Unabhängigkeitskriteriums der ADS und der Datenschutzinstitutionen zusammen, lassen sich zum einen Zweifel hinsichtlich einer Vereinbarkeit mit dem Demokratieprinzip (Art. 20 Abs. 1, Abs. 2 GG, Art. 28 Abs. 1 S. 1 GG; Parlamentarische Verantwortlichkeit; Ununterbrochene Legitimationskette) und dem Rechtsstaatsprinzip (Art. 20 III GG; Rechtsbindung und Gewaltenteilung) entnehmen.[874]

a. Das Demokratieprinzip

Als problematisch wird die demokratische Rückbindung solcher Behörden bezeichnet, die das Merkmal der Unabhängigkeit der Richtlinien erfüllen müssen. Das deutsche Demokratieprinzip (Art. 20 Abs. 1 S. 1 und Abs. 2 GG, Art. 28 Abs. 1 S. 1 GG)[875] verlangt grundsätzlich eine ununterbrochene Legitimationskette[876] zwischen dem Wahlvolk und der Staatsgewalt sowie eine umfassende

873 *Laskowski* in *Schiek*, AGG, § 25 Rn. 3; mwN insbes. zur verfassungsrechtlichen Zulässigkeit dieser Lösung; von einer Verfassungsmäßigkeit ausgehend: *Forst* in *Hey/ders.* AGG §§ 25-30 Rn. 22.; a.A. *Philipp*, NVwZ 2006, 1235, 1236; *Adomeit* in *ders./Mohr*, AGG § 30 Rn. 4, die von einer Verfassungswidrigkeit der gefundenen Lösung ausgehen.

874 Vgl. kritisch zur Datenschutzbeauftragten: *Frenzel*, DöV 2010, 925-931; *Bull*, EuZW 2010, 488; kritisch zur ADS: *Philipp*, NVwZ 2006, 1235, 1236; ähnlich auch *Adomeit*, in: *ders./Mohr*, AGG, §§ 25-30 Rn. 6-7 (die Leitung der Antidiskriminierungsstelle des Bundes sei „unabhängiger als jedes Gericht"); a.A. *Forst*, in: *Hey/ders.*, AGG §§ 25-30 Rn. 22.

875 Auf Unionsrechtlicher Ebene ist das Demokratieprinzip in Art. 6 Abs. 1 EUV geregelt.

876 *Kruse*, Der öffentlich-rechtliche Beauftragte, 2007, S. 100; *Stern*, Staatsrecht, Band I 1984, § 18 II, S. 599 ff.

Kontrolle der Exekutive durch das Parlament.[877] Verwaltungsbehörden sind also grundsätzlich den Bundesministerien zugeordnet und weisungsabhängig. Nachgeordnete Instanzen unterliegen im hierarchisch strukturierten Verwaltungsaufbau einer Aufsicht durch übergeordnete Instanzen. Die Kette zieht sich grundsätzlich von der kleinsten Einheit bis zum Ministerium durch (ministeriale Verantwortlichkeit der Behördentätigkeit). Die Behördentätigkeit ist von der Bundesregierung zu verantworten und die Bundesregierung ist dem Bundestag parlamentarisch verantwortlich, so dass sich die Linie zum Wahlvolk zurückziehen lässt.[878]

Im Verhältnis vom Ministerium zu den nachgeordneten Behörden wahren die Instrumente Fach-, Rechts- und Dienstaufsicht, durch die diese Kette der Kontrolle hergestellt wird, das Demokratieprinzip.[879]

Während die Rechtsaufsicht die Einhaltung der Rechtsvorschriften überwacht, umfasst die Fachaufsicht auch Fragen der Zweckmäßigkeit der Aufgabenerfüllung.[880] Das Fehlen der Fachaufsicht wird als wichtigstes Instrument zur Gewährleistung der Unabhängigkeit von Beauftragten bezeichnet.[881] Mit der Dienstaufsicht werden Fragen des internen Dienstbetriebs wie Geschäftsführung oder Personalangelegenheiten geregelt.[882]

Inwieweit kann also für eine *„unabhängige"* Beauftragte eine parlamentarische Verantwortlichkeit überhaupt gegeben sein?

Das Problem der ministerialfreien Räume wird in der Literatur in aller Regel im Bereich/Rahmen von Behörden mit VA-Befugnis diskutiert. Aber auch Stellen mit ausschließlicher Beratungsfunktion sollten laut *Kruse*[883] einer parlamentarischen Verantwortlichkeit unterliegen. Sie fordert, dass es im parlamentarischen System aufgrund der faktischen Bindungswirkung von öffentlichen Vorschlägen und Expertisen nur amtliche Ratgeber geben sollte. Das BVerfG[884]

877 Instruktiv dazu: BVerfG Urt. v. 31.10.1990, Az.: 2 BvF 3/89 Rn. 37-44 = BVerfGE 93, 37 – 85; BVerfG Urt. v. 24.05.1995, Az.: 2 BvF 1/92 Rn. 48 ff. = BVerfGE 93, 37 – 85.

878 *Kruse*, Der öffentlich-rechtliche Beauftragte, 2007, S. 100 (ununterbrochene Legitimationskette).

879 *Kruse*, Der öffentlich-rechtliche Beauftragte, 2007, S. 48/100.

880 *Kruse*, Der öffentlich-rechtliche Beauftragte, 2007, S. 48.

881 *Kruse*, Der öffentlich-rechtliche Beauftragte, 2007, S. 48.

882 *Kruse*, Der öffentlich-rechtliche Beauftragte, 2007, S. 48.

883 *Kruse*, Der öffentlich-rechtliche Beauftragte, 2007, S. 100.

884 BVerfG Urt. v. 27.04.1959 Az. 2 BvF 2/58 = BVerfGE 9, 268, 282 („Bremer Personlavertretungsgesetz"); BVerfG Urt. v. 31.10.1990 Az. 2 BvF 3/89 = BVerfGE 83, 60; BVerfG BEschl. v. 24.05.1995 Az. 2 BvF 1/92 = BVerfGE 93, 37.

zieht die Grenze für ministerialfreie Räume indes bei Regierungsaufgaben, die wegen ihrer politischen Tragweite nicht generell der Regierungsverantwortung entzogen werden dürfen. Es geht also grundsätzlich von einer verfassungsrechtlichen Zulässigkeit von ministerialfreien Räumen aus und benennt als weitere Voraussetzungen hierfür:

- dass die Stelle durch unmittelbare parlamentarische Gremien oder das Parlament oder der Regierung selbst gewählt ist (sachlich-inhaltliche Legitimation) und
- Verantwortungsbezüge durch organisatorische Maßnahmen im parlamentarischen Bereich hergestellt sind, bspw. durch Bildung eines Kontrollausschusses und einer Aufwertung der Berichtspflicht gegenüber dem Parlament (institutionelle Legitimation).

Bei der Berichtspflicht nach § 27 Abs. 4 AGG handelt es sich nicht um einen Rechenschaftsbericht.[885] Dies wird auch so nicht gelebt.[886]

Ferner ist zu berücksichtigen, dass der Gesetzgeber selbst die Kompetenzen einer solchen Institution festlegen kann.[887] Außerdem wäre auch eine Kompensation durch eine strengere Rechtsbindung denkbar.[888]

Eine Unabhängigkeit ohne Einhaltung der oben genannten Voraussetzungen (sachlich-inhaltliche und institutionelle Legitimation) wäre in Hinblick auf das Demokratieprinzip in der Tat problematisch. Es kann aber eine Unabhängigkeit im Verhältnis zu anderen Behörden oder staatlichen Institutionen angenommen werden.[889] Das Demokratieprinzip kann also als offen für *„vom Erfordernis lückenloser personeller demokratischer Legitimation aller entscheidungsbefugten Formen der Organisation und Ausübung von Staatsgewalt"* bezeichnet werden.[890] Eine gelockerte demokratische Legitimation kann beispielsweise durch eine parlamentarische Kontrolle ersetzt werden.[891]

Eine Umsetzung der Entscheidung des EuGH ist also grundsätzlich mit dem deutschen Demokratieprinzip vereinbar.[892]

---

885 *Philipp*, NVwZ 2006, 1235, 1236.

886 Siehe S. 166.

887 So auch *v. Lewinski*, der einer Vereinbarkeit mit dem Demokratieprinzip annimmt, ZG 2015, 228, 243, Rn. 44.

888 *v. Lewinski*, DVBl 2013, 339, 241.

889 *v. Lewinski*, DVBl 2013, 339, 241.

890 BVerfG Beschl. v. 05.12.2002 Az. 2 BvL 5/98 = BVerfGE 107, 59, 91.

891 So *Franzius*, DÖV 2013, 714, 716.

892 *Roßnagel*, EuZW 2010, 296, 300; *Petri/Tinnefeld*, MMR 2010, 157, 161, *Albrecht*, juris PR-ITR 15/2010 Anm. 4; jeweils hinsichtlich des Datenschutzrechts.

b. Das Rechtsstaatsprinzip – Art. 20 III GG

In Hinblick auf die Vereinbarkeit der Stellen mit dem Rechtsstaatsprinzip (Art. 20 Abs. 2 und 3 GG, Art. 28 Abs. 1 S. 1 GG; Ewigkeitsgarantie, Art. 79 Abs. 3 GG) wird zum einen die Rechtsgebundenheit und zum anderen der Grundsatz der Gewaltenteilung problematisiert.

aa. Rechtsgebundenheit

Wie alle Träger öffentlicher Gewalt sind die Beauftragten an Recht und Gesetz gebunden. Kruse[893] fordert, um der *„Verselbstständigungstendenz"* von Beauftragten entgegenzuwirken, auf eine Normierung der Rechtsaufsicht nicht zu verzichten. Zwar ist zuzugestehen, dass die Rechtsaufsicht schneller bzw. eher eingreifen kann als gerichtlicher Rechtsschutz. Vor dem Hintergrund, dass die ADS aber nicht einmal eine Eingriffsbefugnis hat, dürfte dies jedoch eine geringere Rolle spielen als bei Institutionen mit solch weitgehenden Befugnissen.

bb. Gewaltenteilung

Die Kritik, dass die Einrichtung der ADS gegen das Gewaltenteilungsprinzip verstößt[894], greift nicht.[895] Richtig ist zwar, dass es zwischen den drei Gewalten (Legislative, Exekutive und Judikative) keine *„freischwebenden Beauftragten"*[896] geben darf, da die drei Gewalten voneinander unabhängig sein sollen (Stichwort: *„checks and balances"*).[897] Die Einstufung der Ministerialfreiheit setzt schon eine Zuordnung zur Verwaltung voraus, da ministerialfreie Räume ohnehin nur im Bereich der Exekutive denkbar sind.[898] Die ADS wird ohnehin weit überwiegend und auch nach der hier vertretenen Auffassung als ministerialfreie selbstständige Bundesoberbehörde eingestuft,[899] so dass Probleme in Hinblick auf den Gewaltenteilung nicht bestehen.

---

893 *Kruse*, Der öffentliche Beauftragte, 2007, S. 102, 164.

894 *Philipp* NVwZ 2006, 1235.

895 Vgl. EuGH Urt. v. 09.03.2010 – C-518/07 Slg. 2010, I-1885, Rn. 39-41; anders Schlussantrag von Generalanwalt Mazak vom 12.09.2009 Rn. 15.

896 *Kruse*, Der öffentliche Beauftragte, 2007, S. 102.

897 *Stern*, Staatsrecht, Band I, 1984 § 20 IV 3 S. 792 ff.; Band II, 1980, § 36 III 3, S. 529.

898 Eingehend zu den ministerialreien Räumen: *Müller*, JuS 1985, 497.

899 Art. 87 Abs. 3 S. 1 Alt. 1 GG; *Laskowski* in *Schiek* AGG, § 26 Rn. 3.

6. Zwischenergebnis

Nach dem oben genannten EuGH-Urteilen zur Bundesdatenschutzbeauftragten ist es kaum vorstellbar, dass hinsichtlich der ADS nur auf die funktionale Unabhängigkeit abgestellt werden würde. Die Frage ist nur, ob eine Einschränkung oder Abstufung der institutionellen Unabhängigkeit denkbar ist. Der EuGH ist der Auffassung, dass es keine relative Unabhängigkeit und keine Differenzierung nach unabhängiger Institution und unabhängiger Aufgabenwahrnehmung gibt: allein Unabhängigkeit der Aufgabenwahrnehmung kann Gewähr für unabhängige Aufgabenerfüllung bieten.[900] Verfassungsrechtliche Bedenken hiergegen greifen – unter den oben genannten Voraussetzungen – nicht.

7. Übereinstimmung mit den Pariser Prinzipien

Nach der allgemeinen Empfehlung Nr. 5 des CEDAW-Ausschusses sollen Institutionen mit ausreichenden Ressourcen, Befugnissen und mit Engagement ausgestattet sein. Wie schon hinsichtlich der Frage der Unabhängigkeit festgehalten, ist die Ausstattung mit Ressourcen (insbesondere finanzieller und personeller Natur) essentiell für die Wirkungskraft und Basis der Unabhängigkeit einer Institution; genauso, wie die Befugnisse und das Engagement einer solchen Institution. Die „Pariser Prinzipien" legen hinsichtlich der Unabhängigkeit nach Hühn[901] und Laskowski[902] fest, dass Unabhängigkeit sowohl funktionelle, also auch institutionelle Aspekte umfasst und Neutralität erfordert.

In Hinblick auf die Unabhängigkeit stützt diese Auslegung das hier gefundene Ergebnis.[903] Unabhängigkeit muss hiernach funktionelle und institutionelle Aspekte umfassen.

Viele Aufgaben, die in den allgemeinen Empfehlungen des CEDAW-Ausschusses gefordert werden, werden von der ADS erfüllt:

- auf die Auswirkungen der Regierungspolitik auf Frauen aufmerksam zu machen (Allgemeine Empfehlung Nr. 5);
- die Situation der Frauen umfassend zu beobachten (Allgemeine Empfehlung Nr. 5);

---

900 EuGH Urt. v. 09.03.2010 – C 518/07 Slg. 2010, I-1885 und EuGH Urt. v. 16.10.20112 – C-614/10 EU: C:2012:3801.

901 *Hühn* in *Rudolf/Mahlmann*, Gleichbehandlungsrecht, 2007, § 9, Rn. 11; siehe auch S. 103 ff.

902 *Laskowski* in: *Schiek*, AGG, Vorbem. zu §§ 25 ff. Rn. 13; siehe auch S. 103 ff.

903 Siehe S. 172 ff.

- bei der Formulierung neuer politischer Richtlinien zu helfen und Strategien und Maßnahmen, die der Beseitigung der Diskriminierung dienen, wirksam umzusetzen (Allgemeine Empfehlung Nr. 5);
- Geschlechterrollen und Geschlechterstereotype zu thematisieren (Allgemeine Empfehlung Nr. 25 Ziff. 7);
- auf höchster Regierungsebene direkt zu beraten und zu analysieren (Allgemeine Empfehlung Nr. 28).

Es ist nicht Aufgabe der ADS:

- die durch das Übereinkommen (CEDAW) garantierten Rechte zu fördern und zu schützen (Allgemeine Empfehlung Nr. 28);
- die Vorbereitung und Umsetzung von Rechtsvorschriften, Politiken und Programmen zur Erfüllung der Verpflichtungen des Vertragsstaats nach dem Übereinkommen (CEDAW) zu koordinieren und zu beaufsichtigen (Allgemeine Empfehlung Nr. 28).

Allerdings kann und darf es hier zu überschneidenden Aufgabenbereichen mit anderen Institutionen, wie zum Beispiel mit dem deutschen Institut für Menschenrechte, kommen.

Zusammenfassend kann also festgehalten werden, dass die Institutionen die Situation von Frauen analysieren und auf die Situation der Frauen aufmerksam machen sollen. Sie sollen die Vertragsstaaten bei der Umsetzung der Konvention überwachen und unterstützen.

Zwar handelt es sich hierbei um konkrete Aufgaben, deren Wahrnehmung aber so ab-strakt beschrieben ist, da die Voraussetzungen in den Vertragsstaaten so unterschiedlich sind. Außerdem lässt sich dem Vertragstext unmittelbar keine Verpflichtung zu irgendwelchen konkreten Institutionen entnehmen. Die allgemeinen Empfehlungen haben allerdings Soft Law-Qualität, können also zur Auslegung des Vertragstextes herangezogen werden, ebenso wie zur völkerrechtsfreundlichen Auslegung des nationalen Rechts. Selbiges gilt für das in den Pariser Prinzipien konkretisierte Unabhängigkeitskriterium.

Der Ausschuss zur Beseitigung der Diskriminierung der Frau betont in seinen abschließenden Bemerkungen hinsichtlich des Sechsten Periodischen Berichts Deutschlands unter Nr. 12, dass das Übereinkommen für alle Regierungsbereiche, alle Länder und Gemeinden verbindlich ist, und fordert den Vertragsstaat auf, die Bundes-, Länder- und Kommunalparlamente dazu zu ermutigen, im Rahmen ihrer Verfahrensweisen, wo immer es möglich ist, die nötigen Maßnahmen im Hinblick auf die Umsetzung der vorliegenden abschließenden Bemerkungen und die Erstellung des nächsten Berichts des Vertragsstaates gemäß den Bestimmungen des Übereinkommens zu ergreifen. In den abschließenden

Bemerkungen zum Kombinierten Siebten und Achten Periodischen Staatenbericht greift der Ausschuss diese Forderung präzisiert auf und fordert, dass alle Bundesländer unabhängige Antidiskriminierungsstellen einrichten und erhalten sollen.

Weitere Forderungen stellt der CEDAW-Ausschuss in Hinblick auf die Ausgestaltung der ADS auf:

Zwar begrüßt der Ausschuss die Tatsache, dass die Antidiskriminierungsstelle eine Rechtsberatung anbieten und bei vermuteten Fällen von Diskriminierung Informationen von privaten und staatlichen Akteuren einholen kann, andererseits bedauert er jedoch, dass die Antidiskriminierungsstelle nicht berechtigt ist, bei Diskriminierungsfällen Klagen einzureichen, und dass sie weder die Befugnis zur Durchführung weiterer Untersuchungen noch die Möglichkeit zur Ergreifung von Sanktionen hat, wenn ihr notwendige Informationen vorenthalten werden. Er empfiehlt dem Vertragsstaat unter Ziff. 20 daher, eine Erweiterung des Mandats der Antidiskriminierungsstelle in Betracht zu ziehen und sie mit zusätzlichen Untersuchungs- und Sanktionsbefugnissen auszustatten. Unter Ziff. 18 Lit d. der Abschließenden Bemerkungen zum Kombinierten Siebten und Achten Staatenbericht wiederholt der Ausschuss seine früheren Empfehlungen und empfiehlt erneut, dass der Vertragsstaat das Mandat der Antidiskriminierungsstelle des Bundes stärkt und sie mit den notwendigen Befugnissen versieht, um selbst Klagen vor Gericht einzureichen, Ermittlungen einzuleiten und Sanktionen zu verhängen und sicherstellt, dass sie mit angemessenen personellen, technischen und finanziellen Ressourcen ausgestattet wird, um ihr Mandat wirksam ausfüllen zu können.

Darüber hinaus bringt der Ausschuss seine Bedenken hinsichtlich der knappen personellen und finanziellen Ausstattung der ADS zum Ausdruck. Unter Ziff. 20 fordert der Ausschuss den Vertragsstaat daher auf, die Antidiskriminierungsstelle des Bundes mit ausreichend personellen und finanziellen Ressourcen auszustatten, damit sie ihren Auftrag zur Förderung der Gleichbehandlung, einschließlich der Gleichstellung der Geschlechter, wirksam erfüllen kann.

Der Ausschuss stellt mit Besorgnis fest, dass das Ernennungsverfahren, nach dem das Bundesministerium für Familie, Senioren, Frauen und Jugend den Leiter/die Leiterin der Antidiskriminierungsstelle für die Amtszeit ernennt, die an die Legislaturperiode des Parlaments (des Bundestags) gekoppelt ist, Einfluss auf dessen/deren Unabhängigkeit haben kann. Um die Unabhängigkeit und Transparenz der Antidiskriminierungsstelle zu erhöhen, spricht der Ausschuss unter Ziff. 20 die Empfehlung aus, dass der Vertragsstaat ein anderes Verfahren zur Ernennung des Leiters/der Leiterin der Antidiskriminierungsstelle, beispielsweise durch den Bundestag oder den Bundespräsidenten, in Erwägung zieht, und dass die Amtszeit auf eine bestimmte Anzahl von Jahren festgelegt wird.

Teil 5: Ergebnisse und Schlussbetrachtung

I. Materieller Diskriminierungsschutz

1. Völkerrecht

Das einzige nicht-akzessorische Diskriminierungsverbot enthält Art. 1 und 2 Lit. b CEDAW. Es handelt sich um ein asymmetrisches, ausschließlich auf Frauen bezogenes Diskriminierungsverbot. Geschriebene Rechtfertigungsgründe gibt es nicht. Bei der Prüfung der Rechtfertigung einer Ungleichbehandlung sind an die Verhältnismäßigkeit besonders hohe Anforderungen zu stellen, weil es sich um ein ausschließlich Frauen schützendes Diskriminierungsverbot handelt.

Art. 14 EMRK normiert lediglich einen akzessorischen Diskriminierungsschutz und das weiter als Art. 14 EMRK gehende, nämlich nicht nur akzessorisch wirkende Diskriminierungsverbot aus Art. 1 des 12. Zusatzprotokolls zur EMRK findet bislang in Deutschland mangels Ratifikation noch keine Anwendung.

2. Europarecht

Neben dem ungeschriebenen allgemeinen Grundsatz der Gleichbehandlung aufgrund des Geschlechts im Arbeitsleben normiert Art. 21 GRC ein symmetrisches Diskriminierungsverbot aufgrund des Geschlechts. Im Gegensatz zu Art. 14 EMRK findet Art. 21 Abs. 1 AEUV nicht nur im Bereich der Grundrechte Anwendung, sondern gebietet den diskriminierungsfreien Genuss aller Rechte und auch Leistungen ohne gesetzliche Basis und nicht nur der Grundrechte. Die unmittelbare und die mittelbare Diskriminierung sind umfasst. Zu beachten ist, dass der europarechtliche Diskriminierungsschutz immer nur auf den Anwendungsbereich von Europarecht bezogen sein kann. Hinsichtlich der Entgeltgleichheit aus Art. 157 AEUV wird allerdings auch eine Drittwirkung zwischen Privaten angenommen.

3. Verfassungsrecht

Auch in der Verfassung ist ein symmetrisches Diskriminierungsverbot und Gleichbehandlungsgebot normiert. Es umfasst die unmittelbare und die mittelbare Diskriminierung sowohl in Art. 3 Abs. 2 S. 1 GG als auch in Art. 3 Abs. 3 S. 2 GG. Ungleichbehandlungen können grundsätzlich gerechtfertigt sein. Eine völkerrechtsfreundliche Auslegung im Lichte des asymmetrischen Diskriminierungsverbots nach CEDAW und eine damit einhergehende restriktivere

Anwendung von Rechtfertigungsgründen ist aufgrund der zu schützenden Grundrechtspositionen Dritter nicht denkbar.

II. Handlungsanforderungen

1. Völkerrecht

Das Ziel von CEDAW ist die Ergebnisgleichheit. Zu dem Umfang der Pflichten der Vertragsstaaten lässt sich also festhalten, dass sie nicht nur für die effektive Anwendung der Diskriminierungsverbote sowohl im öffentlichen als auch im privaten Bereich Sorge zu tragen haben. Sondern sie haben darüber hinaus auch die Pflicht, einen effektiven Rechtsschutz gegen Diskriminierung vorzuhalten. Darüber hinaus sind sie verpflichtet, die de facto-Gleichberechtigung zwischen Männern und Frauen zu beschleunigen. Hierzu können sie insbesondere zeitweilige Sondermaßnahmen zur Förderung von Frauen ergreifen. Ferner sind die Vertragsstaaten verpflichtet, alles zu tun, um stereotype Verhaltensmuster und Rollenmuster abzubauen. Das sind zwar weitreichende Handlungsanforderungen. In Hinblick auf die Institutionalisierung lässt sich der CEDAW allerdings unmittelbar und konkret nichts entnehmen.

Die allgemeinen Empfehlungen Nr. 5, Nr. 25 und Nr. 28 bestimmen, was sich der CEDAW-Ausschuss unter positiven Maßnahmen vorstellt und legen fest, was sich der CEDAW-Ausschuss unter den Institutionen vorstellt.

Hiernach sollen sie:

- mit ausreichenden Ressourcen, Befugnissen und mit Engagement ausgestattet sein (Allgemeine Empfehlung Nr. 5);
- Geschlechterrollen und Geschlechterstereotype thematisieren (Allgemeine Empfehlung Nr. 25 Ziff.7);
- unabhängig sein (Art. 28 Ziff. 28).

Die „Pariser Prinzipien" legen hinsichtlich der Unabhängigkeit fest, dass Unabhängigkeit sowohl funktionelle als auch institutionelle Aspekte umfasst und Neutralität erfordert.

Zu den Aufgaben der Institution soll es gehören:

- auf die Auswirkungen der Regierungspolitik auf Frauen aufmerksam zu machen (Allgemeine Empfehlung Nr. 5);
- die Situation der Frauen umfassend zu beobachten (Allgemeine Empfehlung Nr. 5);

- bei der Formulierung neuer politischer Richtlinien zu helfen und Strategien und Maßnahmen, die der Beseitigung der Diskriminierung dienen, wirksam umzusetzen (Allgemeine Empfehlung Nr. 5);
- auf höchster Regierungsebene direkt zu beraten und zu analysieren (Allgemeine Empfehlung Nr. 28);
- die durch das Übereinkommen garantierten Rechte zu fördern und zu schützen (Allgemeine Empfehlung Nr. 28);
- die Vorbereitung und Umsetzung von Rechtsvorschriften, Politiken und Programmen zur Erfüllung der Verpflichtungen des Vertragsstaats nach dem Übereinkommen zu koordinieren und zu beaufsichtigen (Allgemeine Empfehlung Nr. 28).

Der Ausschuss zur Beseitigung der Diskriminierung der Frau betont in seinen Abschließenden Bemerkungen hinsichtlich des Sechsten Periodischen Berichts Deutschlands unter Ziff. 12, dass das Übereinkommen für alle Regierungsbereiche, alle Länder und Gemeinden verbindlich ist, und fordert den Vertragsstaat auf, die Bundes-, Länder- und Kommunalparlamente dazu zu ermutigen, im Rahmen ihrer Verfahrensweisen, wo immer es möglich ist, die nötigen Maßnahmen im Hinblick auf die Umsetzung der vorliegenden abschließenden Bemerkungen und die Erstellung des nächsten Berichts des Vertragsstaates gemäß den Bestimmungen des Übereinkommens zu ergreifen. In den abschließenden Bemerkungen zum Kombinierten Siebten und Achten Periodischen Staatenbericht greift der Ausschuss diese Forderung präzisiert auf und fordert, dass alle Bundesländer unabhängige Antidiskriminierungsstellen einrichten und erhalten sollen.

Zusammenfassend kann also festgehalten werden, dass die Institutionen die Situation von Frauen analysieren und auf die Situation der Frauen aufmerksam machen sollen. Sie sollen die Vertragsstaaten überwachen und unterstützen und sollen auf allen politischen Ebenen installiert werden.

Zwar handelt es sich hierbei um konkrete Aufgaben, deren Wahrnehmung aber so ab-strakt beschrieben sein muss, da die Voraussetzungen in den Vertragsstaaten so unterschiedlich sind. Außerdem lässt sich dem Vertragstext unmittelbar keine Verpflichtung zu konkreten Institutionen entnehmen. In den Abschließenden Bemerkungen fordert der CEDAW-Ausschuss klar eine Umsetzung der CEDAW auf allen staatlichen Ebenen und insbesondere auch eine Institutionalisierung in Form von Gleichstellungs- bzw. Antidiskriminierungsstellen auf Ebene der Bundesländer. Die Allgemeinen Empfehlungen und Abschließenden Bemerkungen haben Soft Law-Qualität. Sie können also zur Auslegung des Vertragstextes, ebenso wie zur völkerrechtsfreundlichen

Auslegung des nationalen Rechts herangezogen werden. Selbiges gilt für das in den Pariser Prinzipien konkretisierte Unabhängigkeitskriterium.

2. Europarecht

Die unionsrechtlichen Vorgaben sind, untergliedert in drei Abschnitte, untersucht worden: die Zielvorgaben (1.), die Kompetenznormen und das Sicherstellungsgebot aus Art. 23 GRC (2.) und das Sekundärrecht (3.).

Art. 2 und 3 AEUV ergeben die „Geschäftsgrundlage" der Union, namentlich die Gleichheit von Mann und Frau und die Nichtdiskriminierung als gemeinsame Werte. Sie geben vor, dass Diskriminierung durch die Mitgliedstaaten zu bekämpfen ist und die Gleichstellung von Männern und Frauen zu fördern.

Art. 8 AEUV überträgt als Querschnittsklausel dieses Ziel in den politisch-operativen Teil der Verträge. Art. 10 AEUV stellt parallel zu dem „Ungleichheiten-Beseitigungsgebot" aus Art. 8 AEUV ein „Diskriminierungsbekämpfungsgebot" auf.

Die EU soll also bei allen ihren Tätigkeiten darauf hinwirken, Ungleichheiten zu beseitigen und die Gleichstellung von Männern und Frauen zu fördern, und darauf abzielen, Diskriminierungen zu bekämpfen. Damit sie aber überhaupt handeln darf, benötigt sie die Kompetenz dazu. Diese ergeben sich in Hinblick auf die Geschlechtergleichstellung und Diskriminierungsbekämpfung aus Art. 19, 153 und 157 AEUV.

Art. 157 AEUV ist die einschlägige Kompetenzgrundlage für Maßnahmen zur Gewährleistung der Anwendung des Grundsatzes der Chancengleichheit und Gleichbehandlung von Männern und Frauen in Arbeits- und Beschäftigungsfragen, einschließlich des Grundsatzes des gleichen Entgelts bei gleicher oder gleichwertiger Arbeit.

Art. 19 AEUV gilt außerhalb des Anwendungsbereichs von Art. 157 AEUV, also außerhalb von Beschäftigungsfragen und Entgeltgleichheit.

Nach Art. 23 Abs. 1 GRC **ist die** Gleichheit von Frauen und Männern ist in allen Bereichen, einschließlich der Beschäftigung, der Arbeit und des Arbeitsentgelts, sicherzustellen. Hierbei handelt es sich um ein Gleichbehandlungsgrundrecht und Diskriminierungsverbot, aber auch um ein Fördergebot. Ein subjektiver Anspruch ist grundsätzlich denkbar, wenn sich auch kein subjektives Recht auf eine bestimmte Maßnahme aus Art. 23 Abs. 2 GRC ergibt, allerdings auch hier wieder beschränkt auf die Zuständigkeitsbereiche der EU in Verbindung mit den jeweils einschlägigen Kompetenznormen. Ferner richtet sich die Norm an die Union und ihre Stellen, sowie die Mitgliedstaaten bei der Ausführung von Unionsrecht.

Die konkretesten Vorgaben hinsichtlich der Institutionalisierung sind in Art. 20 der RL 2006//54/EG und Art. 12 der RL 2004/113/EG zu finden. Deren Umsetzung ist in Teil 4. dieser Arbeit untersucht worden.

3. Verfassungsrecht

Aus Art. 3 Abs. 2 S. 2 GG ergibt sich eine Förderpflicht des Staates. Die Rechtsprechung nimmt bisher an, dass der Gesetzgeber hier einen weiten Einschätzungsspielraum hat und er den Anforderungen des Art. 3 Abs. 2 S. 2 GG genügt, wenn er nur „mehr als nichts" tut. Eine Auslegung von Art. 3 Abs. 2 S. 2 GG im Lichte von CEDAW und den allgemeinen Empfehlungen Nr. 5, 25 und 28 kann ergeben, dass das „mehr als nichts" gefüllt sein muss mit Stellen oder Institutionen, die die Gleichstellung von Männern und Frauen „auf allen politischen Ebenen" fördern. Die Institutionen sollen die Situation von Frauen analysieren und auf sie aufmerksam machen. Sie sollen die Vertragsstaaten überwachen und sollen sie bei der Umsetzung von CEDAW unterstützen. In den Abschließenden Bemerkungen zum 6. Periodischen Staatenbericht Deutschlands und zum Kombinierten 7. und 8. Periodischen Staatenbericht fordert der CEDAW-Ausschuss neben der Umsetzung der CEDAW auf allen politischen Ebenen insbesondere in den Bundesländern unabhängige Antidiskriminierungsstellen einzurichten.

Eine gebotene völkerrechtsfreundliche Auslegung ergibt, dass bei stagnierender oder gar rückschrittlicher Gleichstellungssituation eine Art Rückschrittsverbot hinsichtlich der Institutionalisierung anzunehmen ist. Solange nicht die tatsächliche gesellschaftliche Situation dem Staatsziel der tatsächlichen Gleichberechtigung oder Chancengleichheit entspricht, ist eine Verschlechterung der Rechtslage in Hinblick auf die Institutionalisierung verfassungswidrig. Dies bezieht sich auf alle politischen Ebenen.

Art. 3 Abs. 2 S. 2 GG hat einen zum Förderauftrag kongruenten subjektivrechtlichen Gehalt. Dies bedeutet, dass – unter Hinzutreten weiterer Voraussetzungen – eine gerichtliche Durchsetzbarkeit der in der Norm kodifizierten Gewährleistungen denkbar ist.

III. Umsetzungsbeispiel Antidiskriminierungsstelle des Bundes

Dem Aufgabenspektrum der ADS liegt ein sog. dreifacher Ansatz zugrunde. Das heißt, die Stelle soll Opfer von Diskriminierungen unterstützen, Untersuchungen zum Thema Diskriminierung durchführen und Veröffentlichungen zu allen mit Diskriminierung zusammenhängenden Themen herausgeben. Dieser dreifache Ansatz ist sinnvoll. Durch die Beratung von Diskriminierungsopfern hat die Stelle den unmittelbaren Kontakt zu den von Diskriminierung Betroffenen und kann eigene Untersuchungen passgenau auf bestehende Probleme zuschneiden. Dann kann die Stelle basierend auf aus der Beratung und Untersuchung gewonnenen Erkenntnissen Probleme in Veröffentlichungen aufzeigen und bekannt machen. Damit hat die Stelle die Möglichkeit, punkt- und passgenaue Forschung zu betreiben oder in Auftrag zu geben, und diese dann durch Veröffentlichungen (Berichte und Empfehlungen) bekannt zu machen und die entsprechenden Informationen zu verbreiten. Dieser Ansatz ermöglicht dem Grunde nach eine erfolgversprechende Diskriminierungsbekämpfung.

Der präventive Ansatz ist neben dem gerichtlichen Rechtsschutz, der immer nur reaktiv ist, und nur erfolgt, wenn von Diskriminierung Betroffene dies auch von sich aus anschieben, unerlässlich. Nur durch Prävention können Diskriminierungen von vorneherein vermieden werden.

Der CEDAW-Ausschuss bedauert in seinen abschließenden Bemerkungen zum 6. Staatenbericht die Tatsache, dass die Antidiskriminierungsstelle nicht berechtigt ist, bei Diskriminierungsfällen Klagen einzureichen, und dass sie weder die Befugnis zur Durchführung weiterer Untersuchungen noch die Möglichkeit zur Ergreifung von Sanktionen hat, wenn ihr notwendige Informationen vorenthalten werden. Er empfiehlt dem Vertragsstaat unter Ziff. 20 der Abschließenden Bemerkung daher, eine Erweiterung des Mandats der Antidiskriminierungsstelle in Betracht zu ziehen und sie mit zusätzlichen Untersuchungs- und Sanktionsbefugnissen auszustatten. Unter Ziff. 18 Lit d. der abschließenden Bemerkungen zum Kombinierten Siebten und Achten Staatenbericht wiederholt der Ausschuss diese früheren Empfehlungen und empfiehlt erneut, das Mandat der Antidiskriminierungsstelle des Bundes zu stärken und sie mit den notwendigen Befugnissen auszustatten, um selbst Klagen vor Gericht einzureichen, Ermittlungen einzuleiten und Sanktionen zu verhängen. Außerdem sollte – dem Ausschuss nach – sichergestellt sein, dass sie mit angemessenen personellen, technischen und finanziellen Ressourcen ausgestattet wird, um ihr Mandat wirksam ausfüllen zu können. Dies ist die Basis einer unabhängigen und wirkungsstarken Aufgabenwahrnehmung.

Zentral für eine glaubwürdige Aufgabenwahrnehmung ist aber auch die Unabhängigkeit der Stelle von politischer Einflussnahme. Diese ist durch eine sinnvolle rechtliche Ausgestaltung sicherzustellen.

Die Rechtsaufsicht muss in Anbetracht der genannten Rechtsprechung des EuGH abgeschafft werden. Vorbild sollten die Regelungen zur Bundesdatenschutzbeauftragten sein. Die Abschaffung der Rechtsaufsicht ist nicht nur nach der hier vertretenen Auffassung europarechtlich erforderlich, sondern trägt auch den sog. Pariser Prinzipien besser Rechnung.

Begrüßenswert wäre es darüber hinaus, die Amtszeit entweder beispielsweise auf 5 Jahre zu verlängern, wie es bei der Bundesdatenschutzbeauftragten der Fall ist oder die 4-jährige Amtszeit von der Legislaturperiode zu entkoppeln. Auch der CEDAW-Ausschuss stellte in seinen Abschließenden Bemerkungen zum Sechsten Periodischen Staatenbericht Deutschlands mit Besorgnis fest, dass das Ernennungsverfahren, nach dem das Bundesministerium für Familie, Senioren, Frauen und Jugend den Leiter/die Leiterin der Antidiskriminierungsstelle für die Amtszeit ernennt, die an die Legislaturperiode des Bundestags gekoppelt ist, Einfluss auf dessen/deren Unabhängigkeit haben kann. Um die Unabhängigkeit und Transparenz der Antidiskriminierungsstelle zu erhöhen, spricht sich der Ausschuss unter Ziff. 20 der Abschließenden Bemerkung dafür aus, ein anderes Verfahren zur Ernennung des Leiters/der Leiterin der Antidiskriminierungsstelle in Erwägung zu ziehen, wie beispielsweise die Ernennung durch den Bundestag oder den Bundespräsidenten. Außerdem sollte die Amtszeit auf eine bestimmte Anzahl von Jahren festgelegt werden.

Darüber hinaus bringt der Ausschuss seine Bedenken hinsichtlich der knappen personellen und finanziellen Ausstattung der ADS zum Ausdruck. Unter Ziff. 20 der Abschließenden Bemerkungen zum Sechsten Periodischen Staatenbericht der BRD fordert der Ausschuss den Vertragsstaat daher auf, die Antidiskriminierungsstelle des Bundes mit ausreichend personellen und finanziellen Ressourcen auszustatten, damit sie ihren Auftrag zur Förderung der Gleichbehandlung, einschließlich der Gleichstellung der Geschlechter, wirksam erfüllen kann. Hierzu ist ergänzend festzuhalten, dass die finanzielle und personelle Ausstattung als Basis der Unabhängigkeit und Wirkkraft der Institution angesehen werden muss. Sie ist wahrscheinlich eines der bedeutendsten Steuerungsmittel.

IV. Schlussbetrachtung

Der Staat fördert die tatsächliche Durchsetzung der Gleichberechtigung von Frauen und Männern und wirkt auf die Beseitigung bestehender Nachteile hin. Die rechtliche Gleichstellung ist nahezu vollbracht. Diskriminierungsverbote und Gleichbehandlungsgebote bieten den rechtlichen Rahmen, damit eine diskriminierungsfreie Gesellschaft, in der eine reale Chancengleichheit für alle Geschlechter herrscht, gedeihen kann. Es hat sich allerdings gezeigt, dass dieser rechtliche Rahmen nicht reicht, um eine diskriminierungsfreie Gesellschaft mit realer Chancengleichheit zu etablieren. Vielmehr sind vielfältige Fördermaßnahmen zugunsten des jeweils unterrepräsentierten Geschlechts erforderlich.

Positive Maßnahmen stoßen auf unterschiedlich viel Verständnis. Dies lässt sich an der Diskussion um das Gesetz für die gleichberechtigte Teilhabe von Frauen und Männern in Führungspositionen ablesen. Selbst die Befürworter dieses Gesetzes bedauern, dass es erforderlich war. Es wird möglicherweise auch nur wenig dazu beitragen, dass Individuen Geschlechterrollen reflektieren und bewusste und unbewusste Verhaltensmuster als diskriminierend identifizieren und eliminieren. Dies muss aber das eigentliche Ziel einer effektiven Gleichstellungspolitik sein. Hier können Gleichstellungsinstitutionen einen Beitrag leisten: durch Untersuchungen der „diskriminierungsrechtlichen Brennpunkte", durch passgenaue Informationen (beispielsweise in Form von Qualifizierung durch unconsious-bias-trainings für Führungskräfte) und damit durch Prävention sowie durch konkrete Unterstützung von Personen, die von Diskriminierung betroffen sind oder waren.

Eine hervorgehobene Rolle spielt hierbei die Unabhängigkeit solcher Gleichstellungsinstitutionen, damit sie, frei von wirtschaftlichen und politischen Interessen, einzig im Sinne ihres Auftrags, Diskriminierungen zu eliminieren und die Geschlechtergleichstellung zu katalysieren, agieren können.

Literaturverzeichnis

Adamietz, Laura *Geschlecht als Erwartung*, Schriften zur Gleichstellung Bd. 34, Baden-Baden 2011.

Adomeit, Klaus/Mohr, Jochen *Allgemeines Gleichbehandlungsgesetz (AGG), Kommentar zum AGG und zu den anderen Diskriminierungsverboten*, 2. Aufl., Stuttgart 2011.

Aichele, Valentin *Nationale Menschenrechtsinstitutionen*, Studien zum Internationalen, Europäischen und Öffentlichen Recht Bd. 12, Frankfurt am Main 2003.

Albrecht, Florian *Juris-Praxis Report-ITR* 15/2010 Anm. 4.

Althoff, Nina *Die Bekämpfung von Diskriminierungen aus Gründen der Rasse und der ethnischen Herkunft in der Europäischen Gemeinschaft ausgehend von Art. 13 EG*, Schriften zum Europa- und Völkerrecht und zur Rechtsvergleichung Bd. 20, Frankfurt am Main 2006.

Baer, Susanne *Würde oder Gleichheit?Zur angemessenen grundrechtlichen Konzeption von Recht gegen Diskriminierung am Beispiel sexueller Belästigung am Arbeitsplatz in der Bundesrepublik Deutschland und den USA*, Schriften zur Gleichstellung der Frau Bd. 13, Baden-Baden 1995.

Baer, Susanne *Dilemmata im Recht und Gleichheit als Hierarchisierungsverbot – Der Abschied von Thelma und Louise*, KrimJ 1996, 242–257.

Baer, Susanne *Chancen und Risiken Positiver Maßnahmen: Grundprobleme des Antidiskriminierungsrechts*, in: Heinrich-Böll-Stiftung (Hrsg.), Positive Maßnahmen, Berlin 2011, S. 23–39.

Baer, Susanne *Entwicklung und Stand feministischer Rechtswissenschaft in Deutschland*, in: Rudolf, Beate (Hrsg.), Geschlecht im Recht, Querelles *Bd. 14*, Göttingen 2009, S. 15–36.

Bauer, Jobst-Hubertus/Krieger, Steffen *Allgemeines Gleichbehandlungsgesetz Kommentar*, 4. Aufl., München 2015.

Beham, Markus/Fink, Melanie/Janik, Ralph *Völkerrecht verstehen*, Wien 2015.

Beigang, Steffen/Fetz, Karolina/Kalkum, Dorina/Otto, Magdalena *Diskriminierungserfahrungen in Deutschland*, Baden-Baden 2017.

Bell, Mark/Waddington, Lisa *Reflecting on inequalities in European equality law* European law review 2003, 349–369.

Bertzbach, Martin/Däubler, Wolfgang (Hrsg) *Allgemeines Gleichbehandlungsgesetz Kommentar*, 4. Aufl., Baden-Baden 2018.

Bieback, Karl-Jürgen *Mittelbare Diskriminierung der Frauen im Sozialrecht*, ZIAS 1990, 1–33.

Boerefijn, Ineke *The Human Rights Committee's Concluding Observations*, in: Essays in Honour of Peter Baehr, The Role of the Nation-State in the 21st Century, Leiden, Niederlande 1998, S. 231–249.

Buergenthal, Thomas/Thürer, Daniel *Menschenrechte*, Zürich 2010.

Bull, Hans-Peter *Die „völlig unabhängige" Aufsichtsbehörde*, EuZW 2010, 488–494.

Bumke, Ulrike *Art. 3 GG in der aktuellen Verfassungsreformdiskussion: Zur ergänzenden Änderung des Art. 3 Abs. 2 Grundgesetz*, Der Staat 1993, 117–139.

Calliess, Christian *Europa als Wertegemeinschaft; Integration und Identität durch europäisches Verfassungsrecht?* JZ 2004, 1033–1045.

Calliess, Christian/Ruffert, Matthias (Hrsg.) *EUV/AEUV Das Verfassungsrecht der Europäischen Union mit Europäischer Grundrechtecharta Kommentar*, 5. Aufl., München 2016.

Charlesworth, Hilary/Chinkin, Christine *The boundaries of international law*, Melland Schill studies in international law, Manchester 2000.

Cirkel, Johannes *Gleichheitsrechte im Gemeinschaftsrecht*, NJW 1998, 3332–3333.

Classen, Claus-Dieter in: *Europa-Recht Verträge zur Gründung der Europäischen Gemeinschaften* 27. Aufl. München 2017.

Dauses, Manfred A. *Die Antidiskriminierungsrichtlinien: Faustscher Tatendrang oder mephistophelischer Zynismus?*, EuZW 2007, 129.

Deckenbrock, Christian/Hennsler, Martin *Rechtsdienstleistungsgesetz Kommentar*, 4. Aufl. München 2015.

Deutsches Institut für Menschenrechte *Die "General Comments" zu den VN-Menschenrechtsverträgen. Deutsche Übersetzung und Kurzeinführungen*, Baden-Baden 2005.

Dieball, Heike *Gleichstellung der Geschlechter im Erwerbsleben – neue Vorgaben des EG-Vertrages*, EuR 2000, 274–284.

Dreier, Horst (Hrsg.) *Grundgesetz Kommentar*, Band I, 3. Aufl., Tübingen 2013.

Ebsen, Ingwer *Zur Koordinierung der Rechtsdogmatik beim Gebot der Gleichberechtigung von Männern und Frauen zwischen Europäischem Gemeinschaftsrecht und innerstaatlichem Verfassungsrecht*, RdA 1993, 11–16.

Eggert-Weyand, Sabine *Belästigung am Arbeitsplatz, Eine Form der verbotenen Benachteiligung wegen des Geschlechts*, Recht der Arbeit und der sozialen Sicherheit Bd. 33, Frankfurt am Main 2010.

Ellis, Evelyn *Die Auswirkungen des Lissabon-Vertrags auf die Gleichstellung von Frauen und Männern*, in: Europäische Zeitschrift für Geschlechtergleichstellungsrecht, Nr. 1/2010, S. 8–15.

Engler, Nina *Strukturelle Diskriminierung und substantielle Chancengleichheit*, Europäische Hochschulschriften, Reihe 2, Rechtswissenschaft Bd. 4096. Frankfurt am Main 2005.

Fredman, Sandra *Making Equality Effective: Proactive Measures and Substantive Equality for Men and Women in the EU*, in: European Gender Equality Law Review No. 2/2010, 7–16.

Foljanty, Lena/Lembke, Ulrike (Hrsg.) *Migration, Flucht und Geschlecht, Feministische Rechtswissenschaft*, 2. Aufl., Baden-Baden 2012.

Franzius, Claudio *Die Bundesnetzagentur zwischen politischer Steuerung und gerichtlicher Kontrolle*, DÖV 2013, 714–721.

Freeman, Marsha/Chinkin, Christine/Rudolf, Beate (Hrsg.) *The UN-Convention on the Elimination of all forms of Discrimination against Women*, Oxford commentaries on international law, Oxford 2012.

Frenz, Walter *Europäische Grundrechte, Handbuch Europarecht Band 4*, Berlin/ Heidelberg 2009.

Frenzel, Michael *„Völlige Unabhängigkeit" im demokratischen Rechtsstaat - Der EuGH und die mitgliedstaatlichen Verwaltungsorganisationen*, Die öffentliche Verwaltung, 2010, 925–931.

Frenzel, Michael i*n Perspektiven des öffentlichen Rechts*, n Boysen und Andere, Netzwerke 2007, S. 247, 255 ff; Baden-Baden 2011.

Friauf, Karl Heinrich *Gleichberechtigung der Frau als Verfassungsauftrag*, Schriftenreihe des Bundesministeriums des Innern Bd 11, Stuttgart 1981.

Froese, Judith *Männlich, weiblich oder „weder noch"?* AöR 2015, 599–625.

Fuchsloch, Christine *Das Verbot der mittelbaren Geschlechtsdiskriminierung*, Schriften zur Gleichstellung der Frau Bd 10, Baden-Baden 1995.

Geiger, Rudolf *Grundgesetz und Völkerrecht mit Europarecht*. 6. Aufl., München 2013.

Geiger, Rudolf/Khan, Daniel-Erasmus/Kotzur, Markus (Hrsg.) *EUV/AEUV Vertrag über die Europäische Union und Vertrag über die Arbeitsweise der Europäischen Union Kommentar*, 6. Aufl., München 2017.

Giegerich, Thomas *Völkerrechtsfreundlichkeit „light" - Viel Schatten und wenig Licht im BVerfG-Beschluss zum Treaty Override*, Saar Expert Papers, 2/2016, Saarbrücken 2016.

Grabitz, Eberhard/Hilf, Meinhard/Nettesheim, Martin (Hrsg.) *Das Recht der Europäischen Union, Band I EUV/AEUV, Kommentar*, 63. EGL, München 2017.

Graue, Bettina *Der deutsche und europäische öffentliche Dienst zwischen rechtlicher und faktischer Gleichberechtigung der Geschlechter,* Recht der Arbeit und der sozialen Sicherheit Bd. 21, Frankfurt am Main 2004.

Groeben, Hans von der/Schwarze (Hrsg.) *Ko*mmentar zum Vertrag über die Europäische Union und zur Gründung der Europäischen Gemeinschaft, 6. Aufl. Baden-Baden 2003

Groeben, Hans von der/Schwarze, Jürgen/Hatje, Armin (Hrsg.) *Kommentar zum Vertrag über die Europäische Union und zur Gründung der Europäischen Gemeinschaft*, 7. Aufl., Baden-Baden 2015.

Hanau, Peter/Preis, Ulrich *Zur mittelbaren Diskriminierung wegen des Geschlechts*, ZfA 1998, 177–207.

Haratsch, Andreas/Koenig, Christian/Pechstein, Matthias *Europarecht*, 11. Aufl., Tübingen 2018.

Heckel, Martin *Gleichheit oder Privilegien? Der Allgemeine und der Besondere Gleichheitssatz im Staatskirchenrecht*, Jus ecclesiasticum Bd .47, Tübingen 1993.

Heidorn, Gesche *Grundrechtlicher Schutz vor mittelbarer Geschlechterdiskriminierung?* Bucerius Law Journal 2012, 20–25.

Heinz, Wolfgang, *Der Einfluss von Nichtregierungsorganisationen auf das Berichtsprüfungs- und Individualbeschwerdeverfahren im Menschenrechtsschutz der Vereinten Nationen,* in Schorlemer, Sabine (Hrsg.) „Wir, die Völker (…)"-Strukturwandel in der Weltorgansiation, Frankfurt am Main 2006, S. 27–44.

Hübner, Gregor *Die Situation in der Bundesrepublik Deutschland im Hinblick auf die Gleichberechtigung von Männern und Frauen – ein Überblick*

Hübner, Gregor *Die Mechanismen zur Durchsetzung von Frauenrechten im Rahmen der CEDAW und ihres Fakultativprotokolls*, in Schorlemer, Sabine (Hrsg.) Wir, die Völker (…)"-Strukturwandel in der Weltorgansiation, Frankfurt am Main 2006, S. 27–44.

Heusel, Wolfgang *„Weiches" Völkerrecht*, Völkerrecht und Außenpolitik Bd. 44 Baden-Baden 1991.

Hey, Thomas/Forst, Gerrit *AGG Kommentar*, 2. Aufl., Frankfurt am Main 2015.

Hilgenberg, Hartmut, *Softlaw im Völkerrecht*, ZEUS 1998, 81–102.

Hofmann, Hans *Die tatsächliche Durchsetzung der Gleichberechtigung in dem neuen Art. 3 Abs. 2 S. 2 GG*, FamRZ 1995, 257–263.

Hofmann-Hoeppel, Jochen *Das Gleichberechtigungsgebot des Art. 3 Abs. 2 GG in Rechtsprechung und Lehre*, Schriften zum öffentlichen Recht Bd. 508, Berlin 1986.

Holoubek, Michael/Lienbacher, Georg (Hrsg.) *Charta der Grundrechte der Europäischen Union - GRC-Kommentar*, Wien 2014.

Holzleithner, Elisabeth *Emanzipation durch Recht?*, KJ 2008, 250–256.

Hübner, Gregor *Die Mechanismen zur Durchsetzung von Frauenrechten im Rahmen der CEDAW und ihres Fakultativprotokolls*, in Schorlemer, Sabine (Hrsg.), Die Vereinten Nationen und neuere Entwicklungen der Frauenrechte, Frankfurt a.M. 2007, S. 163–201.

Hübner, Gregor *Die Situation in Bundesrebublik Deutschland in Hinblick auf die Gleichberechtigung von Männern und Frauen*, in Schorlemer, Sabine (Hrsg.), Die Vereinten Nationen und neuere Entwicklungen der Frauenrechte, Frankfurt a.M. 2007, S. 203–261.

Ipsen, Knut *Völkerrecht*, 6. Aufl., München 2014.

Isensee, Josef *Mit blauem Auge davongekommen - das Grundgesetz*, NJW 1993, 2583–2587.

Isensee, Josef/Kirchhof, Paul (Hrsg.) *Demokratie - Bundesorgane Handbuch des Staatsrechts der Bundesrepublik Deutschland*, Band III, 3. Aufl., Heidelberg 2005.

Isensee, Josef/Kirchhof, Paul (Hrsg.) *Allgemeine Grundrechtslehren, Handbuch des Staatsrechts der Bundesrepublik Deutschland*, Band IX, 3. Aufl., Heidelberg 2011

Isensee, Josef/Kirchhof, Paul (Hrsg.) *Grundrechte: Wirtschaft, Verfahren, Gleichheit, Handbuch des Staatsrechts der Bundesrepublik Deutschland*, Band VIII, 3. Aufl., Heidelberg 2010.

Jahn, Friedrich-Adolf *Empfehlungen der Gemeinsamen Verfassungskommission zur Änderung und Ergänzung des Grundgesetzes*, DVBl. 1994, 177–187.

Jarass, Hans D. *Konflikte zwischen EG-Recht und nationalem Recht vor den Gerichten der Mitgliedstaaten*, DVBl 1995, 954–962.

Jarass, Hans D. (Hrsg.) *Charta der Grundrechte der Europäischen Union - Kommentar* 3. Aufl., München 2016.

Jarass, Hans D., Pieroth, Bodo (Hrsg.) *Grundgesetz für die Bundesrepublik Deutschland - Kommentar*, 15. Aufl., München 2018.

Jarass, Hans D. *EU-Grundrechte*, München 2005.

Kägi-Diener, Regula *Zur Auslegungsautortät des CEDAWs*, in Rust, Ursula/ Lange, Joachim (Hrsg.), CEDAW vor dem Zwischenbericht 2011, Rehburg-Lokkum 2012.

Keller, Helen/Grover, Leena *General Comments of the Human Rights Committee and their legitimacy*, in Keller, Helen, Ulfstein, Geir, UN Human Rights Treaty Bodies, Cambridge 2012.

Klein, Oliver Das Untermaßverbot – Über die Justiziabilität gunrdrechtlicher Schutzpflichterfüllung, JuS 2006, 960–964

Kleine-Cosack, Michael *Rechtsdienstleistungsgesetz, Kommentar*, 3. Aufl. Heidelberg, München, Landsberg, Frechen, Hamburg 2014.

Knöpfel, Gottfried *Die Gleichberechtigung von Mann und Frau*, NJW 1960, 555–559.

Kocher, Eva *Geschlecht im Antidiskriminierungsrecht*, KJ 2009, 386–403.

Kokott, Juliane *Zur Gleichstellung von Mann und Frau – Deutsches Verfassungsrecht und europäisches Gemeinschaftsrecht*, NJW 1995, 1049–1057.

Kolbe, Angela *Intersexualität, Zweigeschlechtlichkeit und Verfassungsrecht*, Nomos Universitätsschriften Recht Bd. 669, Baden-Baden 2010.

König, Doris *Die Grundgesetzänderung in Art. 3 Abs. 2 GG – Ein Fortschritt auf dem Weg zur tatsächlichen Gleichberechtigung?*, DÖV 1995, 837–846.

König, Doris *Die Diskriminierungsverbote im Übereinkommen der Vereinten nationen zu Beseitigung jeder Form der Diskriminierung der Frau (CEDAW,)* in: dies./Lange, Joachim/Rust, Ursula/Schöpp-Schilling Hanna Beate (Hrsg.), Gleiches Recht – gleiche Realität?, Rehburg-Loccum 2004, S. 21–36.

König, Doris, *Frauenrechte sind Menschenrechte…und doch anders? – die UN-Frauenrechtskonvention (CEDAW)*, in Rudolf, Beate (Hrsg.), Frauen und Völkerrecht, Baden-Baden 2006, S. 81–98.

König, Doris/Schadendorf, Sarah *Die Rezeption der UN-Frauenrechtskonvention in Karlsruhe und Strassburg*, DÖV 2014, 853–860.

Köppen, Marita *Die Antidiskriminierungsstelle des Bundes – Rückblick und Perspektiven*, NZA 2008, S. 91–93.

Körber, Torsten, *Grundfreiheiten und Privatrecht*, Jus Privatum Bd. 93, Tübingen 2004.

Körner, Marita *Völkerrechtlicher Schutz vor Diskriminierung im CEDAW*, ZRP 2005, 223–225.

Krenzler, Michael/Klees, Hans/Kramer, Jan J. *Rechtsdienstleistungsgesetz, Kommentar*, 2. Auflage, Baden-Baden 2017.

Krimphove, Dieter *Europäisches Arbeitsrecht*, EFAS: Effektives Arbeits- und Sozialrecht, 2. Aufl., München 2001.

Kruse, Julia *Der öffentlich-rechtliche Beauftragte*, Schriften zum öffentlichen Recht Bd. 1073, Berlin 2007.

Lenz, Carl Otto/Borchardt, Klaus-Dieter (Hrsg.) *EU-Verträge Kommentar*, 6. Aufl., Köln 2013.

Lewalter, Sandra *Geschlechtergleichstellung bei Privatisierungen, Anforderungen und Handlungsoptionen aus rechtlicher Sicht*. Berlin 2015.

Lewinski, Kai von *Unabhängigkeit des Bundesbeauftragten für den Datenschutz und die Informationsfreiheit*, ZG 2015, 228–245.

Lewinski, Kai von *„Völlige Unabhängigkeit" von Aufsichts- und Regulierungsbehörden*, DVBl. 2013, 339–347.

Liebscher, Doris/Naguib, Tarek/Plümecke, Tino/Remus, Juana *Wege aus der Essentialismusfalle: Überlegungen zu einem postkategorialen Antidiskriminierungsrecht*, KJ 2012, 204–218.

Limbach, Jutta/Eckertz-Höfer, Marion (Hrsg.) *Frauenrechte im Grundgesetz des geeinten Deutschlands: Diskussion in der gemeinsamen Verfassungskommission von Bundestag und Bundesrat und der Bundesratskommission Verfassungsreform* – Dokumention. Schriften zur Gleichstellung der Frau Bd. 7, Baden-Baden 1993.

Mangold, Anna Katharina *Mehrdimensionale Diskriminerung. Potentiale eines materialen Gleichheitsverständnisses*, Rechtsphilosopie. Zeitschrift für Grundlagen des Rechts (RphZ) 2016, 152–168.

Mangoldt, Herrmann von/Klein, Friedrich/Stark, Christian (Hrsg.) *Kommentar zum Grundgesetz*, Band I und II, 7. Aufl., München 2018.

Markard, Nora *Die andere Frage stellen: Intersektionalität als Analysekategorie im Recht*, KJ 2009, 353–364.

Maunz, Theodor/Dürig, Günter *Kommentar zum Grundgesetz*, 82. Aufl., München 2018.

Mc Crudden, Christopher/Kountouros, Haris *Human rights and European equality law*, in Meenan, Helen (Hrsg.), Equality law in an enlarged European Union, Cambridge 2007. S. 73–116.

Meinel, Gernod /Heyn, Judith /Herms, Sascha *Allgemeines Gleichbehandlungsgesetz, arbeitsrechtlicher Kommentar*, 2. Auflage, München 2010.

Merold, Andreas/Märten, Judith-Janna *Effektivität des Völkerrechts auf nationaler Ebene*, ZFSH SGB 2012, 135–141.

Merten, Detlef *Über Staatsziele*, DÖV 1993, 368–377.

Merten, Detlef/Papier, Hans-Jürgen (Hrsg.) *Grundrechte in Deutschland Allgemeine Lehren, Handbuch der Grundrechte in Deutschland und Europa, Band II*, Heidelberg 2009.

Meyer, Jürgen, *Charta der Grundrechte der Europäischen Union*, 4. Aufl. Baden-Baden 2014.

Meyer-Ladewig, Jens/Nettesheim, Martin/Raumer, Stefan von (Hrsg.) *Handkommentar zur Europäischen Mensch enrechtskonvention*, 4. Aufl., Baden-Baden 2017.

Mlinar, Angelika *Frauenrechte als Menschenrechte*, Frankfurt am Main 1997.

Mückenberger, Ulrich/Warncke, Karin/Spangenberg, Ulrike *Familienförderung und Gender Mainstreaming im Steuerrecht*, Schriften zur Gleichstellung der Frau Bd. 30, Baden-Baden 2007.

Müller, Wolfgang *Ministerialfreie Räume*, JuS 1985, 497–508.

Müller-Glöge, Rudi/Preis, Ulrich/Schmidt, Ingrid et al. (Hrsg.) *Erfurter Kommentar zum Arbeitsrecht* 18. Aufl., München 2018.

Münch, Ingo von/Kunig, Philip (Hrsg.) *Grundgesetz Kommentar*, Band I, 6. Aufl., München 2012.

Neubauer, Violeta *How could the Convention On the elimination of all forms of discrimination Against women (CEDAW) Be implemented in the EU legal framework?*, in: Genta, Claire (Hrsg.), Policy Department C: Citizens' Rights and Constitutional Affairs, Brüssel 2011.

Neuhold, Brita/Pirstner-Ebner, Renate/Ulrich, Silvia *Menschenrechte-Frauenrechte*, Innsbruck 2003.

Nowak, Manfred *Politische Grundrechte*, in: Winkler, Günther/Antoniolli, Walter/Raschauer, Bernhard (Hrsg.), Forschungen aus Staat und Recht, Wien/New York 1988.

Oberleitner, Gerd *Menschenrechtsschutz durch Staatenberichte*, Europäische Hochschulschriften, Reihe 2, Rechtswissenschaft Bd. 2394, Frankfurt am Main 1998.

Pechtstein, Matthias/Nowak, Carsten /Häde, Ulrich (Hrsg.) *Frankfurter Kommentar zu EUV, GRC und AEUV*, München 2017.

Petri, Thomas/Tinnefeld, Marie-Theres *Völlige Unabhängigkeit der Datenschutzkontrolle – Demokratische Legitimation und unabhängige parlamentarische Kontrolle als moderne Konzeption der Gewaltenteilung*, MMR 2010, 157–161.

Pfarr, Heide M. *Die Frauenquote*, NZA 1995, 809–813.

Philipp, Wolfgang *Ein verfassungswidriges Monstrum – Die „Antidiskriminierungsstelle des Bundes"*, NVwZ 2006, 1235–1239.

Pieroth, Bodo/Schlink, Bernhard/Kingreen, Thorsten/Poscher, Ralf (Hrsg.) *Grundrechte Staatsrecht II*, 33. Aufl., Heidelberg 2017.

Plötscher, Stefan *Der Begriff der Diskriminierung im europäischen Gemeinschaftsrecht*, Schriften zum europäischen Recht Bd. 90, Berlin 2003.

Proelß, Alexander *Der Grundsatz der völkerrechtsfreundlichen Auslegung im Lichte der Rechtsprechung des BVerfG*, in Rensen, Hartmut/Brink, Stefan, Linien der Rechtsprechung des BVerfG Berlin, 2009, S. 556–584.

Raasch, Sibylle *Positive Maßnahmen. Eine Einführung*, in: Heinrich Böll Stiftung (Hrsg.), Positive Maßnahmen, Berlin 2011, S. 12–22.

Raasch, Sibylle *Diskriminierungsschutz auf neuen Wegen: Verbandsbeteiligung und Antidiskriminierungsstelle im Entwurf eines deutschen Antidiskriminierungsgesetzes*, ZESAR 2005, 209–217.

Rademacher, Sonja *Diskriminierungsverbot und „Gleichstellungsauftrag"*, Studien und Materialien zum öffentlichen Recht Bd 23, Franfurt am Main 2004.

Ramm, Thilo *Gleichberechtigung und Hausfrauenehe*, JZ 1968, 41–46.

Risse, Jörg *Das Mediationsgesetz – eine Kommentierung*, SchiedsVZ 2012, 244–254.

Rodi, Katja, *Was hat das CEDAW-Instrumentarium bisher gebracht? Welche Aufgaben stehen an?*, in Rust, Ursula/Lange, Joachim (Hrsg.), CEDAW vor dem Zwischenbericht 2011, Rehburg-Lokkum 2012.

Roetteken, von Torsten AGG Kommentar, 57. Aktualisierung München/Heidelberg 2018.

Roßnagel, Alexander *Verurteilung Deutschlands zur Neuorganisation seiner Datenschützer*, EuZW 2010, 296–301.

Rudolf, Beate *Diskriminierung wegen des Geschlechts ist mehr als Ungleichbehandlung*, Anwaltsblatt 2012, 599–601.

Rudolf, Beate/Mahlmann, Matthias/Armbrüster, Christian (Hrsg.) *Gleichbehandlungsrecht*, Baden-Baden 2007.

Rüfner, Wolfgang *Die mittelbare Diskriminierung und die speziellen Gleichheitssätze in Art. 3 Abs. 2 und 3 GG*, in: Festschrift für Karl Heinrich Friauf zum 65. Geburtstag, Heidelberg 1996, S. 331–341.

Rust, Ursula *Änderungsrichtlinie 2002 zur Gleichbehandlungsrichtlinie von 1976*, NZA 2003, 72–77.

Rust, Ursula *General Comments – zu einem unbekannten Element transnantionalen Rechts am Beispiel der aller(n)sgerecher und gendersensibler Modernisierung von Alterssicherungssystemen*, in: Callies, Gralf-Peter (Hrsg.) Transnationales Recht, Tübingen 2014 S. 515–526.

Rust, Ursula *CEDAW und andere Menschenrechtliche Übereinkommen*, in: Rust, Ursula; Lange, Joachim (Hrsg.), Völkerrecht und Frauen, Rehburg-Loccum 2014, S. 67–128.

Rust, Ursula *Frauenrechte in Zeiten der Globalisierung*, in Rust, Ursula; Lange, Joachim (Hrsg.), CEDAW vor dem Zwischenbericht 2011, Rehburg-Loccum 2012, S. 15–29.

Sachs, Michael *Grenzen des Diskriminierungsverbots*, Studien zum öffentlichen Recht und zur Verwaltungslehre Bd 38, München 1987.

Sachs, Michael *Verfassungsrecht II Grundrechte*, 3. Aufl., Heidelberg 2017.

Sachs, Michael *Grundgesetz Kommentar*, 8. Aufl., München 2018.

Sacksofsky, Ute *Das Grundrecht auf Gleichberechtigung*, Schriften zur Gleichstellung der Frau Bd 1, Baden-Baden 1991.

Sannwald, Rüdiger *Die Reform des Grundgesetzes*, NJW 1994, 3313–3320.

Sauer, Birgit/Wöhl, Stefanie *Demokratie und Geschlecht*, in: Mörschel, Tobias/Krell, Christian (Hrsg.), Demokratie in Deutschland, Wiesbaden, 2012.

Schadendorf, Sarah *Die EU und die menschenrechtlichen Verträge ihrer Mitgliedstaaten: Divergierende Schutzniveaus am Beispiel der CEDAW*, ZaöRV 2014, 245–281.

Scherr, Albert *Diskriminierung/Antidiskriminierung – Begriffe und Grundlagen*, APuZ 2016, 3–10.

Scherr, Albert *Diskriminierung*, 2. Aufl., Wiesbaden 2016.

Scheuner, Ulrich *Staatszielbestimmungen*, in: Festschrift für Ernst Forsthoff zum 70. Geburtstag, 2. Aufl., München 1974, S. 325–346.

Schiek, Dagmar (Hrsg.) *Allgemeines Gleichbehandlungsgesetz Kommentar*, München 2007.

Schiek, Dagmar/Dieball, Heike/Horstkötter, Inge/Seidel, Lore/M.Vieter, Ulrike (Hrsg.) *Frauengleichstellungsgesetze des Bundes und der Länder – Kommentar*, 2. Aufl., Frankfurt am Main 2002.

Schlachter, Monika *Wege zur Gleichberechtigung*, Vergleich des Arbeitsrechts der Bundesrepublik Deutschland Deutschland und der Vereinigten Staaten, Schriften des Instituts für Arbeits- und Wirtschaftsrecht der Universität zu Köln Bd. 65, München 1993.

Schläppi, Erika/Ulrich, Silvia/Wyttenbach, Judith (Hrsg.) *CEDAW – Kommentar zum Übereinkommen der Vereinten Nationen zur Beseitigung jeder Form von Diskriminierung der Frau*, Bern 2015.

Schleusener, Aino/Suckow, Jens/Voigt, Burkhard *AGG Kommentar*, 4. Aufl., Köln 2013.

Schmidt am Busch, Birgit *Die neuen Bestimmungen zur Gleichstellung von Frauen und Männern im EG-Vertrag*, BayVBl. 2000, 737–743.

Schmidt, Anja *Geschlecht als Kategorie des Rechts*, RphZ 2016, 169–187.

Schmidt-Bleibtreu, Bruno/Hofmann, Hans/Brockmeyer, Hans Bernhard (Hrsg.) *Kommentar zum Grundgesetz*, 13. Aufl., Köln 2014.

Schneider, Jakob *Die Justiziabilität wirtschaftlicher, sozialer und kultureller Menschenrechte*, Berlin 2004.

Schöbener, Burkhard/Storck, Florian *Betroffene Gemeinschaftsgrundrechte des Diskriminierenden*, ZEuS 2004, 54–82.

Scholz, Rupert *Die Gemeinsame Verfassungskommission von Bundestag und Bundesrat*, ZG 1994, S. 1–96.

Schöpp-Schilling, Hanna-Beate Bedeutung und Auswirkungen des Frauenrechtsübereinkommens, in: Klein, Eckardt (Hrsg.), 20 Jahre Übereinkommen zur Beseitigung jeder Form von Diskriminierung der Frau, Studien zu Grund- und Menschenrechtsübereinkommen, Heft 5, Potsdam 2000, S. 13–30.

Schöpp-Schilling, Hanna-Beate *Das Übereinkommen zur Beseitigung jeder Form der Diskriminierung der Frau (CEDAW) und sein Vertragsausschuss nach 25 Jahren – Balanz und Ausblick*, in: Zimmermann, Andreas/Giegerich, Thomas, Heinz, Ursula E. (Hrsg.), Gender und internationales Recht, Berlin 2007, Veröffentlichungen des Walther-Schücking-Instituts für Internationales Recht an der Universität Kiel, Bd. 166, S. 137–170.

Schöpp-Schilling, Hanna Beate *Welche Instrumente bieten Völkerrecht, Europarecht und nationales Recht für die Gleichstellung der Frau?*, in: König, Doris/-Lange, Joachim/Rust, Ursula/dies. (Hrsg.), Gleiches Recht – gleiche Realität?, Rehburg-Loccum 2004 S. 37–66.

Schöpp-Schilling, Hannah-Beate *Bedeutung und Auswirkungen des Frauenrechtsübereinkommens*, in Klein, Eckart, 20 Jahre Übereinkommen zur Beseitigung jeder Form der Diskriminierung der Frau (CEDAW), Potsdam 2000 S. 15–30.

Schüller, Elke, *Wer stimmt bestimmt?*, Wiesbaden 1996.

Schultz, Ulrike, *Ein quasi-Stürmlein und Wäschekörbe voller Eingaben*, in Ministerium für Gesundheit, Soziales, Frauen und Familie NRW, Reader für die Aktionswochen der kommunalen Gleichstellungsbeauftragten 2003, Düsseldorf 2003, S. 54–60.

Schwacke, Peter *Juristische Methodik*, Schriftenreihe Verwaltung in Praxis und Wissenschaft, 5. Aufl., Stuttgart 2011.

Schwarze, Jürgen (Hrsg.) *EU-Kommentar*, 3. Auflage, Baden-Baden 2012.

Schweizer, Kerstin *Der Gleichberechtigungssatz – neue Form, alter Inhalt?*, Schriften zum öffentlichen Recht Bd. 749, Berlin 1998.

Sievers, Jochen *Die mittelbare Diskriminierung im Arbeitsrecht*, Pfaffenweiler 1997.

Slupik, Vera *Die Entscheidung des Grundgesetzes für Parität im Geschlechterverhältnis*, Schriften zum öffentlichen Recht Bd. 543, Berlin 1988.

Sommermann, Karl-Peter *Staatsziele und Staatszielbestimmungen*, Jus publicum Bd. 25, Tübingen 1997.

Spiecker gen. Döhmann, Indra Anmerkung zum EuGH Urt. v. 09.03.2010, Az. C-51807, JZ 2010, 787–791.

Stern, Klaus *Grundbegriffe und Grundlagen des Staatsrechts, Strukturprinzipien der Verfassung*, Das Staatsrecht der Bundesrepublik Deutschland Band I, 2. Aufl., München 1984.

Stern, Klaus *Das Staatsrecht der Bundesrepublik Deutschland, Staatsorgane, Staatsfunktionen, Finanz- und Haushaltsverfassung, Notstandsverfassung*, Band II, München 1980.

Streinz, Rudolf *Europarecht*, 10. Aufl., Heidelberg 2016.

Streinz, Rudolf (Hrsg) EUV/AEUV Kommentar 3. Aufl., München 2018.

Traupe, Christian *Die mittelbare Diskriminierung teilzeitbeschäftigter Betriebsratsmitglieder*, Schriften zum Sozial- und Arbeitsrecht Bd. 204, Berlin 2002.

Triebel, Matthias, *Bekämpfung von Diskriminierungen nach Artikel 13 EG*, ZESAR 2007, 211–216.

Umbach, Dieter C./Clemens, Thomas (Hrsg.) Grundgesetz-Mitarbeiterkommentar, Band I, Heidelberg 2002.

Vandenhole, Wouter *Non-Discrimination and Equality in the View of the UN Human Rights Treaty Bodies*, Antwerpen/Oxford 2005.

Vedder, Christoph/Heintschel von Heinegg, Wolff (Hrsg.) *Europäisches Unionsrecht. EUV, AEUV, Grundrechte-Charta Handkommentar*, 2. Aufl., Baden-Baden 2018.

Vitzthum, Wolfgang Graf/Proelß, Alexander (Hrsg.) Völkerrecht, 7. Aufl., Berlin/Boston 2016.

Vogel, Hans-Jochen *Verfassungsreform und Geschlechterverhältnis*, in: Festschrift für Ernst Benda zum 70. Geburtstag, Heidelberg 1995, S. 395–420.

Waltermann, Raimund *Altersdiskriminierung*, ZfA 2006, 305–326.

Wenckebach, Johanna *Was leistet die Antidiskriminierungsstelle des Bundes?*, AuR 2008, 340–345.

Wendeling-Schröder, Ulrike/Stein, Axel *Allgemeines Gleichbehandlungsgesetz Kommentar*, München 2008.

Wernsmann, Rainer *Bindung Privater an Diskriminierungsverbote durch Gemeinschaftsrecht*, JZ 2005, 224–233.

Wisskirchen, Gerlind *Mittelbare Diskriminierung von Frauen im Erwerbsleben*, Berlin 1994.

Zinsmeister, Julia *Mehrdimensionale Diskriminierung, Das Recht behinderter Frauen auf Gleichberechtigung und seine Gewährleistung durch Art. 3 GG und das einfache Recht*, Schriften zur Gleichstellung der Frau Bd. 29, Baden-Baden 2007.

Hinsichtlich der verwendeten Abkürzungen wird verwiesen auf:

Kirchner, Hildebert/Pannier, Dietrich, *Abkürzungsverzeichnis der Rechtssprache*, 9. Aufl. Berlin 2018.

RECHT DER ARBEIT UND DER SOZIALEN SICHERHEIT

Band 1 Ulrike Wagner: Mitbestimmung bei Bildschirmtechnologien. 1985.

Band 2 Karin Dierks: Zwischen Arbeits- und Sozialrecht. Beschäftigungsverhältnisse in der Werkstatt für Behinderte. 1986.

Band 3 Inge Böttcher: Gemeinsame Ausübung eines Zurückbehaltungsrechts. 1986.

Band 4 Gabriele Peter: Frauendiskriminierung durch Teilzeitbeschäftigung. Insbesondere bei betrieblichen Sozialleistungen und der Vergütung von Überstunden. 1988.

Band 5 Uwe Schumacher: Rechtsfragen der Teleprogrammierung. Statusrechtliche Einordnung und urheberrechtlicher Schutz. 1989.

Band 6 Nashrine Ismail: Recht und Praxis bei der Bekämpfung illegaler Arbeitnehmerüberlassung. 1991.

Band 7 Karen Klöver: Der Sozialplan im Konkurs. Schutz der Sozialplangläubiger im Konkurs und alternative Regelungsmöglichkeiten in einem neuen Insolvenzrecht. 1993.

Band 8 Andrea Rudolph: Die Kooperation von Strafrecht und Sozialhilferecht bei der Disziplinierung von Armen mittels Arbeit. Vom Arbeitshaus bis zur gemeinnützigen Arbeit. 1995.

Band 9 Wolfgang Däubler: Rechtsexport. Die Einführung des bundesdeutschen Arbeitsrechts im Gebiet der früheren DDR. 1996.

Band 10 Ines Kalisch: Die Entwicklung des Verbots der mittelbaren Diskriminierung wegen des Geschlechts im Sozialrecht. Grundlagen, Analyse und exemplarische Anwendung auf Gesetze im Rentenrecht. 1999.

Band 11 Matthias Hirschfeld: Die Dienstgemeinschaft im Arbeitsrecht der evangelischen Kirche. Zur Legitimitätsproblematik eines Rechtsbegriffs. 1999.

Band 12 Véronique Demarne: Anwendung nationaler Tarifverträge bei grenzüberschreitenden Arbeitsverhältnissen. Ein deutsch-französischer Vergleich (Avec résumé et conclusions en français). 1999.

Band 13 Alexander Scharf: Das Arbeitsrecht der Russischen Föderation und der Republik Belarus. 1999.

Band 14 José João Abrantes: Contrat de travail et droits fondamentaux. Contribution à une dogmatique commune européenne, avec référence spéciale au droit allemand et au droit portugais. 2000.

Band 15 Oliver Tieste: Karôshi, ein japanisches Phänomen? Ursachen und rechtliche Hintergründe für den Tod am Arbeitsplatz. Eine rechtsvergleichende Studie. 2000.

Band 16 Detlev Reichelt: Die arbeitsrechtliche Stellung der Rote-Kreuz-Schwestern. Eine Untersuchung zur Arbeitnehmereigenschaft mitarbeitender Vereinsmitglieder und Gesellschafter am Beispiel der Krankenschwestern der Schwesternschaften vom Deutschen Roten Kreuz e.V. 2000.

Band 17 Herbert Böker: Tarifunterschreitung durch Betriebsvereinbarung und Arbeitsvertrag. 2001.

Band 18 Tatjana Aigner: Antworten auf Arbeitnehmerfehlverhalten. Reaktionen, Interventionen und Sanktionen in Österreich und Deutschland. 2002.

Band 19 Alexandra Nöth: Materieller und prozessualer Rechtsschutz gegen sexuelle Belästigung am Arbeitsplatz in den USA, Europa und Deutschland. 2003.

Band 20 Oliver Tieste: Der Tod durch Überarbeitung. Arbeits- und sozialversicherungsrechtliche Hintergründe. Materiellrechtliche, epidemiologische und betriebliche Rahmenbedingungen des Karôshi-Phänomens in Japan und Deutschland. 2003.

Band 21 Bettina Graue: Der deutsche und europäische öffentliche Dienst zwischen rechtlicher und faktischer Gleichberechtigung der Geschlechter. Ein rechtssystematischer Vergleich zur Frauenförderung in beiden öffentlichen Diensten unter besonderer Berücksichtigung des Gemeinschaftsgrundrechts der Gleichberechtigung von Männern und Frauen. 2004.

Band 22 Timo Karsten: Schuldrechtliche Tarifverträge und außertarifliche Sozialpartner-Vereinbarungen. Eine Untersuchung am Beispiel von Vereinbarungen der Tarifparteien der Chemischen Industrie. 2004.

Band 23 Katrin Stoye: Rechtsdogmatische und rechtspolitische Probleme des § 14 Abs. 2 Teilzeit- und Befristungsgesetz. Ein Beitrag zur Auslegung der Tatbestandsvoraussetzungen des § 14 Abs. 2 TzBfG sowie zur Entwicklung des Rechts der sachgrundlosen Befristungen unter Berücksichtigung der gesetzlichen Neuerungen durch die Arbeitsmarktreformen der Jahre 2002 und 2003. 2007.

Band 24 Felix Herbold: Gleichbehandlung in der betrieblichen Altersversorgung. Rechtsfragen zur Beteiligung an der zweiten Säule der Alterssicherung am Beispiel der geringfügig Beschäftigten und eingetragenen Lebenspartner. 2007.

Band 25 Andrea Henke-Klar: Unfall- und Gesundheitsschutz – ein Rechtsvergleich zwischen Japan und Deutschland. 2008.

Band 26 Gerald Peter Müller: Der vermittlungsorientierte Einsatz von Arbeitnehmerüberlassung in der Personal-Service-Agentur (PSA). Arbeitsrechtliche Auswirkungen auf die Rechtsbeziehungen der Beteiligten. 2008.

Band 27 Alexandra Lessel: Die berufsständische Versorgung der klassischen verkammerten Freien Berufe und das Problem der Kindererziehungszeiten. 2009.

Band 28 Meike Schils: Das betriebliche Eingliederungsmanagement im Sinne des § 84 Abs. 2 SGB IX. 2009.

Band 29 Hans Hoins: Die Kündigung von Berufsausbildungsverhältnissen, insbesondere aus betrieblichen Gründen. 2009.

Band 30 Sandra Buse: Die Unkündbarkeit im Arbeitsrecht. Neue Akzente durch das AGG. 2009.

Band 31 Melanie Böttger: In Vielfalt geeint. Die Europäische Integration im Lichte der offenen Methode der Koordinierung in der Alterssicherung am Beispiel der Anhebung der Regelaltersgrenze in der gesetzlichen Rentenversicherung. 2010.

Band 32 Nina N. Blinda: Altersbezogene Regelungen in Sozialplänen – eine Diskriminierung? 2010.

Band 33 Sabine Eggert-Weyand: Belästigung am Arbeitsplatz. Eine Form der verbotenen Benachteiligung wegen des Geschlechts. 2010.

Band 34 Carsten Albers: Ausschluss trotz Einschluss? Arbeitsuchende Unionsbürger und die Grundsicherung nach SGB II aus gemeinschaftsrechtlicher Perspektive. 2012.

Band 35 Lea Frey: Arbeitnehmerähnliche Personen in der Betriebsverfassung unter besonderer Berücksichtigung des Arbeitsschutzrechts. 2014.

Band 36 Kirstin Gramß-Siegismund: Altersgrenzen der Berufssoldatinnen und Berufssoldaten als Diskriminierungsproblem. Eine Betrachtung vor dem Hintergrund der Richtlinie 2000/78/EG. 2017.

Band 37 Klaus Sieveking: Statusrechte von Ausländern. Rechtswissenschaftliche Beiträge zur Freizügigkeit, sozialen Sicherung, Bildung und politischen Beteiligung. 2019.

Band 38 Kirsten Knigge: Mutterschutz (auch) für Selbständige? 2019.

Band 39 Eliane Caroline Hütter: Geschlechtergleichstellung und Institutionalisierung. Eine Untersuchung der rechtlichen Rahmenbedingungen. 2020.

www.peterlang.com

www.ingramcontent.com/pod-product-compliance
Ingram Content Group UK Ltd.
Pitfield, Milton Keynes, MK11 3LW, UK
UKHW021852290926
8980IPUK00005B/788